학정(鶴汀) 이수학의 자전적 수상집

拱手來拱手去

공 수 래 공 수 거

책 마 을

책머리에 부치는 글

머리말을 다시 쓰며

古稀를 넘어서면서 빛바랜 가슴 웅덩이에 괸 좌절과 성취, 회한과 울분, 소망과 절규를 더 늦기 전에 퍼내야겠다는 생각을 했습니다. 고통과 아픔까지도 곰삭으면 평온과 감사의 맑은 향이 난다는 걸 믿고 2007년 여름, 자전적 색체가 짙은 수필집 『拱手來 拱手去』를 발간했습니다.

얕고 보잘 것 없는 사유에서 나온 글이라 독자에 대한 우롱이거나 글에 대한 모독이 아닌가 생각되어 성취와 회한 사이를 수도 없이 오갔습니다.

그러나 다행스럽게도 질책하거나 험담하는 분은 없었습니다.

서신이나 전화를 통해 많은 분들로부터 찬사와 격려와 공감의 뜻을 전해 받았습니다.

초판 1쇄로 찍은 3천 부가 소진되었지만 아직도 책을 원하는 분들이 있습니다.

내 글이, 생각이, 민들레 씨앗처럼 누군가의 가슴으로 날아가 싹을 틔우기도 하고, 고운 목소리로 깃들기도 한다니 감사하여 몸 둘 바를 모를 지경이었습니다.

장마가 지나간 눅눅한 땅 위로 바람은 후덥지근하게 불어오고, 나는 2쇄로 나올 책을 기다리고 있습니다. 아직 못다 한 얘기들을 마저 펴 올리면서…….

2011년 7월

讀書種子室 鶴汀 李洙鶴

초판 1쇄 머리말

자화상

나의 생각이 엉뚱하고 어긋나거나 행실이 미덥지 못하거나 잘못을 저지르면 어머니께서는 어김없이 "자신을 사랑하고 아끼는 사람이 되라."고 간곡하게 당부하셨습니다.

그러나 나는 '이 세상에 자신을 아끼고 사랑하지 않는 사람이 어디 있느냐.'며 마음속으로 지나쳤을 뿐 한 번도 새겨듣지 않았습니다.

지천명(知天命)의 나이를 넘고 보니 어머니의 그 간곡하고 애절했던 당부의 말씀이 '사람답게 살라'는 뜻이었음을 어렴풋이 깨달았습니다.

그러나 잡다한 일상에 쫓기고 현실의 유혹과 욕망에 빠져 자맥질하는, 깡마르고 모자람 투성이인 내가 사람답게 살아남는다는 것이 얼마나 힘들고 고통스러운 일인지도 함께 깨달았습니다. 내 사람됨을 비추는 거울은 멀쩡한데 종종 내가 보이지 않거나 일그러진 모습이었습니다. 나는 바닷가에 살면서 파도소리를 듣지 못했고, 산 중에 살면서 솔바람 소리를 듣지 못하고 살아온 격이었습니다. 세상을 곁눈질하면서 누에처럼 의식의 고치를 만들어 그 속에서 죽은 척 살고 싶었습니다.

선택된 삶이라는 환상과 착각 속에서 고무풍선이라도 되어 이 세상을 버티어야겠다는 오만과 독선에 가득 차 있었습니다. 그래도 온전하지 못하고 위험하기 짝이 없는 내 마음의 연이 그 숱한 전깃줄에 걸려들지 않고 아직도 날고 있다는 사실에 두 손 모아 감사드립니다.

나에게 소망이라고 말하기엔 부끄럽고 가당치 않는 한 가지 바람이 있습니다. 그것은 최선을 다함으로써 후회나 아쉬움이 없는 바둑 한 판을 두어보는 것입니다.

나는 바둑을 즐기는 사람도 아니며 기력도 6, 7급 정도의 하급입니다. 초등학교 5학년 때 사금파리로 바둑알을 만들어 오목으로 입문하여 이따금 친구들과 어울려 익힌 바둑입니다.

기력을 향상시켜 보겠다고 여러 종류의 바둑책을 구입하였으나 한 번도 완독한 사실이 없습니다. 그저 기분대로 감각적으로 무엇에 쫓기듯 속기로 두다 보니 나보다 실력이 못한 상대방에게도 패하기 일쑤입니다.

하찮은 실력이지만 신중하고 침착하게 최선을 다했더라면 어렵사리 이길 수도 있는 대국을 패하고 나면 자괴심과 함께 심한 자학증에 빠집니다. 바둑을 둘 때마다 이번만은 정신을 가다듬고 최선을 다하겠다고 다짐하지만 언제나 귀신에 홀린 듯 급하게 엄벙덤벙 기분대로 둬버리고는 자책을 합니다.

나는 이렇게 삶의 과정에서 한순간이나마 전력을 다하여 주인 되는 삶을 살았던 기억이 없습니다. 나 자신의 삶을 진지하게 다독거리기보다 패자가 안아야하는 비참함과 아픔 속에서 자신을 조련(調練)하려는 기상천외한 삶을 살았습니다.

달빛이 유난히 밝아도, 밤새도록 비가 내려도, 창가를 맴도는 이름 모를 풀벌레 소리만 들어도 감상에 젖어 눈물을 흘렸고, 삶과 죽음의 원류를 찾아 헤매며 밤을 지새우기도 했습니다.

그러나 할퀴고, 물고, 뜯는 아귀다툼의 현실을 살아가는 데는 풋풋하고 여린 내 본연의 심성이 사치스러운 장애물이라 생각했습니다. 먹는 걱정, 입는 걱정, 잡다한 일상의 진구(塵垢)에 쫓기면서 생각을 마모시키며 무디어지려고 안간힘을 쓰며 살아 왔습니다.

집을 짓고 들어앉은 번데기를 동경하며 철학이나 문학서적을 멀리 하고 현실에 투생(偸生)하며 어줍잖은 생활이나마 누릴 수 있기를 바랐습니다.

그래서 물결 따라 너울거리며 떠내려가는 나뭇잎처럼 순리를 좇아 망각하며, 무디고 단순하게, 가볍고 편안하게 살려고 바둥거렸습니다. 그러나 이제와 생각하니 회한만 남습니다.

나는 자존(自尊)과 자만(自慢)을 혼동했으며 아집(我執)을 명분으로 착각하며 살았습니다. 또한 애증(愛憎) 표현이 너무 분명하고 과격하여 한 번 눈 밖에 난 사람에 대해서는 좀처럼 그 생각을 수정하지 않았습니다. 그러나 나 자신에게는 그렇게 준열(峻烈)하지 못했습니다.

반대로 뜻이 통하고 호감이 가는 사람에게는 가감 없이 나의 모습을 그대로 보여주었습니다. 그러다 배신의 아픔에 허덕이기도 했으나 그 모두가 나의 부덕의 소치인데 어떤 변명을 덧붙일 수 있겠습니까. 냉정하게 생각해보면 남이 나를 해친 것보다 내 스스로 나를 해친 경우가 더 많았습니다.

나의 삶에서 가장 안타깝고 아쉬운 것은 삶의 차원을 높이는 근원은 '작은 것에 대한 사랑으로부터 시작된다.'는 평범한 사실을 몰랐던 것입니다. 시답잖다고, 대수롭지 않다고, 볼품없다고, 값어치 없다고 버리고 내동댕이치고 무관심했던 지난날의 어리석음을 깨닫기에 회한을 안고 살아갑니다.

지나온 나의 삶을 "노적(露積)에 불 붙여놓고 콩 구워 먹었다."고 표현합니다.

어리석고 성격이 깡마르고 모자람 투성이인 나의 삶이지만 그래도 나는 감히 정직하고 진솔했다고는 말할 수 있습니다. 그랬기에 떳떳하고 당당할 수 있었으며 무엇보다 부담 없이 살 수 있었습니다. 이것은 나의 삶의 과정에서 이따금 역기능으로 작용하기도 했지만, 내가 이렇게 오롯이 버틸 수 있도록 지도리 역할 또한 함께 했습니다.

세상이 모든 것을 취하게 만드는데 취하지 않고 멀쩡하게 살려고 바둥거렸으니 얼마나 모순된 일입니까.

여섯 살 때로 기억됩니다. 멋모르고 술판에 끼어드는 나를 보고 '어려서 술에 취해보면 자라서 술을 멀리 한다.'며 부추기는 어른들 틈에 끼어 막걸리 한 잔을 마시고 취해본 적이 있습니다. 그것이 술로 인해 인사불성이 되어본 단 한 번의 경험입니다. 빙글빙글 도는 세상, 울퉁불퉁 변해버린 땅, 일어서면 넘어지고 일어서면 넘어지고…… 비틀거리다 땅 위에서 잠이 들고 말았습니다. 그 날 이후 못 마시는 술을 한 잔 마시게 되면 어김없이 잠을 잡니다.

미치도록 술을 마시는 사람의 용기가 부러운 나머지 술 한 잔을 마시고 취한 척 비틀거리며 뒷골목의 "이곳에 소변보는 사람은 개새끼다."라고 써놓은 표지판 앞에 서서 의도적으로 소변을 본 적도 있었습니다. 하지만 버짐 가실 날이 없어 속상했던 어린 날의 안타까웠던 심정, 침을 발라 지워도 지워도 몇 분 지나지 않아 다시 허옇게 피어나는 거울 속의 버짐자국을 보는 듯한 안타까움만 느꼈습니다.

미치지 않으면 미치지 못한다 했습니다.(不狂不及) 결국 나는 취해보지도 미쳐보지도 못했으니 무엇 하나 온전하게 해 본 것이 없습니다. 이것저것 덤벙거리며 두루 흉내만 냈을 뿐 알맹이는 얻지 못했습니다.

지천명(知天命)의 나이를 바라보면서, 어릴 적 어머니께서 들려주시던 혀짜래기 훈장이 바로 나의 자화상이란 기막힌 사실을 깨달았습니다.

그 날 이후 풋풋하고 여렸던 내 본연의 심성을, 그 끝자락이라도 되찾아야겠다는 자각의 눈을 떴습니다. 내 마음 속에 도사리고 있던 양심과 갈등과 회의와 절규를 내 아이들에게 '바담 풍'이 아닌 '바람 풍'으로 알려야겠다는 떨림과 흥분에 휩싸여 몇 자 끄적거려 봤습니다.

어쩌면 초라하기 짝이 없는, 어쩌면 비굴하거나 오만하거나 허점투성이거나 거짓투성이인 나의 숨겨진 진짜 모습을 드러내 보여야겠다는 마음과 함께 이제는 부드럽게 오관이 열린, 일관성을 가진, 따뜻한 삶을 영위하겠다는 다짐의 징표로 말입니다.

어리석고 못난 사람이 쓴 글이기에 글이 맑지 않고 깊지 못할 뿐 아니라, 20여 년의 세월에 걸쳐 쓴 글들을 한 곳에 담은 터라 현실과 거리가 있을 수도 있고 일관성이 없을 수도 있습니다. 고쳐 쓰고 싶은 부분도 많았습니다. 그러나 글을 쓴 당시의 나의 숨김없는 생각과 모습을 간직하고 싶기에 그대로 두었습니다.

나의 아이들에게 보여야겠다 생각하고 모아 두었던 글들입니다만 주위의 권유에 못 이겨 책으로 엮습니다. 고백컨데, 흡사 희귀병을 앓는 환자가 자신의 시신을 실험용으로 기증하는 심정으로 책을 펴내니 허물이 있더라도 묻어 주시면 감사하겠습니다.

끝으로 대학노트에 악필로 써놓은 원고를 컴퓨터에 옮기는 수고를 아끼지 않았던 생질 강모인군과 교정은 물론 책이 출판되기까지 전 과정을 꼼꼼하게 살펴준 도서출판 책마을 대표 손희경님께 감사를 드립니다.

아들의 숨김없는 모습을 담은 이 책을 삼가 부모님 영전에 바칩니다.

2007년 여름

독서종자실(讀書種子室)에서 학정(鶴汀) 이수학 쓰다.

머리말을 다시 쓰며 / 3
이수학의 작품세계 - 都昌會 / 403

1. 나를 키우는 힘, 사랑

고향 · 1 / 16
고향 · 2 / 22
고향 · 3 / 29
귀향(歸鄕) / 35
아버지 나의 아버지 / 49
어머니 나의 어머니 / 63
아들에게 보이는 글(示兒書) / 78
며느리에게 보낸 편지 / 84
염화(拈華)의 미소 / 112
쉰 네 살의 아내를 보며 / 117
슬프고도 아름다운 이별 / 122
친구 / 129
부모 기러기의 체념 / 138
나는 조상교(祖上敎) 신자다 / 144

2. 전통에 대한 변주

상고이유서(上告理由書) / 152
종손(宗孫) / 161
전통의 뒤안길 / 169
대도무문(大道無門) / 176
불이문(不二門) 앞에서 / 182
쌍놈 제사지내는 법 / 188
새 양반 / 194
개천에서는 용(龍)이 나지 않는다 / 202
안동 예안 고운 처녀 밭 / 216
제사를 모시는 뜻 / 222
왜 나는 귀여워해요 / 224
전설의 삼 년 탈상(三年脫喪) / 232
장묘(葬墓) 문화에 대하여 / 239
허교(許交) / 247
'떠남'에 대한 소고(小考) / 253
공자는 죽어야 되는가 / 259

3. 하늘이 내려다본다

하늘이 내려다본다 / 268
운(運)의 속성(屬性) / 272
바보 예찬(禮讚) / 276
사람은 죽어서도 이름을 남긴다 / 285
공수래 공수거(拱手來 拱手去) / 291
담배 / 299
화투(花鬪) / 305
인생타율(人生打率) / 310
꿈속의 여인 / 315
작은 행복 / 317
참된 유산(遺産) / 324
그것은 하나다 / 331
아버지 처가(妻家) / 336
아파트 유감 / 339
교단(敎壇)을 바라보며 / 344
만주는 우리 땅 / 354
시간의 갈림길에 서서 / 362
그 때가 그립다 / 367
유감(遺憾) 없는 인생을 꿈꾸며 / 373

拱手來拱手去

공수래공수거

1. 나를 키우는 힘, 사랑

고향 · 1

고향에 묻혀 있는 소중한 정신은 무엇일까? 표현의 차이는 있을지 모르나 집약(集約)하면 '참되고 올바른 인간으로서 살아가는데 필요한 마음가짐과 정신'이라고 생각한다. 그래서 나는 고향을 사랑, 희망, 용기, 역사, 추억, 은혜가 융합(融合)된 추상적인 의미라고 본다.

사람은 누구에게나 태어나서 자라난 곳이 있고 살면서 보낸 시간이 있다. 우리들 세대는 서로 만나 이야기하다 보면 별로 긴요(緊要)하지도 않는데 고향을 묻기 일쑤다. 그것은 근원에 관한 동질감을 서로 확인하려는 자연스러운 마음의 표시일 것이다.

고향이란 말에는 개체적(個體的)인 뜻과 공동체적(共同體的)인 뜻이 있다. 전자는 자신이 태어나 자란 곳을 말하며, 후자는 조상 누대로 세거(世居)하며 살아 온 곳을 말한다. 우리같이 농경사회를 이룩하며 살아온 민족에게는 한곳에 뿌리를 내리고 살아 온 고향의 뜻이 바로 우리의 생명이며 애정의 전부였다.

나와 동년배이거나 그 이상인 사람들에게 고향을 물으면 응당 조상 누대(累代)로 살아온 고장을 일컫는 것으로 알았으나, 요즈음 젊은 세대들은 자기가 태어난 곳만을 고향으로 알고 있다. 또한 고향을 묻는 뜻을 알만한 경우도 아버지의 고향과 자기의 고향을 구별하여 반문(反問)한 후에야 대답을 한다. 조상 누대로 살아온 아버지의 고향과 자신이 출생한 장소인 고향을 구별해야 되는 의식구조에서 이기적이고 타산적인 각박한 현실을 다시 확인함과 동시에 아무렇지도 않게 뿌리를 망각하고 소중한 우리 것을 저버리고 있는 현실이 안타깝고 슬프다. 어찌 보면 이런 사람들은 마음의 고향까지 잃어버린 진짜 실향민들이 아니겠는가.

우리들 세대에서는 고향의 흙만 보아도 그 속에 엉켜있는 조상의 핏줄을 느끼는 진한 향수를 간직하고 있으나 오늘의 젊은 세대들에게는 너무나 먼 거리에 있는 향수인 것 같다. 북녘 땅에 고향을 두고 온 사람들이 실향민으로 자처하며 망향의 그리움을 달래는 행사나 모임을 볼 때마다 진정한 실향민은 그들이 아니라 마음의 고향을 잃어버린 오늘의 젊은 세대들이 아닐까 싶어 안타까운 마음이 일어난다.

고향을 오고 갈 수 있다든가, 그곳에 정착하여 살고 있다는 사실보다 마음의 고향을 간직하고 가꿀 수 있다는 것이 더욱 소중하다고 느껴진다. 고향에 갈 수 없다는 현실에서 망향의 그리움과 아픔을 느낄 수 있는 사람은 결코 실향민이 아니다.

산업화의 물결에 따른 도시집중현상과 핵가족 단위로 변해가는 가족구조와 무비판적으로 받아들인 서구문물의 수용으로 소중하고 알뜰한 우리의 것들을 버리고 망각(忘却)하며 살아가는 과정에서 공동체로서의 고향의 뜻은 버려진 지 오래이다. 자기가 태어난 곳이란 고향의 의미도 자기가 출생한 장소라는 사실적 의미밖에 없는 현실을 보면, 얼레에서 실이 떨어져나간 연과 같이 미아(迷兒)가 되어 가는 느낌이 든다. 그것도 아주 독선적이고 이기적인 미아 말이다.

나의 경우도 아이들 교육과 생활의 터전을 따라 고향을 떠난 지 30년이 넘었다. 이제는 고향이 타관(他關)이 되고 타관이 고향이 되어간다. 그러나 고향이란 말만 들어도 불현듯 코끝이 시려오고 지나쳐버린, 돌아올 수 없는 시간에 대한 그리움이 엇갈리고 새삼 자신을 돌아보며 옷깃을 여민다.

고향은 조상의 뼈가 묻혀있고 얼이 담긴 곳이며, 참되고 올바른 사람이 되라는 유훈과 바람이 깃들어 있는 곳이다. 고향은 우리들의 근원이요 뿌리이다. 그래서 고향을 떠나서 사는 것을 우거(寓居)라 한다. 임시로 몸만 붙여서 산다는 뜻이다. 소중한 마음과 정신은 고향에 두고 호구(糊口)를 위하여 부득이 몸만 떠나서 살고 있다는 이 말에서 불씨 같이 고향에 묻혀있는 정신의 소중함을 알 듯 하다.

고향에 묻혀 있는 소중한 정신은 무엇일까? 표현의 차이는 있을지 모르나 집약(集約)하면 '참되고 올바른 인간으로서 살아가는데 필요한 마음가짐과 정신'이라고 생각한다. 그래서 나는 고향을 사랑, 희망, 용기, 역사, 추억, 은혜가 융합(融合)된 추상적인 의미라고 본다.

비록 직장을 따라 도시를 전전하거나 실향의 아픔을 안고 살아갈지라도 고향 땅에 묻혀 있는 그 소중한 정신을 받들고 유훈을 되새기며, 작은 것이나마 우리의 것을 소중하게 가꾸고 감사하는 사람은 마음의 고향을 간직하며 살아가는 사람들이다.

격증(激增)하는 청소년 범죄와 탈선, 패악(悖惡)한 행동의 근원적인 이유가 이러한 마음의 고향을 잃고 실향민이 되어감에 있다고 생각한다. 마음에 고향을 간직하는 것은 자신을 돌아보는 마음가짐에서 싹튼다고 생각한다.

어머니의 사랑을 모르는 사람은 불행한 사람이며, 식물도 뿌리가 넓고 깊게 자리할 때 충분한 수분과 양분을 공급받아 무성한 잎과 가지로 짙은 녹음을 만들고 심한 눈보라나 비바람에도 굳건히 버틸 수 있다. 마찬가지로 우리의 마음에 고향을 기리고 가꾸어 나의 것을 소중하게 생각하는 마음을 키우며 어머니의 젖무덤 같은 마음의 고향을 간직할 때 사랑과 용기와 희망과 신념을 가지고 새로운 발전과 도약을 기할 수 있을 것이다.

젊은 세대들은, 휴가를 즐기면서 향락(享樂)에만 젖어 있을 것이 아니라 우리의 자연과 유적에서 조상의 숨결을 더듬어 보면서 조상이 흘리신 땀과 눈물과 피의 숭고한 뜻을 가슴에 되새기며 온고이지신(溫故而知新)으로 소중한 우리의 전통과 습속을 가꾸는 것이 바로 마음의 고향을 심고 가꾸는 것이라 생각한다. 그것은, 사소한 작은 것이라고 치부할지 모르나 동짓날 팥죽을 끓여 나이 수에 맞추어 찹쌀수제비를 먹는 우리의 고유한 풍속을 체험하는 것도 괜찮다고 생각된다. 부모를 공경하는 것은 만행(萬行)의 근원이란 가르침을 일깨워주는 것들이 바로 젊은 세대들에게 마음의 고향을 심어주는 일이라고 생각한다.

오늘날 산업사회의 일원인 우리들은 생존을 위하여 생활 터전을 찾아 동분서주하며 편의와 실리를 좇아가며 살아가야 하는 세대이다. 그래서 고향에 종착(終着)하여 생활하면 자칫 인생의 낙오자로 생각해버리기 쉽다. 고향을 떠났다는 사실은 출세와 성공의 문턱에 들어섰다고 동경(憧憬)하는 처지이고 보니 타향에 정들여 가며 살아가지 않을 수 없다. 어디든지 몸만 붙여 살 수 있으면 그만인 세태에 젊은 세대들은 갈수록 실향민이 되어 가는데 그들의 마음에 고향을 심어주고 현실의 어디서나 마음의 고향과 만날 수 있게 함으로써 아무리 거센 세파라 하여도 그들을 다소곳이 잡아주고 이끌어 줄 마음의 고향을 찾아 주어야겠다. 그렇게 되면 뿌리 없는 부초(浮草)처럼 떠돌며 방황하지도 않을 것이며, 용기와 희망과 신념을 가지고 새로운 발전과 도약을 기약할 수 있을 것이다.

(1987. 4)

고향 · 2

이 터전에서 3대 대과(大科)의 영광을 누려, 영예와 덕망과 가학(家學)을 일으키기도 했지만 그만큼의 시름과 한도 서려 있는 곳이다.

이제는 스산한 적막만을 느끼게 하는 솟을대문을 드나들면서 착각과 어리석은 생각만을 키워 온 자신이 부끄러워진다.

나의 고향은 성주군 월항면 대산리 속칭 한개마을이다.(옛 동리 이름인 大浦를 우리말로 풀이하면 한개다.) 대구에서 한 시간 이내에 도착할 수 있는 지척(咫尺)의 거리이다. 오늘날 대산리에는 한개(大浦)를 비롯하여 울뫼(鳴山), 어은골(寬洞)의 3개 자연부락이 분포해 있다. 우리 선조께서 한개에 터를 잡은 것은 조선 세종대(世宗代)로서 지금까지 500년 가까이 이 마을을 지키면서 살아오고 있다.

응와 종택 솟을대문

동리 앞에서 백천(白川)과 이천(伊川)이 합수(合水)하여 감싸 흐르고, 멀리 서남쪽으로 가야의 영봉(靈峰)이 아련히 굽어보며, 성산(星山)이 대좌하여 떠받치고 있는 터전이다. 뒤쪽엔 영취산(靈鷲山)이 병풍(屛風)처럼 둘러있고 그 한가운데 신라 애장왕 때 건립되었다는 감응사(感應寺)란 암자가 다소곳이 자리하고 있으며, 여기에서 뻗어 나온 동리 좌우의 불뫼등과 함청골은 선대의 조상들이 잠들어 계시는 곳이다. 고색창연한 기왓장 하나하나에 조상의 숨결이 서려 있고 투박한 마룻장에는 한 시대를 굳건히 버티시던 조상의 슬기와 함께 영광과 슬픔이 점철(點綴)되어 있다. 나는 이곳에서 태어나 소년기와 청년기를 보냈다.

부모님이 생존해 계실 때에는 고향의 가사(家事)처리나 행사 주관과 참석은 생가 아버지 몫으로 묵계(默契)되어 나와는 무관한 것으로 알았으나 부모님이 돌아가신 지금은 피할 수 없는 나의 일이란 것을 알고 일주일에 한 번 정도 일과 후나 휴일을 틈타서 고향을 찾아간다.

고향을 찾아가는 날은 나를 안고 토닥거려 주시던 어머니의 포근한 품속에 돌아가는 듯한 설렘으로 마음은 항상 들뜨기 마련이며, 온갖 추억과 상념들이 나를 사로잡는다.

우리 집 큰사랑 앞, 옛날 마방(馬房)이 자리하고 있던 옆에 서 있던, 고목으로 쇠잔해진 배나무는 나이에 관계없이 주렁주렁 열매를 매달곤 했다. 늦은 가을, 스스로 무게를 감당치 못하고 떨어지던 그 배의 맛은 이제는 추억을 반추(反芻)하면서 맛볼 수밖에 없다. 지금 그 배나무는 잘려나가고 둥치만 요긴한 용처를 기다리며 사랑방 동마루 밑에서 뒹굴고 있지만 아버지가 어릴 적부터 그만한 크기의 모습이었다니 우리 집과 역사를 같이 하면서 영욕을 지켜 본 최후의 증인인 셈이다. 지금도 고향 집에 들어서면 나도 모르게 발걸음이 배나무가 서 있던 자리로 옮겨지고, 덧없는 허무함을 느낀다.

큰 사랑채와 작은 사랑채 사이의 담을 누비던 명자나무 꽃의 황홀함에 취하기도 했으며, 하루하루 담을 뒤덮어 가는 모습에서 강한 생명력과 생의 환희를 맛보기도 했다. 배나무와 명자꽃은 고향의 많은 추억 중에서 나에게 환희와 슬픔, 희망과 절망, 용기와 두려움 등 상반된 생의 의미에 어렴풋이 눈을 뜨게 해주었다.

광대가 줄타기 하던 광대거리는 우리 집 골목 입구에 할매바위를 끼고 서 있던 배나무에서 동리 앞까지의 길이다. 내가 직접 광대놀음 하는 것을 본 적은 없으나, 광대가 배나무에 목매어 죽었다는 전설 때문에 비 오는 날이나 음산한 밤엔 원귀가 나타날 것 같은 두려움에 할딱이며 눈감고 뛰곤 하던 옛일을 회상하면 지금도 가슴이 콩닥거린다. 어릴 적엔 그 배나무가 두려움과 공포만 안겨준다 싶어 없어지기를 바랐는데, 그 배나무가 없어진 지금은 아이들에게 들려줄 동화의 요람(搖籃)을 잃어버린 것 같아 아쉽기만 하다.

조대비(趙大妃) 친정 집 사랑채를 본떠서 만들었다는 화담을 끼고 통선자(通扇子)로 다듬어진 우리 집 큰 사랑채는 한국의 고유한 건축미를 엿볼 수 있는 전형적인 구조를 가지고 있다. 북비(北扉)라는 이름을 자랑하는 작은 사랑채는 사도세자의 한(恨)과 함께 선대(先代)의 충절(忠節)이 뿌리를 함께하고 있다. 이 터전에서 3대 대과(大科)의 영광을 누리기도 하여, 영예와 덕망과 가학(家學)을 일으키기도 했지만 그만큼의 시름과 한도 서려 있는 곳이다.

이제는 스산한 적막만을 느끼게 하는 솟을대문을 드나들면서 착각과 어리석은 생각만을 키워 온 자신이 부끄러워진다.

고목이 된 이끼 낀 회나무 밑에 박혀있는 허울뿐인 문화재 표지판을 바라보면서 엄연한 나의 집을 손님같이 들어선다. 내가 주인이란 사실을 다짐하며 들어서지만 정침 안방을 차지하고 있는 먼 친척뻘 되는 관리인의 가족들을 대하고 보면 내가 옮겨 살기 이전에는 손님이 되어야 한다는 현실에 짐짓 놀라지 않을 수 없다.

한때 나는 고향을 찾아갈 때마다 두려움과 자괴심으로 전전해 왔다. 퇴락하여 허물어져 가는 우리 집을 들어설 때마다 초라하기 그지없는 나의 능력이 부끄러워, 차라리 고향을 찾지 않으면 그 부끄러움과 아픔에서 벗어날 수 있으리란 생각에 의도적으로 고향을 멀리해 보기도 했다. 그러나 고향이 어디 버린다고 버려질 물건인가. 버린다고 버려질 수 있다면 결코 고향이 아니리라. 그 다독거려 주는 속박과 품어주는 제약과 도약을 기약하는 침체(沈滯)란 사실을 바르게 수용하지 못하고 움츠리고 도피하려고만 했다는 사실에 다시 부끄러움을 느낀다.

사실은 말이 고향이지 훌쩍 바쁘게 갔다 바쁘게 떠나오기 때문에 고향을 지키고 있는 몇 집 안 되는 대소가(大小家) 사람들과 나이 많은 분들 외에는 모두가 낯설기만 하다. 자연도 편리하게 변모(變貌)해 갔다. 흙먼지 날리고 진흙탕 물을 튕기던 동리 앞길은 완전히 포장되어 문명의 혜택을 입었으나 옛길과 함께 고향에 담겨진 나의 추억과 그 길 위에 새겨졌던 나의 발자취들은 아스팔트 밑에 묻혀버렸다. 그래서인지 고향 동리 앞 아스팔트길이 나는 싫다. 새마을 사업으로 동리 골목길을 죄다 시멘트로 포장할 때 우리 집으로 올라가는 골목길은 주인이 상주하지 않는다는 핑계로 빼놓은 바람에 옛 모습 그대로 남아있게 되어 정말 다행스럽다.

고향이 현대적인 모습으로 발전해가는 것을 누구보다도 기뻐해야 할 처지임에도 고향의 변모가 낯설어 괜한 짜증이 생기고 거부감이 생기는 것은 지나간 추억들을 그대로 간직하고 싶은 욕심이 너무 앞선 탓이리라.

낙동강연안개발사업의 일환으로 동네 앞에 확 트인 백천의 모래사장을 가로막아 제방이 축조되었다. 농작물의 침수와 하천의 유실을 막는 고마운 공사임을 모르는 바 아니나, 동리 앞이 콱 막힌 듯 답답하고, 강물이나 모래사장과 함께 점철(點綴)되어 있던 추억 또한 단절되는 것 같은 야릇한 실향의 아픔을 느끼기도 했다.

그러나 그 아픔과 당혹감이 결코 오래가지는 않았다. 고향의 당연한 변모에 당황하여, 귀중한 보물을 뺏긴 양 착각하면서 서운해 했지만 그 서운함을 버렸고, 나름대로의 고향을 간직하려던 욕심과 고집도 버렸다.

이제는 확 트인 모래사장과 자연 그대로의 유수(流水)에 맡겨진 백천이 아니라, 치수사업으로 잘 다듬어진 백천과 편리한 아스팔트길에서 새로운 꿈을 수놓게 될 고향의 젊은 세대들을 생각해 본다. 변모한 백천과 아스팔트길이 그들에게는 새로운 꿈과 더 큰 도약의 요람이 되기를 바라면서 말이다.

오늘도 고향을 찾아가는 날이다. 아이들은 학업을 따라 멀리 떠나 있거나 직장 등에 메인 몸이라 대개 아내와 동행할 뿐이다. 이제 나의 나이도 환갑을 앞두고 있으니, 어머니의 젖무덤 같은 포근한 고향의 산천을 거닐며, 태어난 보람의 만분지일이라도 고향에 보답하고 싶다.

새장 같은 아파트 한 칸을 내 집으로 마련하기도 어려운 세상에 살면서 뿌리 내리고 이어갈 고향이 있다는 사실만으로도 뿌듯하고 감사하다. 이제는 객(客)이 되어 이방인처럼 바람 쏘이는 기분으로 고향을 오고 갈 것이 아니라 한 달에 한 번 정도라도 자고 쉬면서 작은 돌, 풀 한 포기도 소중히 가꾸며 감사의 뜻을 일깨워 갈 것을 다짐해 본다.

(1982. 6. 5)

고향 · 3

나의 간곡한 당부(?)로 우리 집 어귀만은 포장을 하지 않았기 때문에 거기서부터 고향의 숨결과 따스한 체온이 느껴진다. 온 동네를 바깥마당으로 여기며 뛰어다니던 소년이 이순(耳順)을 바라보는 객(客)이 되어 사랑마루에 걸터앉아 오래간만에 먼 곳을 바라본다. 채석장으로 훼손될 위기에 처해있는 산 정상 봉우리가 시야에 박힌다. 도시에서 고층건물과 아파트의 물결, 오염으로 혼탁해진 대기 때문에 먼 곳을 바라보는 관상(觀想)의 눈을 뜨지 못하고 눈앞의 것만 보며 허둥지둥 살아 온 어리석은 자신의 모습에 자책이 앞선다.

고향을 떠나 대구에 살고 있는 일가친척끼리 한 달에 한 번씩 만나 정의(情誼)를 다지고 고향을 생각하는 모임이 있다. 오늘은 정축년 정초(正初)를 맞이하여 부부동반으로 윷놀이를 즐기기 위한 모임이다. 푸짐한 상품을 소개하고 편을 가르느라 법석인데 한

쪽 편에서 족숙(族叔)되는 분이 회원들을 상대로 서명을 받느라 분주하다. 내용인즉 고향 당산(堂山) 뒷산을 채석장으로 허가받아 팔려는데 대한 반대 진정이란다. 산업화의 허울 속에 고향의 산천도 찢기고, 할큄을 당하고, 헐리는 운명을 피할 수 없는 포악한 경제 원리에 아연할 뿐이다.

고향을 찾는 사람들에게 그 산은 제일 먼저 반기는 손짓과 함께 따스함을 느끼게 해준다. 나의 경우, 고향집의 어느 위치에서나 그 산의 중허리 윗부분이 선연히 시야에 들어오기 때문에 계절에 따라 변하는 산의 모습에서 자연의 순리와 인간으로서의 도리와 겸손을 배웠으며, 그 산봉우리를 바라보며 영감과 계시를 얼마나 기대했는지 모른다.

고향에 나보다 더 짙고 깊은 살뜰한 애정과 추억을 간직하고 계시는 그 산의 소유주인 집안 아저씨께서, 만년(晩年)에 굳이 채석장 허가를 조건으로 고향의 문필봉(文筆峯) 같은 그 산을 매도하려고 작심하시기까지의 인생유전(人生流轉)에 삶의 굴곡과 함께 쓰린 아픔을 느낀다. 이루는 고통과 인내보다 지키고 가꾸는 것이 어렵고 힘들다는 어른들의 말씀이 새삼 가슴에 새겨진다.

박실자연(朴實自然)의 삶이 만년의 내 꿈이다. 그러나 공직을 마무리하고 고향을 지키며 자연 속에서 순수 무구한 본연의 모습으로 살고 싶은 그 바람이 한갓 꿈으로 무산될 것 같은 절박감에 두려움을 안고 살아간다.

삶이 힘들고 용기가 필요할 때 어머니의 사진을 펴보듯 오늘도 맏아이를 채근하여 고향집으로 달린다. 작년에 꾸며놓은 사랑 앞 정원에 심을 나무의 종류와 위치에 관한 의견을 나누고 핏자국처럼 묻어있는 조상의 유적과 가르침을 되새겨 봄으로써 고향집에 대한 애틋한 정을 싹틔워주기 위해서이다.

"아버지 세대가 생각하시는 고향과 저희들 세대가 생각하는 고향은 판이합니다. 저의 경우는 다릅니다만……. 저희들 세대는 고향이 없습니다." 차안에서 아들놈이 한 이야기이다. 애비의 고향에 대한 비생산적이고 비현실적인 집착을 두고 한 얘기일 것이다. 안쓰러운 충고로 받아들이지 않을 수 없는 현실을 인정하면서도 삭일 수 없는 공허한 분노를 느낀다.

"외형적인 건물의 관리나 보존도 중요하지만, 한 시대를 살다 가신 조상들의 유적과 가르침을 되새기는 것이 더 중요하다고 생각한다. 조상님들을 뵈러 온다는 마음으로 시간을 만들어라." 허공을 향하여 오열이라도 토해 버리면 후련할 것 같은 독백과 괴로운 심정으로 중얼거려 본다.

고향 마을에 들어서니 콘크리트로 포장된 골목길이 시야에 가득하다. 순박한 인정이 넘치고 타인의 행복을 자기 행복의 전제조건으로 받아들인 평범한 양식이 살아 있던 순수한 모습은 찾을 길이 없다.

나의 간곡한 당부(?)로 우리 집 어귀만은 포장을 하지 않았기 때문에 거기서부터 고향의 숨결과 따스한 체온이 느껴진다. 온 동네를 바깥마당으로 여기며 뛰어다니던 소년이 이순(耳順)을 바라보는 객(客)이 되어 사랑마루에 걸터앉아 오래간만에 먼 곳을 바라본다. 채석장으로 훼손될 위기에 처해있는 산 정상 봉우리가 시야에 박힌다.

도시에서 고층건물과 아파트의 물결, 오염으로 혼탁해진 대기 때문에 먼 곳을 바라보는 관상(觀想)의 눈을 뜨지 못하고 눈앞의 것만 보며 허둥지둥 살아 온 어리석은 자신의 모습에 자책이 앞선다.

정년 후에 고향집에 살겠다는 생각 탓에 평소 집을 가꾸고 정돈하는데 소홀했다. 작년 여름부터 사랑채를 거처하는데 불편함이 없도록 손질하고 사랑 앞에 위치한 노쇠한 감나무 세 그루를 베어내고 정원을 꾸몄다.

근본은 잃어버린 채 몸뚱이만 의탁해 온 타향 생활에서 이젠 몸과 마음을 고향에 묻겠다는 간절한 바람으로 실천에 옮기면서도 왠지 가지가 잘려나간 나무둥치 같은 외로움과 아픔만 깊어간다.

실화(失火)로 소실된 안 대문채 자리가 휑하니 을씨년스럽다. 언제나 가지지 못한 사람을 생각하라고 초가로 지었던 여섯 칸짜리 대문채는 구조상의 조화뿐만 아니라 사람의 품격을 지켜주며 조상의 지혜와 가르침을 일깨워주는 구실을 한다는 것을 뒤늦게 깨달았다. 내 생전에 복원하고 싶지만 한갓 바람으로 끝날 것 같은 두려움이 앞선다.

집을 관리하는 친척 아우에게 당부도 하고 자식 놈에게 전답의 위치도 확인시킬 겸 동네 앞 들판으로 나갔다. 비닐하우스를 만드느라 여념이 없는 일가 아우는 땅심을 높이기 위해 객토를 해야 된다고 투정을 부린다. 평당 몇 백 원의 사용료를 받고 천여만 원 이상의 객토 비용부담도 문제지만 객토하면 길보다 높아지는 논바닥이 걱정이 된다.

제방에 올라서니 금빛 모래와 맑은 물속에서 떼 지어 놀던 송사리 떼는 간 곳 없고 새까만 냇물과 부토로 뒤덮인 강변엔 잡풀과 함께 폐비닐이 무슨 깃발이라도 나부끼듯 강안(江岸)에 가득하다. 사방의 산은 기계충을 앓은 아이의 머리마냥 온통 상처투성이다.

정말 우리는 잘 살게 되었는가? 가슴이 허물어진 고향 마을과 만신창이(滿身瘡痍)의 흉측한 모습으로 변해가는 고향산천을 보면서 십년 후 고향의 모습은 어떻게 변할까 상상만 해도 아찔한 현기증을 느낀다.

굳이 자신은 예외임을 강조하면서, 고향이 없는 젊은 세대임을 역설하던 아들놈의 항변이 대견하고 고맙다고 생각하는 구차한 자신을 발견하고 황급히 고향마을을 떠났다.

(1997. 4)

귀향(歸鄕)

내 귀향의 첫 번째 동기는 자연에서 배우고 조상님의 품속에서 유훈(遺訓)과 덕업(德業)을 되새겨 깨우치며, 남은 삶을 부끄럽지 않게 여미고 가꾸어야겠다는 때늦은 자각에서 비롯되었다.

나의 귀향은 노년에 안거(安居)하여 낭만적인 전원생활을 즐기기 위한 일반적인 귀향과는 거리가 멀다. 제목을 '귀거래(歸去來)'가 아닌 '귀향'으로 삼은 것도 '새는 옛 숲을 생각하고(羈鳥戀舊林), 고기는 옛 연못을 생각한다.(池魚思故淵)'는 도연명의 감상적인 귀거래(歸去來)와는 구별하기 위함이다.

학업과 직장을 따라 40여 년을 도시에서 떠돌며 지냈다. 하찮은 욕망과 편의와 기능의 포로가 되어 줄타기하듯 위태롭게 살아오다 공직을 마무리하면서 귀향했다.

평소 귀향의 뜻을 밝히면 한 번 해보는 말이려니 여길 뿐, 많은 고뇌의 시간을 보낸 후 신중하게 내린 결단임을 이해하는 사람은 아무도 없었다.

내 귀향의 첫 번째 동기는 자연에서 배우고 조상님의 품속에서 유훈(遺訓)과 덕업(德業)을 되새겨 깨우치며, 남은 삶을 부끄럽지 않게 여미고 가꾸어야겠다는 때늦은 자각에서 비롯되었다.

두 번째 동기는, 막중한 불천위(不遷位) 주손(胄孫)으로서 책임을 다하지 못하고 고향의 종택(宗宅)과 사당(祠堂)의 신주(神主)를 버려둔 채 타관으로 떠돈 40여 년간을 죄짓고 쫓기는 심정으로 살아왔다. 그동안은 현대산업사회를 살아가는 생활인으로써 어쩔 수 없었지만, 이제나마 시대에 걸맞는 주손으로서의 소임에 충실하기 위해서이다.

다음으로는, 내가 정성과 노력을 다하면 아이들이 그것을 보고 느낄 것이며 그들 나름대로의 다짐과 준비를 하게 될 것이란 기대와 믿음이 세 번째 동기가 되었다.

하지만 무엇보다 나의 귀향 결단에는, 아들 하나를 종가(宗家)에 바치고 당신들의 삶을 아들과 종가를 위하여 희생하신 생가 부모님 양위분(兩位分)과, 평생을 올곧게 선비의 삶을 지키신 족조(族祖) 극암(克菴) 할아버지의 가르침과 깨우침이 원동력이 되었다.

외동아들을 큰집(大宅)에 승종(承宗) 시키고 밤새워 흐느끼시던 어머니의 모습은 언제나 나의 뇌리에 각인(刻印)되어 흐트러진 몸가짐을 바로 잡아주는 굳건한 버팀목이 되었다.

"네가 잘하면 우리 내외도 빛이 나고 네가 잘못하면 우리 내외도 조상님께 죄인이 된다." 하시며 철없는 열네 살의 어린 나에게 당부하시던 어머니의 말씀이 때로는 무게를 가늠할 수 없는 짐이 되기도 했다.

하지만 돌이켜 생각해 보니 언제나 바른 길로 이끌어주는 훌륭한 길잡이 역할도 했다.

60년대 초반까지만 해도 너나없이 우리들의 생활은 가난했고 여유도 없었다. 우리 집 고택(古宅) 또한 비가 새고 벽이 허물어졌다. 내가 감당하기엔 힘이 미치지 못해 전전긍긍하던 중 농담 반 진담 반으로 '정침(正寢, 안채)을 허물어 버려야겠다.'고 한 적이 있었다.

그러던 어느 날 인편으로 극암 할아버지의 (克菴, 諱 / 基允) 부르심을 받았다.

"너의 집 정침을 헐어버리겠다고 이야기를 한 적이 있느냐?"

극암 할아버지는 꼿꼿하고 단아(端雅)한 모습으로 나를 추궁하셨다.

나는 나의 심정을 곁들여서 사실대로 말씀드렸다. 그제사 조금 누그러진 모습으로 말씀하셨다.

"한개 대감댁은 너 개인의 집이 아니다. 한개를 방문하는 분들은 너희 집 문호(門戶)를 보기 위해서이다. 뿐만 아니라 너희 집 문호는 성산 이씨(星山 李氏) 전체의 자랑인데 네가 정침을 허문다는 어리석고 망측한 말을 함부로 할 수 있느냐."

그날 극암 할아버지는 나를 엄하게 꾸짖으시면서도 격려하고 다독거려주셨고 아울러 큰집을 지키는 사람의 마음가짐도 일러주셨다.

그때 나의 경망(輕妄)하고 무책임한 언동이 얼마나 부끄러웠는지 모른다. 할아버지의 꾸짖음과 가르침을 가슴에 새겨 다시는 그와 같은 생각과 언동을 하지 않겠다는 다짐을 하고 물러났다.

이후 극암 할아버지로부터 올곧은 선비의 자세와 몸가짐, 자손을 훈육(訓育)하는 방법, 가정을 다스리는 기본을 익혀서 내 가정을 이끌고 내 자식을 가르치는 본보기로 삼으려고 노력했으나 나의 몸가짐과 마음가짐으로는 어림도 없었다. 극암 할아버지는 나에게 존모(尊慕)와 공경(恭敬)의 대상이었으며 내 삶의 길잡이였다.

귀향해서 제일 급한 일은 허물어지고 노후한 종택을 보수하는 일이었다. 우리 집은 옛 어른들의 표현을 빌린다면 '넘치지도 모자라지도 않는 중용의 도(中庸之道)를 지킨 규모'였으나 지금은 건물

네 채가 무너지고 소실(燒失)되었다.

공직을 마무리하기 3년 전부터 보수에 착수했으므로 연차적(連次的)으로 완공이 가능했지만 없어진 네 채의 건물 복원은 나의 능력으로는 불가능했다.

국가재정에 의존하는 것도 지나친 욕심인 것 같아 집터에 자연석을 배치하여 정원을 가꾸고 안 대문채가 위치했던 자리엔 한 칸 조그마한 집을 지어 자혜당(慈惠堂)이라 이름하고 다음과 같은 기문(記文)으로 그 뜻을 새겼다.

> 우리 집 제택(第宅)은 사미당(四美堂) 할아버지께서 계획하시고 정헌공(定憲公) 할아버지 대에 완성되었으니 실로 삼대에 걸친 경영으로 이룩되었으나 지금은 건물 네 채가 도괴(倒壞) 또는 소실(燒失) 되었다.
>
> 어릴 적 이 안 대문채만 초가(草家)인 것이 기이하게 생각되어 어른분들께 여쭈어 보니 "이 세상에는 항상 어렵고 가난한 사람들이 있다는 것을 자손들에게 일깨우기 위하여 초가로 세웠다"고 말씀하셨다.
>
> 이에 부조(父祖)의 밝고 깊으신 뜻을 자손들에게 전하여 가슴깊이 새겨 삼가 자혜당(慈惠堂)이라 이름 하였다.
>
> 이곳을 오르는 자손들은 선조의 간곡한 원려(遠慮)와 덕업(德業)을 가슴에 새겨주기 바란다.

자혜당

자혜당이란 이름에는 우리 가문을 복욱(馥郁)한 향기 넘치고 혁혁한 빛이 나게 해주신 선대 할머니에 대한 존모와 감사의 뜻이 실려 있다. 고난의 시기에 숭조상문(崇祖尙門)의 정신으로 인고를 기쁨으로 감내(堪耐)하면서 가문을 지켜주신 본생(本生) 선비(先妣)와 아내의 지극한 정성과 희생을 기리고 전해야겠다는 나의 마음이 담겨있다. 어쩌면 불씨처럼 소중한 조상의 유훈과 덕업을 자손들에게 전해야겠다는 내 마음의 또 다른 표현인지도 모르겠다.

옛집의 구조와 기능은 현대인이 생활하기에 불편하기 짝이 없다. 특히 주방과 화장실은 구조와 위치가 완전히 다르기 때문에 집의 외형을 훼손하지 않고 생활의 불편함이 없도록 내부를 개조

하는데 어려움이 많았다.

정원의 수목도 100년 후를 생각하며 심었으나 수종(樹種) 선택에 어려움이 많았다. 정성이 모자라면 당장 수목에 이상이 온다. 수목은 거름이나 수분을 먹고 자라는 것이 아니라 정성을 먹고 산다는 사실을 그때사 알았다. 나로서는 세심한 배려와 정성을 다했지만 40여 년을 몸담고 살지 않아서 그런지 시행착오가 한 두 번이 아니었다.

그렇게 집안 가꾸는 일에 정신없이 허덕이다가도 '내가 고향의 종택을 지킬 수 있는 기간이 얼마나 될까.' 하는 생각이 문득문득 떠오른다. 덧없는 생각이긴 하지만 어차피 인생은 유한(有限)하므로 꼭 짚어야 할 사안(事案)임에 틀림이 없다. 20년을 최장 기간으로 생각한다. 옛날 같으면 어림도 없는 일이겠지만 의술이 발달하고 평균수명이 연장된 덕분에 욕심을 부려본다.

그러나 사람의 수명은 하늘의 뜻에 달려있는 법, 우리 내외 중 한 사람이라도 건강에 이상이 오는 날에는 누구에겐가 관리를 맡겨야 한다. 살면서 죽음을 생각하는 것은 자신의 삶을 떳떳하게 책임지려는 마음이 깔려 있기 때문이다. 내가 무리를 해가면서까지 집을 불편함이 없도록 다듬고 정원을 가꾸는 것은 우리 내외가 종택을 지킬 수 없는 훗날을 위한 대비라 할 것이다.

농토를 관리하고 집안일을 도와주는 50대 후반 내외가 작은 사랑채에 살고 있지만 넓은 집이라 적막감이 감돈다. 그래서 집도 지키고 한산한 분위기도 메우기 위해 진돗개 두 마리를 키운다. 영악하고 영리하기 이를 데 없다. 출타했다 돌아오면 몸을 던지며 반긴다. 늙고 초라한 나를 어느 누가 저렇게 반겨줄까? 한식구가 된 개들이 새삼 고맙고 정이 간다. 집안에서도 내가 거처하는 곳을 용케 알고 지켜주고 반겨주는 갸륵한 정성에 나도 개들에게 정성을 다한다. 나에겐 더 없는 위로와 놀이의 대상이다.

흐르는 세월에 나의 모습이 변했듯이 고향의 모습 또한 많이 변했다. 유년기(幼年期) 동무들의 집은 허물어져 공터가 되었고 남아 있는 집들도 대부분 90줄의 노인네가 지키고 있다. 집안의 가까운 친척들도 생업을 따라 타관(他關)에서 터를 잡아 이제는 할아버지, 할머니가 되어있고 인편으로 가끔 소식을 들을 뿐이다. 자연스레 휘어진 소나무 기둥, 흙벽, 강냉대를 둘러 친 울타리, 울타리를 뒤덮은 호박 넝쿨 등은 이제 유년기(幼年期)의 기억 속에만 남아있을 뿐이다.

일가 어른들이 모여 동네 대소사(大小事)를 의논하며 살아가던 옛날의 질서와 예절은 사라지고, 바쁜 세상 핑계로 저마다 뿔뿔이 흩어져 살아간다. 지난날의 끈끈한 인정이 마냥 그립다. 타관에서 고향 인정에 목마르고 유년의 추억이 그리워 그 추억을 더듬으며 밤을 지새우던 나의 순정이 아련하게 떠오른다.

동네에서 우리 내외는 이방인(異邦人)이다. 대화와 친교의 대상이 없기 때문이다. 80~90대 노인들이 집을 지키는 집안 대소가 서너 곳을 한 달에 한 번 정도 방문하여 안부를 묻고 생활에 필요한 조언을 드리는 것이 동네에서 내가 할 수 있는 역할의 전부다. 무엇이든 돕고 봉사해야겠다는 마음으로 고향을 찾았건만 내가 할 수 있는 일이 별로 없다. 이런 현실이 답답하다. 40여 년을 학업과 직장따라 타관에서 생활해 온 탓이리라. 또한 우리 집은 향혼(鄉婚)이 없기 때문에 이곳 향리(鄉里)에는 가까운 인척(姻戚)들이 없다. 내가 살아 온 환경과 성격 탓에 이곳 사람들과는 어쩔 수 없는 거리감이 있다. 그래도 자신을 무너뜨리고 팽개치지 않는 범위에서 '눈높이 생활'을 익혀가고 있다. 무엇보다 나의 겸손하고 진실 된 마음가짐과 행동이 중요하다고 행각한다.

우리 집을 찾는 방문객이나 지인(知人)들은 우릴 보고 "천당에서 산다."면서 못내 부러워한다. 그럴 때면 '저들이 과연 나무 한 그루, 돌 하나, 마룻장 하나에도 나의 피와 땀이 응축(凝縮)되어 있음을 알까.'하는 마음이 앞서기도 한다.

천당과 지옥은 외형적인 모습이나 형태가 아니라 각자의 마음가짐에 있다고 생각한다. 작은사랑 마당 한쪽 공터와 동리 어귀의 채마밭에 가지, 오이, 상추 등을 심었다. 친지들이 오면 풋풋한 채소로 정을 표한다. 영농비가 채소 값의 몇 배가 넘는, 계산상으로는 희한한 농사지만 정을 나눌 수 있다는 사실에 나는 만족한다.

육체적 노동을 경험해 보지 않은 나로서는 집안일만으로도 감당하기가 벅차다. 특히 봄부터 초가을까지의 제초작업(除草作業)은 여간 고되지 않다. 뿌리까지 송두리째 뽑아 버리면 나지 않을 것이란 나름대로의 상식으로 잡초를 뽑아보았지만 며칠만 지나면 그 자리에 새로운 잡초가 돋아나곤 했다. 도무지 이해할 수 없는 잡초의 생명력에 경이와 감탄을 연발하면서도 오기가 발동하여 치열하고도 끈질기게 '잡초와의 전쟁'을 계속하고 있다.

'밥알 떨어져도 주워 먹을 수 있겠다.'는 어느 방문객의 과장스러운 표현대로 쾌적하고 청결한 환경을 가꾸기 위해 나름대로 부단히 노력한 덕분에 청결은 유지하지만 대신 나의 두 팔은 늘 통증을 달고 다니는 처지가 되고 말았다.

'간단하게 제초제만 뿌리면 되지.' 라며 미련한 나의 열성을 탓하는 사람도 있지만 손자, 손녀들이 오면 맨발로 마음껏 뛰어 놀 수 있도록 해주고 싶어 그럴 수가 없다.

아내는, 잠자리 이불 개키는 것에도 인색하던 사람이 고된 일에 골몰하는 모습을 안쓰럽게 지켜보면서도 대단하다는 말로 감탄하기도 한다.

하지만 아내는 모른다. 내가 그러는 것이 다른 대단한 이유가 있어서가 아니라 '즐겁고 감사하는 마음으로 정성을 다하면 그만큼 자신의 삶이 충만해진다.'는 삶의 지혜를 뒤늦게 깨달은 덕에 하루하루를 더 충만하게 채우려 애쓴다는 것을.

우리 집 가학(家學)의 산실(産室)인 작은 사랑채에 걸려 있던 '독서종자실(讀書種子室)' 현판을 아래채로 옮겨 달고 그곳을 서실로 꾸몄다. 만 권 서적은 못되지만 몇 천 권의 장서(藏書)는 된다. 책은 세상보다 훌륭한 세상이며 그 속에 사랑, 휴식, 건강, 관용 등 우리가 필요로 하는 모든 것이 있다. 종종 책과 대화하다가 잠에 빠지곤 한다. 책이 있기에 외롭지 않고 고독하지도 않다.

이따금 정다운 벗들이 찾아온다. 요사이는 저마다 바쁜 세상이라 유유하게 벗들과 자리하는 것이 쉽지 않다. 시간에 쫓기고 생활에 쫓기기도 하겠지만 폐 끼치는 것을 지나치게 염두에 두고 있는지 모두들 오면 떠나기 바쁘다. 마음 같아선 며칠 함께 세월을 낚아 보고 싶지만, 아쉬운 정만 남기고 떠나간다.

이곳은 대구에서 한 시간 이내의 거리여서 벗들의 초청이나 모임이 있는 날은 기사역할을 맡고 있는 아내와 함께 풍경에 취하고 길 맛에 취하기 위해 차를 몰고 대구로 간다.

귀향한 지 햇수로 4년이다. 종택 보수 및 정원 조성, 정헌공(定憲公) 신도비(神道碑) 이건(移建), 돈재공 신도비(遯齋公 神道碑) 비각(碑閣) 보수, 진입로 복개, 만귀정(晩歸亭) 보수 정화 등 많은 일들을 추진하면서 혼자 외롭게 뛰어 다니느라 몸도 마음도 고달팠다. 그러나 모든 일들이 순조롭고 계획대로 추진되어 보람과 기쁨에 취하기도 했다.

생업(生業)따라 타관에서 떠돌던 지난날에 두 번이나 도둑을 맞아 어필첩(御筆帖)과 서책(書冊), 그림, 글씨 등 소중한 유물(遺物)을 도난 당한 적이 있다. 그랬기에 귀향을 결정하면서도 조상님의 유품(遺品)을 모두 모실 수 없어 마음이 아팠다. 정헌공의 영정(影幀)만이라도 모시고 싶었으나, 일시적인 나의 욕심이 자칫 화를 자초하는 일이 될까 두려워 모든 유품(遺品)을 아이들 집에 분산(分散) 보관했다.

2001년 6월 17일 개관한 국립제주박물관에 우리가 기탁했던 497점의 유물이 훌륭하고도 쾌적하게 꾸며진 독립 전시실에 전시된 광경을 보고, 기쁨과 감사함에 눈물을 흘리지 않을 수 없었던 기억이 지금도 생생하다.

주말이나 행사 때는 아이들 내외와 손자 · 손녀들이 모인다. 저마다 맡은 책임이 있고 바쁜 세상이라 다섯 집이 함께 자리를 같이 하는 경우는 일 년에 너댓 번 정도이다. 가화는 만사성(家和萬

事成)이라던가. 나는 이 말을 평생 금과옥조(金科玉條)로 생각하면서 살아왔다. 자식들이 가족 간에 서로 아끼고 소중하게 생각하며 살아가니 고맙다. 형제간 우애 있게 지내란 말이 우리 내외의 간곡한 바람이요 부탁이다. 자신을 사랑하고 조상님께 감사하는 마음을 잃지 않기를 바란다.

종택을 가꾸고 못 다한 위선사업(爲先事業)을 추진하는데 소요되는 경비가 만만치 않다. 내가 감당하기에 벅차고 미치지 못하는 현실이 원망스러울 때도 있지만, 조상을 위한 일은 결코 금전으로만 되는 것이 아니라 정성으로 할 수 있다는 지혜도 깨우쳤다. 우리 내외는 조상 일에 소요되는 경비는 돈으로 생각하지 말고 오늘의 우리를 있게 해준 은혜의 보답으로 생각하자며 오히려 감사의 마음으로 살아가고 있다.

귀향하여 첫 번째 가족모임에서 나의 임종(臨終)은 사랑방 아랫목에서 맞도록 해주고 염습(殮襲) 후 시신은 자혜당으로 옮겨달라는 부탁도 했다. 사랑방 아랫목은 선대의 할아버지께서 임종을 맞이한 곳이며, 자혜당은 내가 생가(生家)의 어머님과 아내를 위해 지은 집이기 때문이다. 편리한 세상에 자식들 고생 시키려고 작정했냐면서 아내는 불만을 표시했지만 아내의 참뜻을 알고 있기에 웃고 말았다.

나의 귀향은 일종의 죽음 준비과정이다. 그것은 내 인생의 몫은 내가 책임지겠다는 결단이요 실행의지다.

우리 집의 청태(靑苔) 낀 기왓장과 풍우를 맞아 부식된 기둥, 두 세기를 넘게 버텨 온 투박한 마룻장과 풍성한 자연 속에서 나는 섭리와 순리와 겸손을 배우고, 인간사 영고성쇠(榮枯盛衰)를 통해 유전(流轉)하는 참뜻을 깨닫는다. 그래서 깨끗하고 곱게 늙어 떳떳하게 죽음을 맞이하기 위한 귀향의 다짐을 저버리지 않도록 자신을 채찍질하며 하루하루를 보낸다.

(2001. 10)

추기) 집 앞에 이르는 골목길에 대하여 - 내 고집으로 시멘트 포장을 하지 않은 옛 길을 고수하고 있던 터라 내가 매년 마사토 2트럭씩을 깔아가며 관리를 해왔다. 그러나 점점 늘어나는 통행차량 등으로 감당할 수가 없어 결국 2004년 10월에 시멘트 포장을 하고 말았다.

(2007. 7)

아버지 나의 아버지

아버지가 나에게 일깨워주신 가장 소중한 유산은 '정직과 명분'입니다.<중략>

잔재주를 모르고 표리(表裏)없이 곧이곧대로 살아가는 마음가짐과 넘어서는 안 될 한계를 분명히 인식하고 행동하는 몸가짐은 가볍고, 고집스럽고, 거만하다는 엉뚱한 오해와 질타의 대상이 되기도 했지만, 물질만능의 타락하고 퇴폐한 이 시대를 살아오면서 우뚝이 서 있을 수 있는 버팀목이 되었습니다.

'자식은 어려서는 어머니의 젖을 빨지만, 커서는 아버지의 젖을 빤다.'는 영국의 격언이 떠오릅니다. 어머니에 대한 사모(思慕)의 정은 호수의 잔잔한 물결같이 언제나 내 가슴 속에 일렁이고 있었지만 아버지가 돌아가신 지 1년의 세월이 흐른 오늘에서야 아버지를 향한 망극(罔極)한 그리움과 사모의 정이 노도(怒濤)와 같이 내 마음 깊은 곳에서 소용돌이치면서 감당할 수 없는 통한의 아픔을 안겨 줍니다.

유년기의 나에게 아버지는 무섭고 두려운 존재로 각인되어 있었습니다.

"하나 자식 오냐오냐 하면 못 쓸 인간이 된다." 하시며 잘못을 저지르면 가혹하리만치 매로 다스렸으며 다정하게 머리 한 번 쓰다듬어 주는 일이 없었던 아버지입니다. 하나 아들 매 맞는 것이 안쓰러워 매를 거두라고 애원하는 어머니께 "어멈이 감싸고 어루만지기만 하니 자식을 그르친다."며 어머니에게까지 불호령을 내려, 어머님은 흐느끼고 나는 오들오들 떨면서 저주와 원망의 눈초리로 아버지를 바라보았습니다.

아버지의 뜻과 생각은 늘 내가 미칠 수 없는 멀고 높은 곳에 있었으며, 나를 깨우치고 이끌어주시는 것은 교육적 의도에서였으나 나는 아버지의 깊고 원대한 뜻을 헤아리지 못하고 엉뚱하게도 반항과 증오심만이 싹 튼 듯 하던 어린 시절이 있었습니다.

회초리로 닦달이 끝나면 어김없이 뇌이시던 "자식이 미워서 매를 드는 부모는 없다. 올바른 사람이 되라는 채찍이다."는 그 말씀이 법관의 선고문 같이 새겨졌습니다. 이제는 채찍과 걱정 어린 살뜰한 인도의 말씀을 들을 수 없어 천애고아가 된 외로움에 목 놓아 울고 싶고, 아버지가 사무치게 그립습니다. 소박하고 조그마한 아버지의 바람과 기대를 하나도 채워드리지 못하고 청개구리로 살아온 어리석고 못난 아들의 회한(悔恨)의 몸부림입니다.

사랑한다는 말을 하지 않아도, 다정하게 손 한 번 잡아주지 않았어도 아버지는 나를 지켜주는 철벽요새(鐵壁要塞)였습니다. 소중한 당신의 삶을 희생하며, 못난 이 아들을 위하여 흘리신 피와 땀과 눈물로 결집된 지고지순한 사랑은 이 세상 그 무엇으로도 보답할 수 없다는 기막힌 현실 앞에 다만 엎드려 통곡할 뿐입니다.

"부모가 되어 봐야 부모 심정 안다."는 표현은 부모의 심정을 헤아리지 못하는 자식에 대한 이 세상 부모들의 절규입니다. 아들은 태어나면서 당연히 되는 것이지만 참된 아버지가 되려면 고독하고 눈물겨운 세파(世波)와의 싸움과 함께 인간성과 감성을 가꾸어야 합니다. 자신이 살아 온 방식 때문에 모든 것을 책임져야 하기에 모든 것을 염려하고 배려해야 합니다. 나의 아버지는 세속의 명예나 부는 누리지 못했으며, 학문을 성취하지도 못하셨지만 바르고 올곧게 살아가는 삶을 보여주신 참되고 당당하고 떳떳한 분이였습니다.

6.25 사변이 발발한 그 해에 중학교를 입학했습니다. 아버지께서 그 당시 귀한 세이코 손목시계를 입학 기념으로 사주시면서 "이제는 너 스스로 판단하고 행동할 나이가 되었으니 모든 것을 알아서 해라."고 말씀하신 후엔 걱정하시거나 꾸중을 하신 적은

있었지만 매를 드신 적은 없었습니다. 무관심에 가까울 만큼 나의 자율과 판단에 맡겼습니다. 그러나 생각이 깊지 못하고 어리석은 나는 아버지의 간섭과 속박에서 벗어났다는 해방감에 도취되어 방종과 무절제한 생활에 익숙해졌습니다. 아버지의 사랑과 기대가 담겨있는 입학기념 시계는 1년 후 팔아서 하모니카를 사고 남은 돈은 유흥비로 써버렸습니다.

아버지께서는 남자는 돈을 잘 쓸 줄 알아야 된다고 말씀하셨습니다. 돈 씀씀이가 헤프고 낭비벽이 심한 나를 한 번도 나무라신 기억이 없습니다. 나는 그 말씀의 뜻을 엉뚱하게 남자는 쩨쩨하지 않고 배포 있게 돈을 쓸 줄 알아야 된다는 가르침으로 받아들였습니다. 결과적으로 돈이란 쓰면 나오는 것이란 요행과 착각 속에서 절제 없는 낭비에 따른 회한과 다짐 사이를 자맥질하며 살아가는 고질병을 앓았습니다. 스스로 깨닫고 행동하기를 기다리시는 아버지의 깊은 뜻을 망각한 어리석고 못난 아들이었습니다.

아버지께서는 당신의 피와 땀으로 이룩한 전 재산을 외아들과 함께 종가에 바쳤습니다. 당신 소유의 집 한 칸, 땅 한 평 없이 모든 것을 바쳤습니다. 재물은, 뜻이 있는 곳에 쓸 때에는 주저하거나 인색하지 않아야 된다는 아버지의 참 가르침을 이제야 깨달았습니다.

아버지가 당부하신대로 둘째 놈 진근이를 승중손(承重孫)으로 생가의 가통을 잇게 하였지만 어쩔 수 없이 한 대가 빠지는 빠곰이 집이 되었다는 사실이 가슴 아픕니다. 생가를 가꾸고 받드는데 정성을 다 하겠습니다.

아버지가 나에게 일깨워주신 가장 소중한 유산은 '정직과 명분'입니다. 큰 잘못을 저질러도 사실대로 아뢰고 뉘우치고, 다짐하면 봄볕에 눈 녹듯 스스럼없이 용서해 주셨지만, 조그마한 잘못도 변명하거나 거짓말을 하면 사정없이 회초리로 닦달하셨기 때문에 정직한 것이 편하고 두려움 없이 살아가는 방편임을 알았습니다. 명분이 서지 않는 행동을 했을 때 아버지의 걱정과 노여움은 온 가족을 불안에 떨게 했습니다. 잔재주를 모르고 표리(表裏)없이 곧이 곧대로 살아가는 마음가짐과 넘어서는 안 될 한계를 분명히 인식하고 행동하는 몸가짐은 가볍고, 고집스럽고, 거만하다는 엉뚱한 오해와 질타의 대상이 되기도 했지만, 물질만능의 타락하고 퇴폐한 이 시대를 살아오면서 우뚝이 서 있을 수 있는 버팀목이 되었습니다.

돌아가시기 한 달여 전이라 기억됩니다. 저나 아이들 4형제가 아버지를 모시고 목욕탕에 가면서 거동이 불편하신 아버지를 업어 드리려 했으나, 약한 저의 힘과 능력으로는 아버지를 업어 드릴 수 없다는 사실에 마음속으로 통곡했습니다. 목욕탕에서 나무껍질마냥 거칠고 메마른, 윤기 없는 아버지의 육신을 문지르면서 엄동

설한에 어느 길가에 외롭게 서있는 앙상한 겨울나무를 연상했습니다. 모자람 투성이에 어리석은 아들 뒷바라지와 가문(家門)을 지키시느라 인고의 아픔을 견디어 오신 결과라 생각하니 부끄럽고 죄송하여 아버지를 바라 뵈올 수 없었습니다. 아버지가 흘리신 피와 땀과 눈물의 뜻을 망각한 채 인생을 낭비하며 살아온 자신이 저주스럽고 부끄러워 통한(痛恨)의 아픔을 삭이느라 몸부림쳤습니다. 그날 이후 겨울나무같이 앙상한 아버지의 모습을 떠올리며 나도 아버지같이 부끄러움 없는 떳떳한 아버지가 될 수 있을까 자문해 보지만 앞서는 건 두려움뿐입니다.

아버지! 영원히 저만의 가슴 속에 묻어 두고 싶었던 부끄러운 사실 하나를 고백합니다. 제가 대학에 입학한 1957년 이른 가을이라 기억됩니다. 아들의 객지생활이 걱정되고 안쓰러워 상경하신 아버지와 번화한 종로거리를 거닐고 있었습니다. 주위를 오고가는 사람들의 윤기 흐르고 번지르르한 겉모습과는 너무나 대조적인, 고생에 찌든 아버지의 모습을 보면서 누구를 향한 것인지 알 수 없는 분노와 함께 살의가 깃든 증오를 느꼈습니다. 정말 찰나였습니다만 너무 강렬했습니다. 인간실존의 단편적인 현상이라고 변명하기엔 너무나 무거운 죄를 범했습니다. 그 엄청난 찰나가 스쳐간 순간, 난 초라한 아버지가 오히려 위대하고 훌륭하고 소중한 분이란 사실도 함께 깨달았습니다. 언제나 뉘우치고 다짐하면 관대하게 용서해주시고, 두둔해주시던 아버지. 아버지의 그 맑은 웃음과 함께 이젠 그 날의 죄 또한 용서해주시리라 믿습니다.

그렇듯 쇳덩이같이 굳센 줄만 알았던 아버지께서 이 못난 아들 때문에 눈물을 흘리시는 모습을 두 번 보았습니다. 대학 2년을 마치고 자원입대하던 날, 대구역 개찰구를 빠져나가는 나를 바라보시던 아버지의 눈에 눈물이 흐르고 있었습니다. 고된 군 생활을 견딜 수 있을까 염려하는 자식사랑의 눈물이었습니다. 또 한 번은 논산 제2훈련소에 면회 오셔서 "내 자식 남의 자식 할 것 없이 모두 다 새까맣노." 하시며 흘리신 눈물인데 그것은 고된 군 생활을 극복하고 적응해가는 아들의 모습이 대견해서 흘리신 안도의 눈물이었습니다. 아버지께서 저 때문에 흘리신 눈물이 어찌 두 번 뿐이셨겠습니까? 아버지의 전 생애가 못나고 어리석은 이 아들 때문에 흘리신 눈물의 역정(歷程)이었음을 알고 있습니다.

아버지께서는 당신의 진료를 맡았던 친구 분인 박 선생님을 통해서 임종이 얼마 남지 않았다는 사실을 알고 계셨지만, 평시와 다름없이 담담하고 대범하게 최후를 기다리고 계셨습니다. 돌아가시기 보름 쯤 전이라 기억됩니다. 아버지께서는 최후를 생각하시고 하신 말씀이었지만 무디고 둔한 저는 그 말씀이 유언이 될 줄은 상상도 못했습니다. 병세의 차도를 묻는 저에게 "괜찮다."는 말씀과 함께 느닷없이 "네가 내 자식이지만 고맙다는 말은 꼭하고 죽어야겠다."고 말씀하셨습니다. 아버지의 죽음이란 저에겐 상상조차 할 수 없는 현실이며, 아버지가 저에게 고마워해야 할 것이 하나도 없기 때문에 어리둥절하지 않을 수 없었습니다. 조그마하고 소박한 당신의 소망과 기대를 제대로 채워드리지 못했으며, 탐욕과 성냄과 어리석음의 사슬에 얽매여 몸과 마음이 만신창이가 되어 자책과 회한 속을 자맥질하며 살아가는 불효막급한 아들을 꾸짖고 나무라기는 고사하고 "고맙다."고 말씀하셨으니 그 말씀은 영원한 수수께끼가 되어 나의 가슴을 짓누르고 있습니다. 아버지가 저승에서나마 고맙다고 대견하다고 생각하실 수 있게 처신하고 조신하여 몸가짐, 마음가짐을 반듯이 하라는 경계의 말씀으로 새길 수밖에 없었습니다.

두 번째 말씀은 "내 한평생은 아무런 여한이 없다. 그러나 너에겐 너무 과중한 짐을 맡겨 미안하다."고 하셨습니다. 세속에 물든 삶이란 털어도 털어도 묻어나는 아픔과 회한이 있게 마련인데, 아버지의 80평생, 파란 많은 역정 속에서 켜켜이 쌓인 고통과 아픔이 어찌 없을 수 있겠습니까만 당신이 져야 했던 책임과 역할에 거리낌 없이 정성을 다하셨다는 안도와 만족의 말씀으로 새기고 있습니다.

저에게 너무 많은 짐을 지웠다는 말씀은 나를 종가에 승종(承宗)시켜 막중한 책임을 맡겼다는 뜻이었습니다.

나는 한때 전생에 지은 죗값으로 종손이 되었다고 생각했습니다. “너는 이집을 위해서 모든 것을 희생해야 한다.”며 나를 질식시키던 집안 어른 분들의 말씀에 멍에를 지고 맷돌질하는 당나귀 같은 종손이 저주스러웠습니다. 40대 중반까지 종손에서 벗어나고 싶은 갈등 속에서 몸부림쳤습니다. 종가의 일은 섭사손(攝祀孫)으로서 아버지가 대행하셨으며, 나는 직장과 생업을 핑계로 종손의 책임에서 벗어나려고 버둥거렸으나 결과적으로는 정신적으로나 경제적으로나 너무 많은 것을 잃었습니다. 사람이 살아가는 과정에서 벗어날 수 없는 것이 분명 존재 한다는 사실을 알았습니다. 벗어날 수 없는 것을 벗어나려고 하면 결국 자신이 망가진다는 기막힌 진실을 알았습니다.

1976년 퇴락하여 허물어져가는 정침과 대문채를 보수하고 “이제는 저승에 가서 조상님을 뵈올 면목이 섰다.”시며 흘리신 아버지의 눈물을 보면서 자손의 도리와 종가를 지키는 막중한 책임을 깨달았습니다. 지키는 외로움과 수호하는 고통을 극복하고 긍지와 보람으로 정성을 다하겠습니다. 아무나 질 수 없는 짐을 졌기에 영광과 존경을 누릴 수 있습니다. 아들 하나를 종가에 승종시킨 아버지의 결단과 숭조상문의 순수하고 애절한 효심에 머리를 숙여 감사드립니다.

마지막으로 “내가 욕심이 많았다.”는 말씀은 저로서는 알 수 없는 사실이라 소상하게 이야기 하셨습니다. 6.25사변이 발발한 이듬해에 할아버지께서 향년 83세로 영면(永眠)하셨습니다. 할아버지의 유택을 마련할 때 지관(地官)이 아버지께 "이 혈(穴)에 산소를 쓰면 장차 장손(長孫)의 수족(手足)에 화가 미치는데 감당할 수 있겠느냐."며 은밀하게 묻기에 발복(發福)이란 욕심이 앞서 괜찮다고 대답하셨다는 내용이었습니다. 공교롭게도 맏아들 재근이가 고향집에서 돌잔치를 치르고 돌아온 날 소아마비를 앓아 왼쪽 다리가 불구가 되었습니다. 소아마비 치고는 비교적 가벼운 편이지만, 바르게 걷지 못하고 절름거리는 맏손자의 모습을 볼 때마다 아버지께서는 당신의 욕심이 화근(禍根)이 되었다고 자책하시며 괴로워 하셨습니다. 할아버지 산소 탓이 아니라 우리 내외가 무지하여 예방접종을 하지 못한 탓이라 말씀드렸지만 끝내 아버지의 회한과 오해를 풀어드리지 못 했습니다.

아버지는 훤칠한 키에 체구도 당당하셨으며 미남이요 멋을 아는 분이셨습니다. 서울서 하숙집 주인이 아버지를 뵙고 "학이 학생은 아버지보다 못하다."는 말을 했는데 그때는 몹시 서운하고 언짢게 들렸으나 지금 생각하니 하숙집 주인의 사람 보는 안목에 새삼 놀라지 않을 수 없습니다. 우둔하리만치 꾀를 몰랐으며 항심(恒心)이 항산(恒産)이라 시며 언제나 당신의 마음만 믿고 살아오셨습니다. 격랑과 고난을 의지와 신념으로 극복하셨으며 순리에 쫓아 매사를 긍정적으로 생각하셨습니다.

천성적으로 아부와 굴종을 멀리하셨으며 이익과 편의가 따르는 경우에도 명분이 서지 않으면 움직이지 않았습니다. 당신의 어려움이나 고난은 뒤로하고 타인의 고난과 어려움을 보살피고 돕는데 보람을 느껴 오신 분입니다. 자신의 모든 것을 희생하며 오직 숭조상문에 철저했던 삶이었습니다. 나는 한때 현실을 망각한 아버지의 이러한 삶이 분칠한 위선이라 생각했습니다만 자기희생을 바탕으로 한 곡진(曲盡)한 정성에 감복했습니다.

지천명(知天命)을 넘어선 저의 모습을 보고 새삼 아버지를 닮았다는 말에 거울 속에 비춰진 나의 모습에서 아버지의 모습을 찾아보았습니다. 나의 모습은 보이지 않거나 이러저러해 보이는데 아버지의 환영(幻影)은 너무나 선명합니다. 외모나 행동거지는 닮았을지 모르지만 세상을 살아가는 지혜와 용기, 온유하고 남을 배려하는 마음가짐 등은 언감생심 아버지를 닮을 수 없다는 진실 앞에 통곡할 뿐입니다.

아버지께서는 옹졸하고, 깡마르고, 경망하고, 이기적인 이 아들을 올곧고 반듯한 사람다운 사람이 되라고 뼈가 가루가 되도록 온갖 고통과 고난을 감내하시며 헌신적인 사랑과 정성어린 보살핌으로 인도해 주셨습니다.

집안에 계시기만 해도 그득하고 훈기를 감돌게 하던 아버지의 자태는 뵈올 수 없으며, 감싸고 다독거리며 이끌어 주시던 그 말씀을 이제는 영영 들을 수 없어 천애고아가 된 듯한 외로움과 애절한 그리움에 흐느낄 뿐입니다.

1984년 3월 19일 을씨년스럽게도 그날은 초저녁부터 비가 내렸습니다. 3일전 아버지를 모시고 시내 다방에 다녀왔다는 아내의 전화를 받고 긴장이 풀렸는데, 새벽 1시경 빗소리와 함께 전화벨이 울렸습니다. 불길한 예감에 당황하며 수화기를 드니, 아버지께서 돌아가셨다는 아내의 울먹이는 소리가 귓전을 울렸습니다. 천길 낭떠러지에 떨어진 듯 몽롱한 느낌이었습니다. 400리 길을 재촉하여 집에 도착하니 벌써 가까운 집안 어른들이 와 계셨습니다.

편안하게 평화롭게 누워계시는 아버지의 시신을 대하고는 목놓아 울었습니다. 더욱 슬프고 애통한 것은 아들과 장성한 손자들이 있었으나 직장과 학업을 이유로 곁을 떠나고 임종을 지키지 못했다는 사실입니다.

나는 아버지와 어머니의 임종을 지키지 못한 회한을 안고 살아가지 않을 수 없습니다.

우리 집이 내려다보이는 고향마을 서편의 함청록(函淸麓) 을좌(乙坐) 어머니 산소 옆에 쌍분으로 모셨습니다. 살아생전에 어머니가 아버지를 찾아 바다건너 일본까지 가셨지만 저승길에는 아버지가 어머니를 찾아 가셨습니다. 아버지께서는 가산을 이루거나 훌륭한 인물을 배출하려면 삼대(三代)에 걸친 정성과 노력이 있어야 된다고 일러 주셨습니다. 못나고 어리석은 소자를 참되고 훌륭한 사람으로 만들려고 피와 땀과 눈물을 쏟았지만 불행하게도 마음가짐과 몸가짐은 아버지의 그 정성과 보살핌을 수용하지 못했습니다. 아버지께서 일러주신 3대 정성의 원대한 뜻을 가꾸고 기리는 노력을 게을리 하지 않겠습니다.

"너 하나 잘못하면 우리 내외는 잘 못 산 것이다. 그 뿐이랴, 조상님께 득죄(得罪)는 어떻게 하겠느냐."시며 엇길로 가는 소자를 붙잡고 애절하게 호소하시던 그 말씀을 가슴깊이 새겨 부끄럽지 않는 아들이 되도록 정성을 다하겠습니다.

아버지께서는 여한(餘恨)이 없는 삶을 누렸습니다. 떳떳하고 당당한, 한 점 부끄럼 없는 아버지였습니다. 크고, 깊고, 높고, 넓기만 한 부모님의 생애를 한 조각 작은 돌에 새긴다는 것이 부질없이 또 다른 불효를 저지른다는 것을 알면서도 양위분 유택 앞에 묘비명(墓碑銘)을 새겼습니다.

가야산 일지맥(一枝脈)이 동북으로 내리 뻗고 백천(白川)과 이천(伊川)의 합수(合水)가 삼삼(三山)을 감도는 곳 여기 을좌 양지바른 이곳에 本生 先考妣位의 萬年幽宅입니다.

府君의 姓은 李氏이며 本貫은 星山 諱는 景釋 字는 周汝 號는 大洲이시니, 1905년 음력 4월 8일에 성주 대포리 鄕第에서 朝鮮

朝 말기의 文臣이며 名儒이신 崇政大夫 行工曹判書兼判義禁府事 贈諡 定憲公 凝窩 諱 源祚先生의 曾嗣孫이신 孝陵參奉 諱 基轍의 넷째 아드님으로 출생하시어 1984년 음력 3월 19일 대구 상동 寓舍에서 下世하시니 享年 80세였습니다.

先妣는 豊壤 趙氏이며 黔澗 趙先生 諱 靖의 후예이신 諱 南七의 셋째 따님으로 1901년 음력 5월 26일 尙州 長川에서 출생하시어 1979년 음력 1월 1일에 대구 상동 寓舍에서 영면하시니 享年 79세였습니다.

아버지께서는 의리와 명분을 중히 여기시어 心志를 一貫되게 살아오셨으며 어머님은 근검, 절약으로 正命을 지키셨고 婦德과 慈品을 겸비하셨습니다.

兩位分께서는 崇祖尙門의 정신이 출중하시어 獨子인 不肖를 大宅에 承宗시키고 가문을 지키기 위해 자신을 희생하시고 온갖 고난을 기쁨으로 감내 하셨습니다.

보람찬 생애란 크고 작음의 비중보다 주어진 자신의 사명에 충실하고 大義에 기꺼이 헌신하는 마음가짐에 있으니 근본을 욕되게 하지마라시던 遺訓을 되새기고 길이 후손에 전하는 뜻에서 不肖 出系子 洙鶴 삼가 몇자 적어 一片石에 새겨 바칩니다.

아버지 어머니 고이 잠드소서.

(1985. 10. 24)

어머니 나의 어머니

중학교 1학년 때라고 기억합니다. 신진대사(新陳代謝) 작용으로 발생하는 비듬을 기계충(機械蟲)인 줄 알고 독한 약으로 치료한 결과 온 머리가 흠집과 고름 투성이로 변했을 때 "어미가 혀로 핥아주면 머리카락이 빠지지 않는다." 하시며 더럽고 흉한 환부(患部)를 빨고 핥아 주셨습니다.

그 덕분에 저의 머리털은 몽땅 빠지는 수난을 모면하였으며 지금까지도 건강한 상태를 유지(維持)하고 있습니다.

어머니께서는 가문과 남편, 아들과 당신의 손자들을 위하여 피와 땀과 눈물을 아낌없이 흘렸습니다. 그러나 당신이 치르신 희생과 헌신의 대가는 아무 것도 드리지 못했으며, 당신의 바람을 이루어 드리지 못했음에 어머니의 사랑이 더욱 애절하게 느껴지며, 특히 말년의 허전함을 채워드리지 못한 통한(痛恨)의 아픔을 감당할 길 없습니다.

어머니의 손 마디마디에 서려있는 고생의 한(恨)과 가슴 속 깊이 새겨져 있던 파란만장(波瀾萬丈)의 고난을 이제야 알 듯 하여 때늦은 자성(自省)에 목이 멥니다.

생시(生時)에 당신의 바람이 '돌아가실 때' 우리 내외(內外)를 고생시키지 않겠다는 것이었습니다. 계절을 제외하고는 생시의 염원대로 1980년 음력 정월 초하룻날 저녁 8시경 주무시다가 뇌졸중으로 돌아가셨습니다. 향년(享年) 79세였습니다.

당신의 바람대로 병시중하는 골몰과 약값, 병원비 등 경제적 부담은 주시지 않았는지 모르지만 그 대신 자식으로서 시탕(侍湯) 한번 드리지 못한 회한을 안겨 주셨습니다.

나에겐 어머니의 손목을 잡고 외가에 갔다던가, 곱게 단장한 어머니의 모습에 황홀해 본 기억은 별로 없습니다. 어머니는 항상 일 속에 묻혀 고되고 험한 일도 낙으로 여기고 사셨으며, 외면(外面)의 치장(治粧)이나 형식보다 내면(內面)의 충실(充實)과 실질(實質)을 중히 하셨기 때문에, 체면과 형식을 앞세우는 아버지로부터 멋없고 답답한 사람이라는 핀잔과 구박을 감내(堪耐)하시며 사셨다는 기억이 생생합니다.

아버지가 14세, 어머니가 18세 때 두 분은 혼례(婚禮)를 치루셨습니다. 혼례를 올리기 전 사주단자(四柱單子)를 보내면서 사돈이 벼슬 못한 생원(生員) 집 혼인은 처음이라시며 할머니께서 몹시 서운해 하셨다는데 그때부터 이미 어머니의 고난은 예정(豫定)되었는지 모릅니다.

솟을대문 높은 집 넷째 며느리로 시집오실 그 당시엔 어머니께서도 여느 아녀자와 마찬가지로 오색영롱(五色玲瓏)한 꿈도 많았을 것이나, 위로 세 동서는 벼슬아치에 천석(千石) 이상의 부(富)를 누리던 집안 출신이라 시집오신 그날부터 고되고 험한 일은 어머니 몫이었습니다.

어머니는 흰 살결에 도톰하고 균형 잡힌 귀가 탐스러웠으며, 알맞은 키에 다소 가날픈 체구에 사뿐한 몸매였습니다. 영롱한 눈동자는 확신과 신념에 차 있었고, 강단(剛斷)과 재기(才氣)가 넘쳤으며 항상 바쁘신 걸음걸이였습니다.

무엇보다 시비가 분명하고 정이 넘쳤으며 음식 솜씨는 평소 아버지의 핀잔에 다소 수긍하지 않을 수 없으나 바느질 솜씨와 문장력은 뛰어나셨다고 기억합니다. 어머니께서는 대소가(大小家) 사돈지(査頓紙)를 써 주셨으며, 한양 오백년가, 구운몽, 적벽부 등을 밤 세워 읽으시면, 듣는 사람들은 감동의 눈물을 흘리기도 하고 의분을 참지 못하던 정경이 지금도 역력히 떠오릅니다.

어머니 춘추(春秋) 24세 때 아버지는 기우는 가세(家勢)에 뜻을 펼칠 수 없어 남매를 두고 일본으로 건너가셨습니다. 어머니께

선 가세가 기우는 종가(宗家)에 더부살이를 하시면서 고되고 험한 일은 도맡아 하셨고, 남매를 뒷바라지하기 위하여 대소가 바느질 품까지 하시느라 밤을 지새우기 다반사(茶飯事)였으나, 감내하기 어려운 고난과 역경 속에서도 오직 남매의 성장에 당신의 모든 것을 의탁(依託)하셨습니다.

그러나 어머니의 눈물겨운 고생의 보람도 없이 당신의 희망이던 아들이 밀양 삼촌댁에 갔다가 일곱 살 되던 해에 겨울 하교(下校)길에 추위를 녹이기 위해 제방 잔디에 붙인 불을 끄다 솜바지에 인화(引火)되어 죽은 그 날 이후 어머니는 삶의 의욕(意慾)을 잃으셨습니다.

1936년 당시 일본 여권의 발급 절차는 굉장히 까다롭고 어려웠으나 일본이 정책적으로 한국의 양반(兩班)을 우대한 덕분에 할아버지께서 일본인 경찰서장에게 직접 부탁하여 어머니의 여권을 발급받을 수 있었습니다. 아까운 사람 놓쳤다는 동리 사람들의 동정과 연민(憐憫) 속에서 때마침 일본에서 귀국한 동리 친척분의 안내로 현해탄을 건너시어 그곳에서 나를 잉태(孕胎)하여 귀국 후 어머니의 춘추(春秋) 38세에 만득(晩得)으로 저를 낳았습니다.

그 때 아버지는 일본 여자와의 사이에 딸 하나를 두고 있었으나 조강지처는 버릴 수 없는 것이 유가(儒家)의 도리라고 어머니와 함께 귀국하셨습니다. 생시에 어머니께서는 조강지처를 박대하지 않고 근본을 잃지 않은 아버지의 마음가짐에 두고두고 고맙고 감사하다고 말씀하셨습니다. 아버지와 어머니께서는 팔십 평생을 동고동락(同苦同樂)하셨지만 노년(老年)의 10여년을 제외하고는 정(情)으로 사신 게 아니라 법(法)으로 사셨다는 게 바른 표현일 것입니다.

어릴 적 여름밤 평상을 내놓고 모깃불을 토닥거리며 달무리가 기울 때가지 대소가(大小家)아주머니들께 당신의 지나온 일들을 이야기하실 때 나는 어머니의 무릎을 베고 누워 그 이야기를 들으면서 어머니의 험난했던 과거의 슬픔과 고난을 극복한 용기와 인내에 놀라움을 감당치 못했으며, 어머니의 그 고생이 하도 서럽고 안타까워 눈물을 흘렸던 기억이 생생합니다.

어린 마음에도 어머니 같은 여인의 운명을 주제로 훌륭한 소설을 엮어 바쳐야 되겠다고 다짐도 했지만 50을 바라보는 지금까지 자신에 충실하지 못한 채 살아온 결과 그 다짐은 한갓 꿈이 되어 버렸습니다.

어머니의 가슴 깊이 자리하고 있는 자식사랑의 마음을 생각하면 지금도 눈물이 앞을 가립니다.

중학교 1학년 때라고 기억합니다. 신진대사(新陳代謝) 작용으로 발생하는 비듬을 기계충(機械蟲)인 줄 알고 독한 약으로 치료한 결과 온 머리가 흠집과 고름 투성이로 변했을 때 "어미가 혀로 핥아 주면 머리카락이 빠지지 않는다." 하시며 더럽고 흉한 환부(患部)를 빨고 핥아 주셨습니다.

그 덕분에 저의 머리털은 몽땅 빠지는 수난을 모면하였으며 지금까지도 건강한 상태를 유지(維持)하고 있습니다. 머리를 감을 때나 손질할 때마다 지금도 감당할 수 없는 어머님의 사랑을 느낀답니다.

어머니는 이 아들이 부족한 줄 아시면서도 흡족한 양, 미치지 못할 줄 아시면서도 성취할 것이라는 기대 속에서 살다 가셨습니다. 나는 어머니의 꿈을 현실로 보여드리지 못한 불효자식이며, 이러한 기대를 충족시켜 드리지 못한 못난 자식이 되었습니다.

어머니께서는 아들의 못난 행동은 물론 어리석고 위험한 생각까지도 꿰뚫은 듯 훤히 알고 계셨음에도 내색하지 않으시고 오직 당신만의 슬픔과 한으로 마음속 깊이 숨겨 두시고 행여 당신이 감지(感知)하고 있다는 사실을 내가 알까봐 밝고 자비로운 눈동자로 슬픔을 가리고 모든 괴로움은 미소로 감추셨습니다.

부모가 되면 자식에게 모르는 체 속아 넘어가는 것도 자식 사랑의 일면이라는 것을 정녕 이제서야 느낄 수 있습니다.

어머니는 당신의 고생은 당연한 것으로 받아들이면서도 자식의 조그마한 불편도 무척이나 안쓰럽게 생각하셨습니다. 모든 허물을 감싸주시고, 모진 세파(世波)가 자식에게 미칠세라 연약한 옥체(玉

體)로 바람막이가 되시어 언제나 저를 감싸 주셨습니다.

자식의 고통을 당신의 뼈를 깎는 아픔으로 새기며 당신의 고행으로 받아들여 오직 자식 하나 잘되게 해달라고 합장하며 사셨습니다.

어머니께서는 “사람은 무엇보다 덕을 베풀고 심어야 된다.”고 말씀하셨습니다. 아마 저의 모난 성격과 외동이라는 점에서 인생의 철리(哲理)를 더욱 강조하신 것 같습니다.

부모님께서는 대구 우사(寓舍)에 합거(合居)하시면서 고향의 종택(宗宅)과 전답을 타인에게 관리케 하셨습니다. 그 때 악질 골동품상들이 관리인 부인을 매수(買收)하여 어필첩(御筆帖) 등 귀중한 서화(書畵) 십여 점과 판각(板刻) 일부를 훔쳐갔습니다. 그 때 저는 귀중한 물품과 소중한 조상의 유품을 잃었다는 아쉬움과 자책감에서 관리인 부인을 법으로 처리하고자 했습니다. 어머니께서는 “물각유주(物各有主)인데 덕(德)을 베풀어라.” 하시면서 밤새도록 저의 생각이 잘못이라고 타이르셨고, 저는 어머니의 뜻을 따랐습니다. 지금도 고향에 들러 그 때 그 부인을 만나면 그 부인은 감사하는 기색으로 품팔이로 모아둔 사과나 재배한 채소 몇 포기라도 꼭꼭 동여서 차에 실어 줍니다. 그 당시 법으로 처리하려던 저의 생각에 부끄러움을 느끼며 어머님의 깊으신 뜻에 새삼 머리를 숙입니다.

어머니가 돌아가신 지 햇수로 3년이 지났으나 지금도 어려운 일이 있을 땐 어머니의 그 한없는 지혜와 덕성에 의지하고픈 목마름에 어머니를 생각합니다. 기쁜 일이 있을 때나 슬픈 일이 있을 때, 고통이나 고난에 봉착(逢着)할 때마다 어머니는 저에게 가장 가까이 실재(實在)하는 신앙(信仰)입니다.

지금도 불효자는 철없이 엄벙덤벙 살아가고 있습니다만 철없던 어린 시절의 나는 말썽꾸러기, 망나니로 어머니의 애간장을 무던히도 태웠다고 생각합니다.

내가 말썽을 피우거나 나쁜 짓을 저지르면 어머니께서는 회초리를 들긴 하셨지만 차마 매질은 못하시고 노기 띤 어머니의 눈에 눈물이 고였으며, 들었던 회초리는 간 곳 없고, 당신의 거친 두 손으로 저의 양손을 꼭 잡고 잘못을 타일러 주셨습니다.

돌이켜 보면 저는 어머니께 눈물과 회한(悔恨)만을 안겨 드린 못난 자식이었습니다. 어머니가 저에게 매질을 못하신다는 사실에 오히려 기고만장했던 어린 시절! 어머니의 깊고 넓으신 자식 사랑을 정녕 알지 못한 못나디 못난 아들이었습니다.

어머니는 근검과 절약이 철저하신 분이셨습니다. 특히 당신을 위한 것에는 처절하리만큼 인색하셨으나 불쌍한 이웃이나 형편이 어려운 사람을 보시면 아끼지 않으시고 도와 주셨습니다. 자식 몫이 적을 새라, 남편 몫이 적을 새라, 손자들 몫이 적을 새라, 접빈

(接賓)에 어려움이 있을 새라…… 이렇게 견주기만 하시다 값비싼 음식이나 고기는 거의 잡수시지 못했습니다. 주위의 가까운 사람 조차도 어머니는 선천적으로 육류나 기름진 음식은 잡수시지 못하는 식성으로 알고 있었습니다.

그러나 누구보다도 육류를 좋아하시고 기름진 음식을 잘 잡수시는 것을 저는 알고 있습니다. 정당한 어머니 몫을 차지하시면 값비싼 음식을 장만하는 지출이 과중된다는 염려와 다른 사람의 몫이 적어진다는 배려에서 못 잡수시는 체 하셨던 것입니다.

끼니마다 밥을 지을 때 몇 숟가락의 쌀을 저축하셨으며 아예 한 끼는 죽으로 잇는 경우가 많았습니다. 이렇게 저축한 돈이나 쌀로 용처(用處)가 급한 일이 생길 때 해결하시곤 하셨습니다. 그래서 저는 어머니를 '부자방망이'로 착각한 일이 한 두 번이 아니었습니다.

어머니는 당신을 위하여 음식을 장만하시거나 돈을 지출한 일은 거의 없으셨으나 애주(愛酒)하신 탓에 남은 찬밥과 싸라기를 모아 두셨다가 술을 빚어 이따금 마시던 일이 유일(唯一)하게 당신을 위하여 장만하는 음식이었습니다.

당신의 가슴 속에 묻혀 있는 응어리진 한(恨)과 설움을 떨칠 수 있는 방법으로 술을 마시면 멋진 주정(酒酊)도 하셨습니다. 아버지께 항변(抗辯)아닌 항변을 할 수 있는 것도 바로 그 주정을 통해서였습니다.

"나야 이왕 맡은 고생이지만 너희들에게는 조금이라도 고생을 덜어 주어야지." 하시며 고희(古稀)가 되도록 고향 종택을 지키시다 기력이 부치신 후에야 대구 우사(寓舍)로 합거(合居)한 이후에는 당신을 위한 술도 담그지 못하셨고, 또한 제가 어머니께 술을 받아드린 기억도 별로 없습니다.

셋째 놈 방근(邦根)이가 다섯 살 때 '할머니가 막걸리를 좋아하시는 것을 알고 군것질 몫으로 얻은 10원으로 주전자 들고 곧잘 술을 받아 온다.'면서 대견해 하시며 손자 귀여움을 친구분들에게 자랑하시곤 하셨습니다.

지금에 와서 어머니께서 저에게 바친 사랑을 냉철하게 생각해 보면 지독지애(舐犢之愛)랄까, 맹목적인 아쉬움은 있습니다. 어머니의 깊고 가없는 사랑을 바르고 옳게 수용하지 못하고 엉뚱하게도 주체할 수 없는 눈물과 유아독존적(唯我獨尊的)인 자만과 아집만 키웠던 것 같습니다. 어머니의 알뜰하신 보살핌을 저버리고 저는 무기력하고 의타적인 인간이 되었습니다. 이는 단연코 어머니께서 기대하시고 염원했던 아들의 인생이 아님이 자명하기에 이렇게 불효자식이 되어 버린 지금에서야 가슴을 치며 통곡합니다만 무슨 소용이 있겠습니까.

6·25사변이 발발한 이듬해 할아버지의 유언에 따라 잠정적으

로 입양(入養)을 결정했던 종형(從兄)을 파양(破養)하고, 넷째 집 외아들인 제가 종손(宗孫)으로 입양키로 결정 되던 날 밤새도록 흐느끼시던 어머니의 울음을 잊을 수가 없습니다.

소중한 외아들을 빼앗긴다는 아쉬움과, 허전함 보다는 가세(家勢)가 기운 종가의 막중한 책임만을 소중한 자식에게 맡긴다는 애통(哀痛)함과 안쓰러움의 눈물이었습니다.

벼슬아치 집안도 아니요, 청빈한 선비집 딸이라는 이유로 궂은 일을 도맡아야 했던 어머니께서 대감댁(大監宅) 종택의 안살림을 맡으시어 숭조상문의 정신으로 숱한 고난과 역경을 이겨 오신 그 인내야말로 저의 어머니가 아니시라면 그 누가 감내할 수 있었겠습니까.

어머니께서는 기회 있을 때마다 한 종가를 맡은 사람으로서 막중한 책임과 몸가짐, 마음가짐을 일러주시며 당신의 한 평생 흘리신 피와 땀과 눈물의 보람도 저의 몸가짐, 마음가짐에 따라 빛나거나 더럽혀질 수 있다고 말씀하셨습니다. 결국 가문(家門)과 자신(自身)과의 두 틈바구니에서 가문을 빛내지도 못하고, 자신에게도 충실하지 못했으니 이보다 더 큰 어머니에 대한 불효가 어디 있겠습니까.

돌아가시기 2년, 전 정신착란 증세로 고생하시다가 쾌차하셨지만 유명(幽明)을 달리하신 그날까지 티 없이 맑고 깨끗하고 고왔던 당신의 본성을 완전히 되찾지는 못하셨습니다.

젊은 시절 맏아들을 화마(火魔)에 빼앗기고, 딸 하나도 시집간 지 2년 만에 핏덩이 아들 하나만 남겨둔 채 당신의 가슴에 못을 박고 앞서 저승길로 떠난 후 외손자 키우시랴 덧없이 흘리신 눈물과 아픔이 응어리져 있는 터에 나마저 당신의 기대와 욕심에 만분지일(萬分之一)에도 미치지 못하고 실의와 갈등을 안겨드렸다는 것을 잘 알고 있습니다.

65세에 첫 손자를 보시고 온 누리를 얻은 듯 기쁨을 감당하지 못하시던 그 모습은 지금도 선합니다. 저놈이 몇 살 될 때까지 어머니가 살아 계실까하는 생각에서 인생의 허무함에 가슴을 죄던 때가 어저께 같건만 어머니는 맏 놈 재근(在根)이 중학교 졸업식에 참석하시어 그 소중한 손자와 나란히 사진까지 찍은 3일 후에 돌아가셨습니다.

비록 내 노력의 결과와는 무관하지만 유별나게 딸을 싫어하시던 어머니께 고추 달린 아들놈만 넷을 낳아 안겨드렸다는 게 어머니께 바친 유일한 효도였던 것 같아 정녕 몸 둘 바를 모르겠습니다.

어머니 안 계시면 온 세상이 빈 것 같고 항상 "엄마……"하고 들어서면 "오냐 오냐 내 새끼야." 하시며 치마폭 움켜쥐고 종종걸음으로 뛰어 나오시던 어머니 모습, 가슴을 파고드는 구수한 어머니의 음성, 언제나 포근하고 달콤한 어머니의 체취는 간 곳 없고, 고향의 종택은 문화재란 허울만 얻은 채 적막만이 감돌고 있습니다.

"학(鶴)아! 천금(千金)보다 소중한 너의 몸을 부디 소중히 하거라."

"욕심은 금물이다. 모든 것을 순리에 따라라."

"때린 사람은 다리를 펴지 못해도 맞은 사람은 다리를 펴고 잔단다."

"나무 재주 잘하는 사람이 나무에서 떨어져 죽는다."

"너의 책임이 막중하다. 항상 근본을 지켜 조상님께 못난 자손(子孫)이 되지 마라."

이렇게 간곡히 타일러 주시던 그 말씀에서 이제서야 자중(自重)과 자애(自愛)로, 세상을 겸허(謙虛)하게 살아야 하는 참뜻을 알 듯도 합니다.

졸졸졸 흐르는 계곡물처럼 어머니의 존재는 저의 가슴 속에 쉼 없이 흐르는 실상입니다. 길을 걷다가 생시 어머니 연배(年輩)의 할머니를 만나면 어머니를 뵈옵는 착각(錯覺)에 사로잡혀 허공 속에서 당신의 실체를 부둥켜안고 생시의 불효에 용서를 빌며 마음 속으로 오열(嗚咽)합니다. 이제라도 어머니께서 바라시고 당부하시던 인간이 되려고 다짐하며 애써 봅니다.

1980년 음력 정월 초하룻날, 노년의 고독에 지쳐 계신 어머니의 빨리 귀가하라는 당부 말씀을 저버리고 9시경 집에 돌아오니 곡(哭)소리 드높은 서러움 속에 그렇게도 애지중지 하시던 '학(鶴)'이도 모르신 채 운명하신 모습으로 저를 맞이하셨습니다.

저는 울지도 못한 채 망연자실(茫然自失)하였습니다. 어머니의 손을 잡으니 따뜻한 체온은 생시(生時)와 다름이 없었습니다. 저는 죽음이 무엇인지 알았습니다. 그것은 암흑(暗黑)이었습니다. 그것은 천길 만길 낭떠러지였습니다. 나의 힘과 능력으로는 도저히 미칠 수 없는, 그러나 너무나도 가까운 곳에 도사리고 있는 숙명(宿命)의 귀착지(歸着地)였습니다.

제가 할 수 있는 일은 다만 어머님의 영전에 무릎 꿇고 앉아 우주보다 더 넓고 하해보다 더 깊고 포근하다고 느껴온 어머니의 가슴에 머리를 묻고 오열하는 것뿐이었습니다.

저는 평소 죽음의 모습은 추악한 것으로만 상상해 왔습니다만 어머니의 영전에서 순결과 평화로움을 느꼈으며 '유종(有終)의 미(美)'에 대한 참뜻을 알았습니다. 누가 사람의 한평생을 덧없고 허무한 것이라고 말했습니까? 인생이란 빈손으로 왔다가 빈손으로 가는 것이라고 누가 말했습니까? 헌신과 의지와 신념과 사랑으로 살아오신 어머니의 일생은 결코 덧없고 허무한 부정적인 삶일 수 없습니다.

오일장(五日葬)을 치르는 동안 초등학교 2학년인 막내 우근(宇根)이까지 생시와 다름없이 어머니의 시신을 모신 방에서 자리를 같이 하며 아침저녁으로 뵈었습니다.

유명을 달리하셨지만 저희들에게 깊은 사랑으로 채찍질하신 보람은 당신의 후손들에게 영원히 남을 것입니다.

성산 이씨(星山 李氏) 문중의 한개 대감댁(大監宅)에 시집오신 지 61년 동안 당신 자신은 생각지 않으시고 인종(忍從)이라는 전래(傳來)의 부덕(婦德)에 철저하게 몸 바쳐 오시면서 고생과 고통을 맞아 묵묵히 극복해 오신 의지의 화신(化神)인 나의 어머니!

저와 저의 자식들이 여기 있음은 오직 어머니의 광혜입니다. 외로울 때, 어려울 때 부르기만 하면 눈물어린 계시(啓示)로 저를 인도하시던 당신은 아직 저의 가슴 속에 살아 계십니다.

어머니! 지울 수 없는 사모의 정을 몇 마디 말로 표하려는 불효자의 어리석음을 생시와 다름없이 감싸주시리라 믿습니다.

내내 평안히 잠드소서!

(1982. 11. 26)

아들에게 보이는 글(示兒書)

약할 때는 자기를 잘 분별할 수 있는 힘과, 무서울 때는 자신을 잃지 않는 대담성을 가지고 정직한 패배에 부끄러워하지 않고 태연하며 승리에 겸손하고 온유한 사람이 되게 하여 주소서…….

맥아더 장군의 '아들을 위한 기도문'을 읽다가 이 세상 모든 부모들의 진실된 기구(祈求)와 갈망(渴望)이 이 기도문 속에 응축(凝縮)되어 있음을 발견했다. 그리고 문득 나는 너희들에게 이 기도문과 같이 영혼의 자기진동 같은 간곡한 말 한 마디를 들려주지 못했다는 사실에 부끄러움을 느껴 필을 들었다.

그러나 막상 너희들에게 들려 줄 이야기는, 나와 같은 어리석고 못난 전철(前轍)은 밟지 말라는 당부뿐이라 망설여야 했다.

중환자의 시신(屍身)은 실험 대상이 되어 그 중병(重病)을 예방하고 퇴치하는 밑거름이 되기도 한다. 그렇듯 오늘 내가 너희들에게 들려주려 하는 이야기는, 지금까지 살아오면서 가장 아프게 생각하는 부분들을 고해성사 하는 심정으로 고백하는 것이니 타산지석으로 삼아 너희들의 삶을 충만하고 윤택하게 가꾸는데 유용한 길잡이로 써주길 바란다.

이권(利權)과 명예(名譽)와 권위(權威)와 재물을 얻기 위해 아귀다툼하는 현실에서는 '무조건 살아남기'가 아닌 '사람답게 살아남기'가 참으로 힘이 든다. 그래서 나는, 인생이란 사람다움에 대한 도전이라고 생각한다. 하지만 나는 사람다움을 포기하거나, 사람답게 살기 위해 감수해야 하는 여러 가지 고통을 외면하려고 허둥지둥 구차하게 살아왔다. 그러면서도 너희들만은 성실하고 진실되며, 온유한 마음을 가진 사람으로 성장하기를 간절히 바랐기에 때로는 가슴 졸여야 했고 때로는 두려움에 떨어야 했다.

그러나 너희들에게 직접적으로 표현한 적은 없다. 그것은 앞에서 밝힌 바와 같이 나의 삶의 궤적이 그렇게 떳떳하고 자랑스럽다고 생각되지 않았기 때문이고, 너희들이 순수하면서도 성실하고 진실 되게 삶을 가꾸고 있다고 믿었기 때문이었다.

먼저 맥아더 장군의 '아들을 위한 기도문'과 함께 아버지의 절규(絶叫)를 옮기니 내 뜻을 충분히 헤아려 가슴에 새겨 주기 바란다.

신이여, 우리 아들을 이러한 인간이 되게 하여 주소서.

약할 때는 자기를 잘 분별할 수 있는 힘과, 무서울 때는 자신을 잃지 않는 대담성을 가지고 정직한 패배에 부끄러워 하지 않고 태연하며 승리에 겸손하고 온유한 사람이 되게 하여 주소서.

바라옵건데, 우리 아들을 쉽고 안락한 길로만 인도하지 마시옵고, 고난과 불의에 대해 분투(奮鬪) 항거(抗拒)함을 알도록 하여 주시옵소서.

그리하여 폭풍우 속에서도 용감히 싸울 줄 알고 패자를 불쌍히 여길 줄 알도록 하여 주소서.

마음을 깨끗이 하고 목표가 고상하고 남을 정복하려고 하기 전에 먼저 자기 자신을 정복하고 웃을 줄 아는 동시에 울음을 잊지 않게 하시옵고, 장래를 바라보는 동시에 과거를 잊지 않는 사람이 되게 하여 주시옵소서.

이에 더하여 유머를 알게 하시어 삶을 즐길 줄 알게 하시고, 자기 자신을 너무 중대히 여기지 말고 겸손한 마음을 갖게 하여 주소서.

그리고 참으로 위대한 것은 순박한 것이며 참된 힘은 온유함이란 것을 명심하도록 하여 주소서.

신이여, 우리 아들을 그러한 인간이 되도록 하여 주소서.

너희 할머니께서 항상 나에게 이르신 가르침은 '자신을 사랑하라'는 말씀이셨다. 내가 잘못을 저지르거나 나쁜 짓을 했을 때 눈물을 머금고 간곡히 타이르시는 말씀이셨다.

그러나 생각이 모자라고 행동이 경망(輕妄)한 나는 '자신을 사랑하라'는 말씀의 뜻이 남보다 잘 입고 잘 먹으며, 출세하고 돈 많으면 되는 것으로 생각하고 그런 말씀을 하시는 어머니를 우습게 생각했단다. 엄벙덤벙 살아온 나는 나이 40을 넘어 지천명(知天命)을 바라보면서 비로소 '자신을 사랑하라'는 그 말씀의 참 뜻을 어렴풋이 짐작할 수 있었다.

염치를 알고 도리를 아는 사람다운 사람이 되라는 말씀이셨다. 그것이 사람이 살아가는 근본이요, 뿌리임을 뒤늦게 깨달은 이 못난 애비의 어리석음을 글로서는 표현할 길이 없구나.

우리 모두가 진정으로 자신을 사랑할 줄 안다면, 세상은 맑고 평화롭고 따뜻한 것들로 가득하지 않겠느냐. 사람 사는 세상이 평화롭기만을 바라는 것은 꿈이요 이상이겠지만, 적어도 그것을 위해 노력할 때 우리들의 삶은 그만큼 충만해지고 윤택해지는 것이 아니겠느냐.

자신을 사랑하는 일보다 더한 고통과 인내와 용기가 필요한 일은 없다고 생각한다. 의무를 다하고 책임을 지는데 따르는 고통, 인간적 결백을 지키는데 수반되는 고통, 진실에 충실하기 위해 치러야할 불가피한 고통, 자신의 오류를 시인하는데 따르는 고통, 그

오류를 개선하기 위하여 발 벗고 나서는데 따르는 고통, 남들의 아픔을 내 것으로 삼는 고통 등 더 많은 고통의 멍에를 지는 것이 바로 자신을 사랑하는 길이다.

'자신을 사랑하는 것'은 사람답게 사는 길이며, 사람답게 사는 것은 형극(荊棘)의 길이다. 인간이 자신의 내면을 들여다보면서 자신의 진실을 캐고 드는 한, 고통에서 자유로울 수 없다는 것은 어쩌면 인간의 원죄(原罪)라 말할 수 있다.

우리는 쉽게 인생을 고해(苦海)라고 말하면서도 고통 없이 살기를 원하며 또한 그것이 행복이라고 착각하며 살아간다. 이것은 인간다움의 진정한 의미를 모르거나, 오해를 하거나, 알고도 도피하려는 나 같이 어리석은 사람들이거나 위선(僞善)자들일 게다.

사람이 사람답게 산다는 것, 즉 자신을 사랑하는 길은 구도자(求道者)의 길이며 고행(苦行)의 길이다. 그렇지만 마음의 평화가 진정 허위를 떨치고 진실로 되돌아감으로써 얻어지는 것이라면 우리들은 구원을 바라는 만큼 고통을 대가로 치러야 한다.

그러나 그 고통은 평화를 얻으려는 고통이므로, 아름다운 것이며, 승화된 것이며, 귀한 것이다.

행복은 자기 자신을 사랑할 줄 아는 사람에게 주어지는 은혜의 선물이다. 무리하게 부(富)와 명예를 생각하지 말고 순리대로 자신의 분수를 알고 지켜 인격을 갖춘 사람다운 사람으로써의 삶을 가꾸어주기 바란다.

내가 좀 더 일찍 할머니가 일러주신 '자신을 사랑하라' 하시던 참뜻을 깨우치고 자신을 사랑하는데 충실했더라면 보다 알차고 보람된 삶을 영위했을 터인데, 이제와 돌이켜보니 쥐구멍에라도 들어가고 싶은 부끄러움과 회한만이 가득하다.

할머니께서 일러주신 '자신을 사랑하라'는 말씀은 밝고, 옳고, 크고, 착하고, 빛나고 ,아름답고, 따스하고, 부드러운 마음씨와 행실을 갖춘 진정 사람다운 사람이 되라는 뜻이었다. 할머니의 가르침을 가슴깊이 새겨 이 애비처럼 살지 않기를 두 손 모아 기원한다.

내 심연(深淵)의 앙금을 절규하는 심정으로 이렇게 너희들에게 털어놓고 나니 부끄러움 사이로 안도감이 들기도 하고 한편으로는 후련하기도 하다.

(1986. 2. 26)

며느리에게 보낸 편지

큰아기 경주(京珠)에게

이제 성주 한개(大浦) 성산 이씨(星山 李氏) 응와종택의 맏며느리가 되었다. 책임이 막중하고 소중하다. 처녀시절엔 상상도 못했던 일들을 배우고 익히며 챙겨야 될 것이다. 또한 아내와 맏며느리로서의 소임과 책임이 추가되었으며 시간이 지나면 어머니로서 책임과 보람이 부여될 것이다.

주어진 위치에서 자신의 책임과 소임을 훌륭히 수행하는 것을 보고 우리는 흔히 '답다'라고 표현한다.

가족이 서로 사랑하고 존중하며 소중하게 생각하고 자신의 위치에서 '다움'을 잃지 않고 조화를 유지하도록 노력하기를 …….

우리 가족의 한 사람이 되었음에 마음을 활짝 열어 환영한다. 지차(之次)집 맏아들도 배우자로서 기피하는 안일(安逸)과 기심

(機心)이 팽배한 세태에 불천위(不遷位)를 모셔야 되는 내 아들을 선택한 너의 안목과 깊은 생각이 대견하고 자랑스럽다.

진정으로 고맙다는 말을 전하고 싶구나.

너를 처음 본 순간, 군중 속에서 그리던 혈육을 발견한 듯 반가움에 손이라도 덥석 잡고 싶은 간절하고 두터운 정을 느꼈단다. 불가(佛家)에서 말하는 전생(前生)의 인연이 닿아 있었는지 모르겠구나.

나는 평소 며느리의 선택 조건으로 '감사할 줄 아는 마음가짐'을 기본으로 내세웠다. 사람은 심성이 고와야 한다. 정직, 성실, 용기 모두가 심성에서 나오기 때문이다. 심성은 밝기가 으뜸이다. 밝기란 매사에 감사하는 마음이다. 부모님께 감사하고, 조상님께 감사하고, 이웃에 감사하고, 하늘과 땅에 감사하고, ……. 이 감사하는 마음만 있으면 심성이 잘 닦여진 사람이라고 확신하기 때문이다.

여자란 결혼함으로써 한 성씨(姓氏)의 조상(祖上)이 되는 것이다. 한 가문을 지키고 빛내는 데는 부덕(婦德)을 갖춘 내조(內助)가 필수적인 것이다.

이제 성주 한개(大浦) 성산 이씨(星山 李氏) 응와종택의 맏며느리가 되었다. 책임이 막중하고 소중하다. 꿈을 수놓던 처녀시절엔 상상도 못했던 일들을 배우고 익히며 챙겨야 될 것이다. 또한 아내와 맏며느리로서의 소임과 책임이 추가되었으며 시간이 지나면 어머니로서 책임과 보람이 부여될 것이다.

주어진 위치에서 자신의 책임과 소임을 훌륭히 수행하는 것을 보고 우리는 흔히 '답다'라고 표현한다. '어머니답다', '아내답다'와 같은 표현 말이다. 어떤 위치에 있든 이 '다움'을 잃는 것은 자기 상실이며 존재가치를 잃는 것이다.

낳아주시고 길러주신 부모님 곁을 떠나 새로운 미지의 환경과 습속(習俗)에 적응하고 동화(同化)해야 한다는 것을 생각하면 두려움이 많을 것이다. 하지만 두려워 마라. 인간의 도리와 질서를 실현하는 행동 규범(行動規範)의 대원칙(大原則)은 조화로움에 있다. 가족이 서로 사랑하고 존중하며 소중하게 생각하고 자신의 위치에서 '다움'을 잃지 않고 조화를 유지하도록 노력하면 된다.

'일체유심조(一切唯心造)'란 불가(佛家)의 말이 있다. 인간사 모든 것은 마음가짐에 달려 있다는 뜻이다. 반병의 술을 놓고 반병밖에 남지 않았다고 생각하면 여유를 잃고 부족함을 느끼지만, 아직 반병이나 남았다고 생각하면 여유와 안정과 넉넉함을 간직하게 되는 것이다. 모든 현상은 양면성을 가지고 있다. 항상 긍정적으로 생각하며 여유와 넉넉함을 갖는 것이 세상을 살아가는 지혜의 으뜸이다.

이제 너를 우리 가문의 새로운 환경과 습속에 맞이하면서, 소중하고 아끼고 기리는 마음에서 몇 가지 당부하는 말을 적는다. 항상 마음속에 새겨서 자신의 충만한 삶을 가꾸고, 가문을 지키고 빛내는데 소홀함이 없길 바란다.

첫째, 순종(順從)이라는 지혜로운 삶이 있기를 바란다. 부부란 성장과정과 환경이 다른 각자의 개성을 지니고 있는 타인인 남자와 여자가 결합하여 한 가정을 이루는 것이다.

인간은 모자라는 곳이 있고, 결함과 단점을 가지고 있기 마련이다. 부부는 사랑과 이해로써 믿음을 토대로 하여 부족함과 차이나는 생각의 골을 서로 메워 주고 감싸주면서 고난과 기쁨을 함께 나누며 험한 삶을 헤쳐 가는 것이다. 그래서 부부는 일심동체라 하는 것이다.

가정을 가꾸는 노력 중 가장 중요한 것은 아내가 남편에게 순종하는 것이다. 내가 말하는 순종이란 굴종(屈從)이나 맹목적인 복종을 뜻하지 않는다. 비굴(卑屈)한 하인이나 길들여진 동물과 같은 맹종(盲從)이 아닌 떳떳하게 자신을 간직하는 순종이라고 표현한다면 이해가 닿을지 모르겠구나. 남자이기 때문에 순종하는 것이 아니고 남편이기 때문에 순종하라는 말이다. 이 말의 참뜻을 이해하기 위해선 이 말을 되씹고 삭이는 인내가 필요할 것이나, 가정을 이루는 두 기둥인 부부가 화합하기 위해서는 '지는 것이 이기는 것'이란 역설적인 선조들의 지혜를 터득하기 바란다.

둘째, 사람이 세상을 살아가기 위해서는 근본이 될 기준(基準)이 있어야 한다. 그 근본을 우리 조상들은 효도에 두었다. 부모님의 자식에 대한 희생적이고 헌신적인 사랑과 보살핌에 감사하는 마음은 인간행동의 근본적인 도리인 것이다. 항상 공경하는 마음으로 부모님의 뜻을 헤아려 편안할 수 있도록 마음을 써야 한다. 정성을 다하고 힘을 다하여 부모님을 공경해도 부모님 돌아가신 후에는 못 다한 아쉬움과 생시의 불효에 회한을 안게 되는 것이 자식의 위치임을 명심하기 바란다.

셋째, 우애(友愛)의 중요성을 터득하며 실천하기 바란다. 형제간, 동서 간에 서로의 마음을 나무 키우듯 정과 뜻을 키워야 한다. 나무를 키우자면 물을 주고, 비료를 주고, 약을 뿌리는 것과 같이 사람의 정도 꾸준히 키워 나가야 하는 것이다. 유념(留念)해야 할 일은 정성을 다하면서 모든 것을 나누어 갖는 것이다. 돈이나 물질만을 나누어 갖는 것이 아니라 시간을 나누어 자리를 함께 하는 것이 중요한 것이다.

예로부터 '동기간의 우애는 아녀자에게 달려 있다.'는 말이 있다. 각별히 유념하기 바란다. 사람의 근본은 인륜(人倫)에 있는 것이다. 자신의 태어남이 여기에서 비롯된 것이다. 사람의 도리도 부자, 부부, 형제간의 인륜을 다하면 되는 것이니 근본에 어긋남이 없도록 하기 바란다.

넷째, 겸허(謙虛)한 자세로 남을 대하며 항상 배우려는 마음을 가져라. 사람이 살아가는 과정에서 참담한 실패와 비통한 아픔을 맛보고 성공과 성취에 따른 희열과 보람도 맛본다. 어느 경우에나 자기 성취를 위한 밑거름으로 삼아야 한다. 실의와 비통에 봉착(逢着)하여 좌절하지 않고 새로운 도약과 전진을 위한 가르침을 챙길 줄 아는 지혜와 의지가 있어야 하며, 기쁘고 즐거운 일을 당해서도 타인에게 부담과 거부감을 주지 않고 기쁨과 환희를 비축(備蓄)하여 어떠한 어려움과 고난에 봉착해서도 굳건히 버티고 극복하는 인내와 여유를 길러야 한다. 바꾸어 말하면 파란만장하고 예측 불가능한 삶의 과정에서 기복과 굴절을 최소화 할 수 있는 지혜를 터득하여 인내와 여유를 가지란 말이다.

우리에게 자연보다 훌륭한 스승은 없다고 생각한다. 자연의 법칙처럼 순리대로 살아가는 것이 가장 지혜롭고 떳떳한 삶이다. 밤하늘을 바라보면서 자연의 섭리와 신비를 헤아려보고 "별 하나 나 하나. 별 둘 나 둘,……"하며 헤어보는 여유와 풍요로운 마음을 간직하고, 한 포기 풀, 아침이슬과 같은 작은 것에서도 삶의 본질을 배워라.

인간의 죽음은 피할 수 없는 필연이며 숙명이다. 그렇기에 우리의 삶이 소중한 것이 아니겠느냐. 항상 '어떻게 살 것인가'를 점검하고 반성하면서 부끄러움 없는 충만한 삶이 되도록 자중자애

(自重自愛)하면서 겸허한 자세를 잃지 않도록 노력하기 바란다.

이제 새로운 출발점에 서 있는 너에게 인간의 가장 근본적인 도리와 행해야 될 바를 다시금 부탁했다.

혼인은 사실이다. 소설이 아니다. 허구나 허영, 거짓과 가식 따위는 통할 수 없는 것으로, 너희 두 사람의 역사를 기록하는데 성실한 길잡이가 되어야 되겠다는 간절한 바람과 부모가 된 도리로서 몇 가지 부탁을 한다는 것이 너무 길어진 것 같구나. 넋두리 같은 느낌을 줄까봐 걱정이 되는구나. 옆에서 지켜보는 너의 시어머니도 간결하게 끝을 맺으라고 성화가 대단하다.

그러나 주책없는 시아버지로 생각될지 모르겠다만 현실에서 문제점으로 느꼈던 몇 가지 사안(事案)에 대한 나의 생각을 전함으로써 네가 앞으로 우리 가문을 가꾸고 꾸려 가는데 조화를 이룰 수 있다는 생각에서 덧붙이니 참 뜻을 이해하고 실천하는데 노력해 주면 고맙겠구나.

또 신앙(信仰)에 대한 나의 생각과 바람도 적는다.

각박한 현대 산업사회에서 자신을 성찰하고 '감사할 줄 아는' 생각을 가질 수 있다는 사실에서 신앙을 갖는 것은 긍정적으로 생각한다.

그러나 맹목정인 광신이나 현실이 아닌 내세의 천당이나 극락만을 희구하는 믿음에는 역겨움을 느낀다. 특히 조상의 제사를 우상승배니 하는 핑계로 기피하여 집안의 화목과 전통을 파괴하면서 참된 신앙인으로 자처하는 사람을 보면 분노와 연민의 정을 금할 수 없다.

가정이 바로 천당이나 극락이 되어야 한다고 생각한다. 그렇게 되기 위한 자기 성찰의 과정으로서의 종교는 환영하며 권장하고 싶다.

종교는 올바르고 참된 자기 마음속에 있다고 생각한다면 지나친 생략의 우(愚)를 범하는지 모르겠다만 어느 책 속에 천당과 지옥을 다녀 온 사람의 탐방기에 천당과 지옥의 음식이 똑같았는데 지옥의 사람들은 음식을 서로 많이 먹기 위해 싸우고 헐뜯었으나 천당의 삶들은 그렇지 않은 차이 뿐이더라는 말에 느낀 바가 많았다.

천당과 지옥은 현실에 살아있는 사람이 판정한다는 사실을 명심하기 바란다.

조상의 훌륭한 행적과 음덕에 누를 끼쳐서는 안 된다는 책무를 망각하지 않고 자손을 위하여 뿌리신 피와 땀과 눈물에 대해 참다운 뜻을 저버리지 않고 보답하는 마음가짐이 중요한 것이다.

시아버지로서는 정말 주책없는 부탁인지 모르겠다만……. 끝으로 나의 손자들은 모유(母乳)로 키워야 되겠다는 간절한 바람과 당부를 적는다.

요사이는 특히 여자들에게 편한 세상이라고 한다. 편리해지면 더 편리해지려는 기심의 폐단이 있기 마련이다. 편리한 세상 편안하게 살아가는 것을 거부할 까닭이야 없겠지만, 요사이 대다수의 엄마들이 우유통으로 자식을 키우는 광경을 보면서 고향을 잃은 실향민의 아픔을 느낀다. 내가 직업여성을 맏며느리의 대상에서 제외한 이유가 손자들에게 모유를 먹여야 되겠다는 간절한 바람에 있었다는 것을 말하지 않을 수 없구나.

성실하고 건강하고 밝고 맑은 성격의 원천은 어머니의 사랑이다. 젖꼭지를 입에 문 어린아이에겐 어머니의 품속이 우주이며, 어머니의 속삭임과 다독거림이 인자한 인격 형성의 기틀이 된다.

잔소리 많은 시아버지로 생각이 되겠구나. 당부의 말은 이만 줄인다.

소중한 너를 맞이한다고 생각하니 온 집안이 환희와 축복으로 충만한 것 같구나. 세상에서 가장 진귀한 보물을 차지한 듯 감동을 억누를 길 없단다.

가슴을 가득히 메우는 뜨거움과 형언할 수 없는 평화와 감사의 마음을 나의 큰아기에게 전하면서 두서없는 글의 끝을 맺는다.

(1993. 8. 14 밤)

주책없는 시아버지 씀

며느리에게 보낸 편지

둘째 아기 낭희(郎姬)에게

대덕산 밑 '르네상스'라는 양식집이 너와 최초로 상면한 장소였다고 기억이 되는구나. 아비의 안목(眼目)에 어떻게 평가될까 안절부절 못하는 네 남편을 염두에 두지 않고 매월 봉급의 최소한 1/10은 매달 보내며, 언제나 부모가 서먹한 기분을 느끼지 않고 드나들 수 있도록 방 한 칸은 부모님 몫으로 비워두고, 조부모 제사에는 특별한 사유가 없는 한 참석해야 한다는 우리 집 며느리로서 지켜야 할 3가지에 대한 다짐을 물었을 때, 다소곳이 받아들이던 당차고 흔들림 없던 너의 모습을 잊을 수가 없구나.

꽃망울이 맺어지고 잎새가 움트기에 봄인가 싶었는데 벌써 초여름 날씨다. 이곳 대구는 봄이 없다는 말이 실감이 가는구나.

이곳은 별일 없다. 요사이 직장의 업무가 바빠서 애를 먹는다고 들었다. 가정을 가꾸고 직장을 가진다는 것이 무척 고되고 어려울 것이다.

세상사는 모두 양면성을 가지고 있다. 항상 긍정적으로 생각하면 즐겁고 의욕이 생기는 법이다. 총명하고 차분한 너의 성품으로서는 긍정적이고 여유(餘裕)있는 마음가짐이 우리의 삶을 풍요롭게 한다는 사실을 터득하고 있으리라 믿는다.

너의 맏동서를 맞이하면서, 시아버지로서 간곡한 몇 마디 부탁을 적어서 전했으나 너에게는 전하지 못했다. 너를 우리 집 사람으로 결정하고도 결혼식이란 절차와 의례를 통과하는데 햇수로 3년이 걸렸다.

그 기간 동안 너와는 자주 만나고 대화를 나누면서 나의 생각과 뜻이 전해졌다고 믿고 확신했기 때문에 새삼 글로써 적는다는 것이 쑥스럽고 믿음이 부족한 듯 한 생각에서 너에겐 별도로 당부의 글을 전하지 않았다.

하지만 표현은 하지 않았지만 마음속으로는 야속하고 섭섭했으리라 생각하며 이 글을 쓴다.

자식이 여러 명일 경우 "열 손가락 중 어느 것을 다쳐도 아프지 않은 것이 없다."는 속담으로 귀중함에 차이가 없다는 표현을 대신 한다. 그러나 손가락의 위치에 따라서 역할과 기능의 차이는 어쩔 수 없는 것이다. 너의 맏동서는 불천위 종가(不遷位宗家)를 지켜야 하는 막중하고 고된 책임과 사 형제의 맏이로서 소임과 책무가 남다르다는 사실을 알고, 항상 감사하는 마음을 가지고 돕고 협조해야 된다.

보낸 돈은 잘 받았다. 평생 처음으로 자식에게 돈을 받아보니 대견하고 고마우면서도 한편으로는 애처롭고 서글픈 마음이 든다. 자식에 대한 보호본능과 자신의 늙음에 대한 복합적인 감정 표출인 것 같구나.

"여보, 금년 일 년 동안은 돈을 받지 맙시다. 저희들도 신접(新接) 살림에 쓰임새가 많을 텐데……." 안쓰러움을 이기지 못한 너의 시어머니 말이다.

마음속으로는 나도 공감하면서 혹 나의 나약한 마음을 너의 시어머니께 엿보일까 싶어 짐짓 목소리를 높여 너의 시어머니를 나무라고 그런 생각이 옳지 않음을 일러주었다. 이것이 부모의 마음이란다.

대덕산 밑 '르네상스'라는 양식집이 너와 최초로 상면한 장소였다고 기억이 되는구나. 아비의 안목(眼目)에 어떻게 평가될까 안절부절못하는 네 남편을 염두에 두지 않고 매월 봉급의 최소한 1/10은 매달 보내며, 언제나 부모가 서먹한 기분을 느끼지 않고 드나들 수 있도록 방 한 칸은 부모님 몫으로 비워두고, 조부모 제사에는 특별한 사유가 없는 한 참석해야 한다는 우리 집 며느리로서 지켜야 할 3가지에 대한 다짐을 물었을 때, 다소곳이 받아들이던 당차고 흔들림 없던 너의 모습을 잊을 수가 없구나.

비록 짧은 기간이지만 내가 당부한 하나하나의 이행에 소홀함이 없도록 노력하며 애쓰는 너희들의 마음가짐을 보면서 뿌듯한 기쁨과 보람을 느낀다.

"여보, 맏이는 맏이답고 둘째는 둘째답지요."하며 만족해하는 너의 시어머니의 말은 나를 더욱 행복하게 하는구나.

다가오는 4월 29일, 할아버지 제삿날은 당일 아침 일찍 상경할 예정이다. 전날 올라가서 준비해야 되겠지만, 이곳 형편이 그렇지 못하다는 것을 잘 알고 있으리라 생각한다.

제사(祭祀)란 제수(祭需)의 풍성함보다 간절한 정성에 있는 것이니 너의 동서와 의논하여 준비하기 바란다. 제삿날 휴가를 얻었다는 말을 들었을 때는 정말 잘했다고 손이라도 잡아 주고 싶었다. 정으로 따지자면 내 평생엔 생가(生家) 부모님 제사를 우리가 모시고 싶지만 법도(法道)에 따라 너희들이 모시도록 했으니 부모의 바람을 잊지 말고 정성을 다해주기 바란다.

할아버지와 할머니께서는 당신의 온 삶을 아들 하나와 가문을 위하여 희생하신 어른이시다. 오늘 우리가 이렇게 건재하고 올바르게 살아가고 있음은 할아버지, 할머님이 흘리신 피와 땀과 눈물이 밑거름 되었다는 사실을 명심하고 감사하는 마음을 잊지 말아라.

열심히 부끄러움 없이 너희들 갈 길을 가며, 도리를 다하면 되는 것이다. 어려움과 고난은 우리 함께 오순도순 헤쳐 나가자꾸나. 부모는 자식을 위해서는 목숨도 버릴 수 있는 것이다. 항상 자신과 용기를 잃지 마라.

끝으로 너의 양해를 구함과 동시에 약속을 해야겠구나. 우리 법도에 시아버지가 며느리의 이름을 부른다는 것은 망발(妄發)되고 해괴(駭怪)한 행동이다. 편지 앞머리에 너의 이름을 쓰면서 주저하는바 한 두 번이 아니었지만 이름을 빼고 보면 왠지 다정하고 포근한 정과 친밀감이 없는 것 같아 적었으니 주책없는 시아버지로 생각하지 말아다오.

너희들이 아기를 가지면 그때는 아기의 이름을 붙이기로 약속한다. 남편에게 용기와 인내력을 길러주고 가정이 안식처가 되는데 소홀(疎忽)함이 없도록 하여라.

(1994. 3. 18)

대구에서 시아버지 씀

며느리에게 보낸 편지

큰아기 경주(京珠)에게

"좋은 약은 입에 쓰고, 좋은 말은 듣기가 싫다."는 속담이 있다. 이번엔 듣기에 싫은 말을 좀 하고자 하니 새겨서 고치는데 노력해 주면 고맙겠다.

대화중이나 전화를 통한 너의 목소리만 들어도 우리는 너의 기분 상태를 짐작케 된다. 감정의 기복(起伏)이 심하고 자신의 기분을 감추는 수양에 다소 부족함이 있다고 생각되는구나. 항상 평상시와 다름없는 감정을 가지는 수양은 누구에게나 필요한 것이다.

이런 말을 하는 나도 어머니로부터 외면 수습을 못한다는 핀잔과 꾸지람을 들으며 살아왔으나, 이순(耳順)을 바라보는 지금까지도 고치지 못하고 있구나.

봄이란 계절을 잊은 듯이 초여름의 날씨가 계속되더니 며칠 전부터는 흡사 초겨울의 날씨다. 환절기에 몸가짐에 주의해야 한다.

저번 몸에 이상이 있는 듯하다는 너의 연락을 받고 너의 시어머니는 걱정이 대단하다. 걱정을 만들어 걱정 속에 사는 사람이라고 핀잔을 주었지만, 나도 보통 걱정이 아니다.

경북산부인과 최 원장을 만나 알아보았다. 태반의 위치가 내려앉은 것은 태아의 성장에 따라 있을 수 있는 일이며, 태아의 위치는 자연적으로 정상이 될 수 있다고 하니 다소 안도는 된다만, 행동과 몸가짐에 각별히 조심하기 바란다. 네 남편이 불편하더라도 5월 초순경에는 대구로 내려와서 대비하는 것이 좋겠다는 생각이 든다.

2, 3월의 잦은 제사와 행사관계로 내왕한 것이 무리가 아니었는지 모르겠다. 몸가짐, 마음가짐에 각별히 유의하기 바란다.

요번 달부터 20만원을 줄여서 송금하겠다. 전액을 송금해도 많은 것은 아니지만 부족한 생활을 꾸리고 견디는 정신과 마음가짐이 필요하다는 생각에서 그렇게 한 것이니 부모의 뜻을 헤아려 주기 바란다.

만약 견디기 어려운 부족함과 불가피한 용처(用處)가 생기면 편지로 상세히 알리도록 해라. 즉시 송금하겠다. 돈이란 필요할 때 소중하게 써야만 그의 진정한 가치가 있는 것이다. 항상 근검절약하는 마음가짐을 잃지 말아라.

4월 29일 할아버지 제삿날 아침에 상경할 예정이다. 너의 동서와 연락하여 준비에 정성을 다하기 바란다. 너의 동서는 직장에 매여 있고, 또한 우리 집 범절을 접할 기회가 없었다. 너는 6개월 이상 집에서 보고 배운 것이 있으니 동서에게 가르치고 시범을 보여라.

"좋은 약은 입에 쓰고, 좋은 말은 듣기가 싫다."는 속담이 있다. 이번엔 듣기에 싫은 말을 좀 하고자 하니 새겨서 고치는데 노력해 주면 고맙겠다.

대화중이나 전화를 통한 너의 목소리만 들어도 우리는 너의 기분 상태를 짐작케 된다. 감정의 기복(起伏)이 심하고 자신의 기분을 감추는 수양에 다소 부족함이 있다고 생각되는구나. 항상 평상시와 다름없는 감정을 가지는 수양은 누구에게나 필요한 것이다.

이런 말을 하는 나도 어머니로부터 외면 수습을 못한다는 핀잔과 꾸지람을 들으며 살아왔으나, 이순(耳順)을 바라보는 지금까지도 고치지 못하고 있구나. 어머니께서 지적한 결점이 내가 맺어온 인간관계를 그르친 결정적인 요인이었다는 회한(悔恨)을 안고 있다.

항심(恒心)이 항산(恒産)이란 말이 있다. 변함없는 넉넉한 마음은 없어지지 않는 영원한 재산이라는 말이다. 결점은 누구에게나 있는 것이다. 삶이란 자신과의 투쟁이다. 결점을 알고 바르게 고치고자 하는 데서부터 참되고 떳떳한 삶이 전개되는 것이다.

요사이 네 남편은 규칙적인 운동을 하고 있는지 모르겠다. 하기 싫어한다고 포기하지 말고 성심(誠心)과 사랑으로 당부하고 설득한다면 어려운 일이 아니라고 생각된다.

그간 하고 싶은 이야기를 적다보니 이야기의 초점이 흐려진 것 같구나. 모두가 부모의 욕심에서 비롯된 마음의 표현이다. 하지만 꾸짖어주시는 어른이 있다는 것은 행복한 것이니 감사하는 마음으로 시아버지의 뜻을 살펴주기 바란다.

건강에 유의할 것을 거듭 당부하면서 끝을 맺는다.

(1994. 4. 18)

대구에서 시아버지 씀

며느리에게 보낸 편지

연진 어미에게

나에게는 운명적인 불안과 두려움을 느끼게 했던 근원적인 이유가 있다. 우리 집은 나를 기준으로 9대 종가다. 공교롭게도 윗대에 아들이 많으면 다음 대에 딸이 많은 현상이 반복되어 3대가 양자(養子)로 가계(家系)를 이어 왔다.

너의 생가 시조부님이, 이러한 현상이 변소의 위치 때문이라는 얘기를 들으시고 변소를 현재의 사랑부엌 옆으로 옮겼다. 대를 바꾸어 순환되는 이 현상에 효험이 있을까 없을까 하는 조바심과 불안에 떨고 있는 터에 네가 첫딸을 출산하니 그 처방의 보람도 없다는 생각에서 서운하고 두려웠단다.

허나 이 글을 보고 결코 두려워하거나 초조해하지 않기를 간곡히 당부한다. 딸자식을 키워보지 못한 부모에게 딸자식 키우는 재미도 맛보라는 너희들의 지극한 효심의 결과라 생각하기로 했다.

벌써 가을도 무르익어 겨울 준비를 생각해야 되겠구나. 한 아이의 어미가 된 후 처음 보내는 글이다. 옛말에 자식을 키워보면 부모의 심정을 안다고 했다. 부모의 고마움과 은혜를 어렴풋이 느끼기 시작했으리라 생각된다.

네가 연진이를 출산하고 딸이란 사실에 내가 못내 서운해 하는 심정을 너는 느꼈을 것이다. 솔직히 말해서 연진이를 출산했을 때 딸이란 사실에 초조한 불안감을 느꼈다면 너로선 이해하기가 어려울 것이다.

나만이 가졌던 감정의 배경을 이야기하는 것이 서로의 감정 교류에 도움이 되겠다는 생각에서 필을 잡았다.

나는 딸을 가지지 못했으며, 또한 딸을 유난히도 기피하시는 어머니 밑에서 외아들로 자랐기 때문에 딸을 가지고 싶은 애틋한 생각은 가지지 못했다.

다만 십여 년 전에 대구여고에 근무할 때 발랄하고 청순한 여학생들의 모습을 보면서, 살 수 있는 물건이라면 무슨 대가를 지불하더라도 가지고 싶은 욕망에 사로 잡혔던 적도 있었지만 결코 그렇게 할 수 없는 일이기에 팔자소관으로 치부하고 말았다.

내가 손녀의 출산에 서운해 한 것은 여자를 기피하는 단순한 심리가 아니었음을 밝혀두고 싶구나.

나에게 운명적인 불안과 두려움까지 느끼게 했던 근원적인 이

유가 있다. 우리 집은 나를 기준으로 9대 종가이다. 공교롭게도 윗대에 아들이 많으면 다음 대에는 딸이 많은 현상이 반복되어 3대가 양자(養子)로 가계(家系)를 이어 왔다.

너의 생가 시할아버님이 계실 때, 이러한 기이한 사실이 변소의 위치 때문이라는 이야기를 들으시고 양택(陽宅)의 묘방(妙方)으로 처방하시기 위하여 변소를 현재의 사랑 부엌 옆으로 옮겨 놓았다. 대를 바꾸어 순환되는 기이한 현상에 효험이 있을까 없을까 하는 조바심과 불안에 떨고 있는 터에 네가 첫딸을 출산하니 기이한 현상에 대한 처방의 보람도 없다는 생각에서 서운하고 두려웠단다.

이 글을 보고 결코 두려워하거나 초조해하지 않기를 간곡히 당부한다. 한 가족으로서 우리는 서로 감정의 바탕을 이해할 수 있어야 된다는 바람이 이 글을 쓰는 목적이기 때문이다.

딸을 낳는 재주가 있다면 틀림없이 아들을 낳는 재주도 있지 않겠느냐. 딸자식을 키워보지 못한 부모에게 딸자식 키우는 재미도 맛보라는 너희들의 지극한 효심의 결과라고 생각하기로 했다.

평소 남들이 손자 자랑하는 이야기에 오히려 수다스럽다는 느낌을 가졌는데, 확실히 사랑은 내리 사랑이더구나. 가만히 앉아 있으면 눈웃음치며 생글거리는 연진이의 모습이 선연하고 멋모르고 의미 없이 지껄이는 소리가 듣고 싶어 귀찮을 정도로 전화를 한단다. 너의 시어머님이 연진이 이야기만 나오면 평소의 침착성을 잃고 들떠있는 모습을 보면 새삼 연진이가 우리 집의 보물이란 사실을 깨닫는다.

아들 딸 구별 없이 자신의 몫을 다할 수 있는 착하고 훌륭한 사람이 되도록 부모의 정성을 아끼지 마라. 급히 중국으로 떠나면서 연진이의 작명을 부탁하는 시아버지의 심정을 너희들은 아직은 알지 못하겠지만, 먼 훗날 깨달을 때가 있을 것이다. 착하고 어여쁜 이름이다. 할아버지 옆에서 새근새근 잠자는 착하고 어여쁜 나의 손녀의 이름으로는 정말 걸맞다고 생각한다.

저번에 지어준 약은 잘 먹는지 모르겠구나. 여자는 출산에 많은 체력을 소모하고 건강을 해치는 경우가 많기 때문에 각별히 부탁하여 조제한 약이다. 건강을 잃지 말고 다음엔 아들을 낳으란 간절한 바램도 내포되어 있는 약이다.

연진 아비의 건강에 신경을 쓰기 바란다. 적절한 운동을 습관화하도록 하여라. 이만 줄인다.

(1994. 10. 5)

대구에서 시아버지 씀

머느리에게 보낸 편지

둘째 아기에게

무리하게 집을 장만하여 오랜 세월을 집값 청산에 골몰한다면 그것은 집 장만을 위한 삶이라고밖에 볼 수 없다. 화려한 외형보다 알찬 내실에 삶의 의미가 있다고 생각한다. 집에서 지원한 금액을 토대로 너희들의 수입과 능력을 감안하여 적절한 계획을 세우란 뜻이다.

기준(基準)이란 변동과 수정을 전제로 하고 있다는 점도 항상 염두에 두고 계획을 세워라.

진근이는 대전연구소에 가 있다니 불편한 점이 많겠구나. 전화로도 이야기했지만, 나의 뜻을 명백히 전해야 되겠다는 생각에서 필을 들었다.

서울에서 집을 장만한다는 것은 시골사람의 안목으로는 무척 힘이 든다는 것을 느꼈다. 이곳 대구에 비하면 집이 낡고 시공이 조잡하고 공간이 협소함에도 이곳 대구의 중형 아파트보다 값이 비싼 편이었다. 우리나라 인구의 1/2가량이 서울에 집중되어 있으니 어쩔 수 없는 현상이라고 생각하면서도 왠지 억울하다는 느낌이 들었다.

우리 내외가 휴가를 얻어 너희들 집 마련을 위하여 상경한 첫째 이유는 너희들의 생각을 가늠해 봄과 아울러 흥정하는 자세를 실습시키는데 목적이 있었단다. 현실에 부딪히면서 이해에 따른 흥정에 어려움이 많다는 것을 느꼈으리라 믿는다. 항상 자기 나름의 객관적인 기준을 가져야 된다.

사람은 생활 여건과 태도가 자신의 형편과 분수에 적합해야 마음이 안정되고 진취적인 앞날을 설계할 수 있는 것이다.

내가 너희들에게 지원할 금액은 일억오천 만 원이다. 물론 현재 너희들 전세금 육천이백만 원을 포함한 것이다. 이 금액의 범위 안에서 계획을 세우기 바란다. 너희들의 수입을 감안하여 다소 평수를 늘릴 수 있을지 모르겠으나 절대로 무리하지 말 것을 당부하고 싶다. 무리하게 집을 장만하여 오랜 세월을 집값 청산에 골몰한다면 그것은 집 장만을 위한 삶이라고밖에 볼 수 없다. 화려한 외형보다 알찬 내실에 삶의 의미가 있다고 생각한다. 집에서 지원한 금액을 토대로 너희들의 수입과 능력을 감안하여 적절한 계획을 세우란 뜻이다.

기준(基準)이란 변동과 수정을 전제로 하고 있다는 점도 항상 염두에 두고 계획을 세워라. 비례의 원칙에 따라 더 큰 이익이나 결과를 가져올 수 있다면 과감한 증액(增額) 투자가 불가피할 것이며, 그와 반대의 경우에는 감액(減額) 투자가 불가피할 것이기 때문이다.

옷이나 신발이 각자의 몸에 맞아야 함은 너무나 당연한 이치가 아니냐. 내가 지원하는 돈은 너희들의 정신과 마음가짐을 풍요하고 여유롭게 하기 위한 투자일 뿐이다. 결코 금액으로 환산하지 말고 부모의 뜻을 이해하고 잊지 않기 바란다.

인간이 소중한 삶을 영위하는데 돈이 필요한 조건이지 결코 충분한 조건은 될 수 없는 것이다. 돈에 집착해서도 안 되지만 돈에 너무 등한(等閑)해서도 안 되는 것이 현실이란 사실도 명심하기 바란다. 너희들에게 정말 보탬이 되도록 당부하는 부모의 뜻을 이해하고 실천에 힘쓰기 바란다.

(1994. 8. 18)

대구에서 시아버지 씀

며느리에게 보낸 편지

둘째 아기 낭희(郎姬)에게

시부모 앞에서 남편의 호칭을 OO씨라는 것은 요사이 너희들 식의 표현으로 예에 어긋난다. 아이가 있을 경우에는 아이 이름에다 아비 또는 아범이라 붙여 부르면 될 것이고, 아이가 없는 경우 시동생이나 시누이가 있으면 도련님 OO째 형, 또는 아씨 OO째 오라버니를 호칭하면 된다고 생각한다. 시동생이나 시누이도 없는 경우에는 '사랑'이나 '밖'이라고 표현하는 방법이 있겠으나 사랑채가 없어진 현대식 감각으로는 '밖'이란 표현이 적절할 것 같구나.

지난번에 전화로 꾸짖고 보니 내 마음도 왠지 개운치 않았다. 몰라서 그런 것을 자상한 가르침이 앞서지 못한 부모의 불찰(不察)을 생각하지 않을 수 없었다.

시부모 앞에서 남편의 호칭을 OO씨라는 것은 요사이 너희들

식의 표현으로 예에 어긋난다. 그것은 너희들만의 호칭인지 모르지만 그것도 부부간의 호칭으로서는 거리감을 느끼게 하는구나. 아이가 있을 경우에는 아이 이름에다 아비 또는 아범이라 붙여 부르면 될 것이고, 아이가 없는 경우 시동생이나 시누이가 있으면 도련님 OO째 형, 또는 아씨 OO째 오라버니를 호칭하면 된다고 생각한다. 시동생이나 시누이도 없는 경우에는 '사랑'이나 '밖' 이라고 표현하는 방법이 있겠으나 사랑채가 없어진 현대식 감각으로는 '밖'이란 표현이 적절할 것 같구나.

오늘날 우리들은 언어의 공해(公害) 속에서 살아가고 있는 형편이다. 우리 조상들이 만들어 놓은 명칭과 호칭은 관계의 긴밀함과 소원의 정도, 혈연의 관계를 정말 과학적이고 합리적으로 표현해 놓았다는 생각을 한다. 앞으로는 시부모 앞에서 남편의 호칭에 대해 예를 어기는 일이 없기 바란다. 잘 모르거나, 어색하거나 의문스러운 것은 어른들에게 여쭈어 시행하면 착오 없을 것이다. 그리고 시아버지로서 주책없는 이야기인지 모르겠지만, 손자를 보고 싶은 할아버지 심정을 이해하리라 믿는다.

옛말에 20대는 자식이요, 30대는 재물이라는 말이 있다. 꼭 연령을 말하는 것이 아니라 모두 시기가 있다는 말이다. 직장 생활 때문이라면 무언가 선후가 바뀐 듯한 생각의 잘못이란 판단이 가는구나.

완벽한 준비는 없다. 궁하면 통하는 것이 세상살이의 묘미(妙味)요, 묘법(妙法)이란다. 삶의 긴 안목에서 매사를 판단 결정하는 지혜가 필요한 것이다. 네 남편의 박사학위 취득을 위한 노력과 격려를 잊지 말기 바란다. 이만 줄인다.

(1994. 11. 22)

대구에서 시아버지 씀

염화(拈華)의 미소

호랑이와 떡 장수가 조화롭고 평화롭게 살 수 있기를 바라는 것은 어쩌면 한갓 꿈 일지도 모른다. 그러나 나는 지금도 그 꿈을 버리지 못하고 있다. 꿈이란 그냥 무작정 꾸는 게 아니다. 언제나 어떤 기대감이 있고 그것을 열망하는 뜨거운 가슴이 있을 때만 살아 꿈틀거리는 것이다.

요사이 우리 연배들이 모이면 손자 손녀 자랑이 약방의 감초마냥 빠지지 않는다. 전에는 손주 재롱 보는 낙이 제일이라며 호들갑을 떨며 열을 올리는 친구를 보면 푼수 없는 행동 같아 언짢게 생각했다. 더욱이 내가 아직 손주를 보지 못한 처지라 더욱 심술이 나고 비위가 거슬리기도 했으리라.

하지만 막상 나도 첫 손녀를 보니 대견함과 함께 바쁘게 사느라 자식에게서 느껴 보지 못한 애틋한 사랑을 느낄 수 있었다.

서울에 살고 있는 아들 내외가 딸아이 첫돌잔치는 할아버지 할머니 계신 곳에서 치른다며 내려왔다. 아내와 며느리는 돌잔치 준비로 나가고 손녀를 보살피는 것은 나의 몫이 되었다. 평소 아기를 안아 보거나 토닥거린 경험이 없었지만, 어르며 놀다보니 아기가 어느새 잠이 들었다. 잠든 아기의 모습이 말할 수 없이 평화롭고 사랑스럽다. 나에게도 저런 모습이 있었다는 사실이 믿어지지 않는다. 손녀를 내 옆에 눕혀 놓았지만 닿을 수 없는 피안(彼岸)의 먼 거리에 있는 느낌이다.

인생의 가을 길에 접어들어 결실과 마무리를 함께 하는 계절의 길목에 서서 손녀의 잠든 모습을 보고 자신을 뒤돌아본다. 요즈음 내가 갈망하고 그리워하는 것은 동심으로 돌아가서 웃고 싶을 때 웃고, 울어야 될 일을 보면 울고, 무지개를 보면 가슴이 뛰고, 기쁘면 손뼉치고 소리치며 희로애락의 감정을 스스럼없이 표출하며 사는 것이다. 가당치도 않는 꿈이요, 욕망일 수도 있다.

순진무구(純眞無垢)한 손녀의 잠자는 모습을 보니 철부지 어린 시절에 동심의 요람에서 덤벙거리던 추억이 짙은 안개가 되어 촉촉이 가슴을 적신다.

어릴 적 긴긴 겨울밤에 등잔불이 졸고 있는 안방 아랫목이나, 별들이 총총한 여름밤 평상 위에서 어머니의 무릎을 베고 누워 모깃불의 매캐한 냄새와 함께 감미로운 어머니의 체취에 취하여 옛

날이야기를 듣던 일이 가장 행복했고 편안했던 유년의 추억이다.

이야기 한 자락이 끝나기 바쁘게 다음 이야기를 재촉한다. 마지막에는 대부분 어머니 마음대로 늘이거나 줄일 수 있는 '떡장수와 호랑이'이야기로 내가 잠들 때까지 이어졌다.

이야기의 내용은 지극히 단순하다. 떡 장수가 떡 팔러 고개 넘어 장에 가다가 호랑이를 만났다. 떡 장수는 자기를 해치지 말고 살려달라고 두 손 모아 빌면서 애원했다. 호랑이는 떡을 주면 잡아먹지 않겠다고 약속했다. 떡 장수는 호랑이의 약속에 감사하며 함지의 떡을 한 개씩 건네주었다. 어머니의 이야기 속에 나오는 함지의 떡이 얼마 만큼인지 알 수 없지만, 떡을 한 개씩 받아먹는 과정의 반복으로 이야기가 계속되다가 내가 졸음을 이기지 못하는 낌새가 보이거나 잠이 들면 그제서야 호랑이에게 줄 떡이 바닥나고 떡 장수는 호랑이에게 잡아먹힌다.

매번 되풀이해서 듣는 이야기였지만, 어린 생각에 호랑이가 포식(飽食)할 만큼 떡이 많아서 떡 장수가 살아서 돌아갈 수 있었으면 하는 간절한 바람과 함께 그 많은 떡을 계속 얻어먹는 호랑이가 약속을 지킬 것이란 기대와 약속을 저버리면 어쩌나 하는 불안 사이에서 얼마나 초조해하며 가슴 졸였는지 모른다. 사실은 뻔한 결과이지만, 초조와 불안과 기대에 가슴 졸이는 재미가 좋았던 모양이다.

마냥 평화롭게 잠든 손녀의 티 없이 귀여운 모습을 바라보며 어린 시절 어머니가 들려주신 하고많은 이야기 중에서 장난끼 넘치고 허황한 '떡 장수와 호랑이'이야기가 떠오르는 것은 웬일일까?

허긴 저마다 호랑이로 행세하며 군림하려는 군상들 속에서 당당하게 대항하지 못하는 자신의 왜소함과 비굴함을 자조하면서 처절하게 살아가는 나의 꼬락서니가 영락없는 떡 장수의 모습임을 알고 있기 때문일까.

횡포와 군림, 갈등과 모순, 위선과 부조리는 삶의 과정에서 굴뚝의 검정처럼 없을 수 없는 필연적인 얼룩이라 생각한다. 그래서 체념하고 삭이며 망각의 심연에 묻고 사는 재주를 익히려고 얼마나 바둥거리며 전전긍긍했는지 모른다.

그러나 나의 삶의 역정에서 가당치 않게 호랑이를 흠모하며 흉내 내려고 안간힘을 쓰며 살아온 또 다른 나의 모습이 나를 부끄럽게 한다.

호랑이는 육식동물이다. 떡 따위로는 우선 허기를 면할 뿐 건강한 삶을 유지할 수가 없다. 떡을 주면 떡 장수를 잡아먹지 않겠다고 한 호랑이의 약속은 애당초 지킬 수 없는 업보이며, 호랑이가 살고 있는 험준한 고개를 넘어야만 생계 수단인 떡을 팔 수 있는 장터에 가 닿을 수 있는 것은 인간의 숙명이 아닐까.

호랑이와 떡 장수가 조화롭고 평화롭게 살 수 있기를 바라는 것은 어쩌면 한갓 꿈 일지도 모른다. 그러나 나는 지금도 그 꿈을 버리지 못하고 있다. 꿈이란 그냥 무작정 꾸는 게 아니다. 언제나 어떤 기대감이 있고 그것을 열망하는 뜨거운 가슴이 있을 때만 살아 꿈틀거리는 것이다.

평화롭게 잠든 손녀가 배시시 웃음을 띤다. 감정이 담겨있지 않는 배냇짓이지만 마치 나의 생각을 읽은 듯 염화의 미소로 느껴진다.

손녀를 연진(沇眞)이라고 이름 지으면서 졸졸 쉼 없이 흐르는 깊은 산 속의 계곡 물처럼 강과 바다의 근원이 되고 참되고 맑고 진실하라는 할아버지의 염원을 담았다.

쌔근쌔근 평화롭게 잠든 선녀 같은 손녀를 바라보면서 가슴이 따뜻하고 생각이 바르고, 기본이 바로 선 사람이 되기를 기원한다. 한 사람의 반듯한 인간이 되고자 끊임없이 자기 자신을 돌아보고 가다듬고 지켜주길 바란다.

나는 언제나 저 아이처럼 맑고 티 없이, 세상을 포근하게 끌어안고 넉넉한 미소를 지으며 살 수 있을까.

(1995. 9. 20)

쉰 네 살의 아내를 보며

결혼은 투자가 아니다

쉰 네 살. 나와 결혼한 지 햇수로 30년의 세월이 흘렀지만 나는 이 여인을 위하여 결혼기념일이나 생일 때 작은 꽃송이 하나 선물한 사실 없이 마냥 받기만 하고 괴롭히고 고생시킨 기억밖에 없다.

쉰네 살의 아내를 바라보며, 아내란 존재의 소중함을 새삼 느낀다. <중략> 두터운 믿음과 충만한 사랑으로 결속되어야 하는 부부관계는 결코 계산이나 투자의 대상이 될 수 없는 지고지순(地高至純)한 인간관계라고 생각한다.

퇴근길에 몇몇 친구와 어울려 간이주점(簡易酒店)에 들렀다. 이른 시간인데도 주점 안은 열기와 담배 연기로 가득 차 있었다. 우리 옆자리에는 20대 후반의 젊은이 서너 명이 벌써 주기(酒氣)가 올라 '결혼은 투자'라고 사례를 들어가며 기고만장하게 떠들어대고 있었다. 들리는 대로 그들의 말을 듣고 있자니 요즘 젊은이들의 사고방식이 잘못된 건지 세상이 잘못된 건지 뭐가 뭔지 도무지 알 수가 없고 기분이 엉망이 되면서 취기(醉氣)가 싹 가셨다.

서로의 이익을 챙기기 위한 치밀한 계산속에서 부부관계가 영위되어야 하는 살벌한 이 시대에 셈을 모르고 서로가 하늘과 땅으로 생각하며 살아가는 우리 같은 부부를 몰아세우는 성토장(聲討場) 같은 느낌 때문에 앉아 있기가 거북하고 심기가 불편하여 주점을 나와 버렸다.

우리 집까지는 버스정류장을 네 곳이나 지나야 하는 거리지만 분노를 삭이고 뒤틀어진 감정의 찌꺼기를 털어버리기 위해 낙엽을 밟으며 걷기로 했다. 걸음을 옮길 때마다 발밑에서 바스락거리는 비명 같은 낙엽 소리가 더욱 내 마음을 무겁게 만들었다.

집에 돌아오니 언제나 변함없이 화사한 웃음으로 아내가 반갑게 맞이한다. 문득 꼭 보듬어 안아 주고 싶은 마음이 일었다. 그러나 생각뿐 평소 아내에게 애정 표시에 익숙하지 못한 남편이라 쑥스러움에 멋없이 웃고 말았다. 아내도 싱긋이 웃었다. 이심전심(以心傳心)일까?

내가 아내를 처음 만난 것은 군에서 제대하고 복학한 직후였다. 나의 삼종(三從) 고모(姑母)의 8촌 시누이가 나의 아내다. 친구인 삼종 고모 아들의 주선으로 아내를 처음 보았을 때, 밝고 아름답고, 고요한 그녀의 모습에 넋을 빼앗겼다. '바로 저 사람이 나의 반려자'라는 신의 계시(啓示)같은 강한 영감(靈感)을 느꼈다.

그러나 우리의 결혼까지는 많은 장애와 난관이 있었다. 특히 우리 집은 남인(南人) 계통이었으므로 노론(老論) 계통인 아내의 집안과 색혼(色婚)할 수 없다는 것이 집안의 어른들의 가장 큰 반대 이유였다.

그러나 속내를 들여다보면 반대의 이유가, 나의 처가가 당신들의 명분을 지키고 위세를 높여줄 수 있는 명문가(名門家)가 못 된다는 사실에 있었다.

결국 생가 아버지의 적극적인 지원과 나의 결연(決然)한 버팀과 항거로 우리는 결혼할 수 있었다.

아내는 시부모 섬김(侍奉)과 봉제사(奉祭祀)에 정성을 다했고, 종부(宗婦)로서의 마음가짐에 흐트러짐이 없었으며, 봉사와 자기희생으로 베풀고 솔선수범했으며 감싸고 두루 보살피는 것이 한결같아서 나무랄 데가 없었다. 남편과 자식을 위하여 살신(殺身)의 희생까지도 보람과 기쁨으로 감내(堪耐)할 수 있는 순교자(殉教者)같은 여인으로, 토라지면서까지 자신을 내세우거나 고집하지 않았으며, 남편 생각이 미치지 못하거나 행동이 그릇될 때는 바른 삶의 잣대를 제시하며 이끄는 온유한 반려자다.

흐르는 세월에 시들고 고생에 저민 아내의 모습을 바라보면서 고회(告悔)하는 심정으로 아내의 거친 손을 잡아 본다. 짐짓 '주책

없다'는 말로 응수했지만 조는 듯 고요한 눈언저리에 반짝 이슬을 머금고 볼은 수줍음 탓에 홍조로 물들었다.

며칠 전 미장원을 다녀오더니 미장원 아가씨가 "아주머니는 얼굴 모습은 고운데 손은 왜 이렇게 거칠고 험하냐."고 하더란 아내의 말이 메아리가 되어 내 가슴을 울린다.

알뜰하며, 바보스러울 만큼 자기 몸을 돌보지 않고 부지런하던 아내가 일을 두려워하며 이따금은 전신의 통증을 호소한다.

봉제사(奉祭祀) 접빈객(接賓客)과 더불어 시부모 봉양에다 흠집투성이인 남편의 뒷바라지와 아들 네 놈까지 키우느라 쏟은 정성과 골몰이 무쇠라도 견디기 힘들었을 것이다. 형편이 그렇지 못함을 번연히 알면서도 편안히 건강이나 돌보라는 나의 위로를 덤덤하게 웃음으로 묻어 버린다. 나보다 오래 살라는 거짓 없는 나의 바람을 이야기하면 아이들과 집안을 위하여 할 일이 많은 당신이 오래 살아야 된다며 정색을 한다. 나보다 세 살이 적으니 최소한 3년은 더 사는 것이 당연하지 않느냐는 내 말에도 아랑곳하지 않고 오히려 화를 낸다. 수명(壽命)은 사람의 뜻이 닿지 않는 하늘의 뜻임을 뻔히 알면서 서로 오래 살라고 다툼질한다. 수명을 덧붙여 줄 수 있다면 기꺼이 나에게 수명을 덧붙여 줄 수 있는 여인이다. 이것이 곰삭은 부부의 정이요 사랑이라 생각하면서 허허 웃어넘긴다.

아내의 나이를 생각해 본다. 얼른 떠오르지 않는다. 내 나이에서 세 살을 빼는 복잡한 계산을 거쳐야 정확한 아내의 나이가 떠오른다. 쉰 네 살. 나와 결혼한 지 햇수로 30년의 세월이 흘렀지만 나는 이 여인을 위하여 결혼기념일이나 생일 때 작은 꽃송이 하나 선물한 사실 없이 마냥 받기만 하고 괴롭히고 고생시킨 기억밖에 없다. 쉰네 살의 아내를 바라보며, 아내란 존재의 소중함을 새삼 느낀다. 아내의 헌신적인 사랑과 보살핌, 고생을 낙으로 알고 살아온 그 인고(忍苦)의 세월을 감사하게 여긴다.

두터운 믿음과 충만한 사랑으로 결속되어야 하는 부부관계는 결코 계산이나 투자의 대상이 될 수 없는 지고지순(至高至純)한 인간관계라고 생각한다.

너무 염치없고 부끄럽고 일방적인 것 같아 차마 이야기하지 못하고 마음속에 덮어두었던 내밀(內密)한 나의 소원 하나를 적어본다.

'여보, 저승 가서도 우리 다시 부부가 됩시다.'

(1994. 4 .1)

슬프고도 아름다운 이별

아내의 고귀함과 순결함은, 성숙하지 못한 정신의 소유자인 나를 참되고 바른 길로 인도해 주었다. 건강하고 착하고 보살같이 어진 아내를 눈앞에 두고 엉뚱하게도 죽음으로 인해 이별할 수밖에 없는 현실의 나이가 미워진다.

하지만 나는 피할 수 없는 아내와의 이별을 의연하고 멋있게 맞이하리라. 일생 중 가장 슬프고 아름다운 멋있는 이별 말이다.

벌써 싱그러운 여름도 지나고 온 산을 붉게 물들였던 단풍마저 다 떨어져 바람만이 거리를 휩쓸고 다니는 한 해의 저물녘이다. 창밖의 바람 소리가 오늘따라 스산하기만 하다.

자동차의 소음이 뜸해지고 가로등만이 외롭고 희미하게 비치는 적막한 밤에 그래도 살맛나는 소식을 기대하며 자정 뉴스에 귀를 기울인다. 이혼율이 급증한다는 보도에 세태를 탓하며 안타까움을 이기지 못하는 아내의 모습을 바라보며 부부의 묘하고 숙명적인 인연을 생각해 본다.

정말 우연하게 삼종고모의 아들인 C군을 만나 미아리에 위치한 그 집에 놀러갔다가 건넌방에서 놀고 있는 그 집안 딸네들을 문틈으로 엿본 것이 아내와의 첫 대면이었다. 그날 모인 네 명의 처녀들 중 아내는 유독 나의 눈을 황홀하게 했으며 나의 반려자란 영감을 느꼈다.

그러나 여러 문제를 들어 집안 어른들은 완강히 반대했다. 남자에게 일생을 위해 가장 좋은 것은 좋은 아내를 선택하는 것이다. 인연과 해후에 소홀했던 나의 삶이지만 아내를 선택한 나의 고집과 주장만큼은 언제 생각해도 대견하고 자랑스럽다.

그런데 이제는 부모님이 돌아가시고 아들 4형제 짝지어 보내고 덩그렇게 둘 뿐이다. 서로 노년의 외로움을 달래고, 지난날의 모자라고 잘못된 점을 채우고 가지런히 하며 살아가고 있다. 하지만 이별이 가까워오고 있다는 엄연한 사실을 생각하니 불현듯 설명할 길 없는 아픔이 가슴을 저며 온다.

아내는 나보다 세 살 아래다. 죽음은 연령순이 아니라는 것을 번연히 알면서도, 나보다 최소한 3년 늦게 죽는 것이 공평한 것이라 이야기하면 "당신은 할 일이 많은데, 나보다 오래 살아야 된다."며 "무슨 얼토당토 않는 뚱딴지 같은 계산이냐."고 정색을 하며 핀잔을 준다. 지난날엔 아내가 남편 손에 묻히는 것을 복으로 알았지만, 요즈음은 나이 들면 남편은 거추장스럽고 불편한 물건 취급하는지 노년의 이혼이 점점 늘어나고 있는 추세다. 남남으로 만나 인고(忍苦)하며 40여 년의 세월을 헤쳐 오면서 수명마저 양보할 만큼 나를 감싸고 이끌어 준 아내가 새삼 고맙고 자랑스러워 뿌듯한 행복감에 취한다.

며칠 전 반상회에 다녀온 아내가 고조된 억양으로 얘기를 풀어놓았다. 3개월 전에 부인이 농장에 감을 수확하러 갔다가 바위에서 미끄러져 추락사한 60대 중반의 901호집 남편이 기다렸다는 듯 40대의 젊은 아내를 맞이한 사실이 그날 반상회의 주제가 되어버린 모양이었다. 참석한 부인네들이 하나같이 자기 일처럼 분개하더라는 얘기를 전하는 아내의 목소리도 분노에 젖어 있었다. 짐짓 나의 마음을 헤아려 보려는 계산이 깔려 있구나 생각하면서 "그 사람 너무 급하게 서둘렀구먼."하며 웃어 넘겼다. 하지만, 결국 남자란 50보 100보란 생각에 고회(告悔)하고 마음을 다져 먹어야겠다는 생각을 감출 수 없었다.

체념한 듯 달관한 듯 무표정하게 어머니의 시신을 바라보시던 아버지의 모습을 잊을 수 없다. 정보다 법으로 살아오신 60년이었지만, 그때 나는 아버지의 무표정에서 눈물이나 통곡보다 더 진하고 애절한 슬픔을 읽을 수 있었다.

나는 철저하게 남존여비(男尊女卑) 사상에 물이든 환경에서 자랐다. 여자는 남자를 위해서 존재한다고 생각했으며, 젊은 시절 “남자의 일생 중 가장 좋은 날은 결혼하는 날과 자기 아내를 매장하는 날”이란 하이포넥스의 말로 거리낌 없이 아내를 약 올리고 남자의 우월적인 지위를 과시했던 언동(言動)이 새삼 나를 부끄럽게 한다.

순서대로 진정 아내가 나보다 오래 살기를 바란다. 죽은 사람을 두고 ‘돌아갔다’는 말을 하는데 이것을 바로 ‘인생은 나그네’란 말의 또 다른 표현이다. 순서대로 내가 먼저 죽으면 몇 년이 될지 외롭고 쓸쓸하게 나그네 길을 홀로 걸어야 할 아내에게 나름대로 배려와 준비를 아끼지 않았다고 생각하고 있다. 현실을 살아가는데 도움이 되도록 운전도 가르치고 컴퓨터도 다룰 수 있도록 했다. 자식들에게 경제적인 부담을 주지 않고 당당하게 살라고 아파트도 아내 명의로 해놓았다. 이제부터는 자신을 위해서 살라고 당부 하지만, 희생과 헌신의 보람에 고생을 기쁨으로 감내하며 살아온 바보스러운 사람이기에 마음이 놓이지 않는다.

사람들이 근심하는 것 중에서는 죽음 보다 더 절실한 것은 없고, 소중히 여기는 것 중에서는 삶보다 더 한 것은 없다. 지칠 줄 모르고 사라질 줄 모르고 언제나 즐겁고 따뜻하고 변치 않는 사랑이 있다면 얼마나 좋을까.

그러나 이 세상에 변치 않는 것은 없다. 실로 우리 인간은 허망하면서도 당연한 무상의 세계를 살고 있다. 때문에 아무리 기막힌 사랑에도 끝이 있고 종말이 있다는 것을 알고 살아가는 것이 지혜로운 것이다.

외롭고 험하고 고된 인생 여로에 아내와 같은 동반자를 만나 손가락 걸면서 평생을 헤쳐 왔다는 것이 나에겐 더 없는 행복이요 축복이다.

저마다 잘난 체 날뛰는 판에 홀로 정신적인 깊이를 간직했으며, 내면에 왕비와 같은 고귀함과 백조와 같은 순결함을 지닌 여자다. 그 고귀함과 순결함이 성숙하지 못한 정신의 소유자인 나를 참되고 바른 길로 인도해 주었다. 건강하고 착하고 보살같이 어진 아내를 눈앞에 두고 엉뚱하게도 죽음으로 인한 이별을 생각 할 수 밖에 없는 현실의 나이가 미워진다.

언젠가는 내려놓아 하는 진귀한 보옥을 쥐고 바라보듯 아쉬움에 젖어있는 나의 눈길에서 아내는 무엇을 느꼈는지 멋쩍은 웃음으로 대꾸한다. 허긴 삶 자체가 죽음을 위한 준비과정이라고 담담하게 넘어가 보지만 왠지 가슴속에선 휑하니 바람이 인다.

행복은 마음속에 있다던가. 긴장과 슬픔과 애환 속에서도 조그마한 소망의 성취를 맛보았으며, 채워지지 않는 허기증 같은 목마름 속에서도 몇 방울의 감로수로 혀끝을 적시면서 두 사람 한마음 되어 희열에 빠지기도 했지만 끝내 갈 길은 각각이다.

"생사는 본래 없는 것이거늘 사람들은 망령되게 있다고 한다.(生死本無 忘計爲有)"는 보조국사 지눌의 법어를 반추해 보지만, 머리로 어림짐작만 해 볼 뿐 나와 같은 범부에겐 여전히 안개 속이다.

임종을 앞두고 자녀들이 애통해 하며 울자 "방정맞다."고 꾸짖었다는 어느 분의 임종 모습이 떠오른다. 나도 피할 수 없는 아내와의 이별을 의연하고 멋있게 맞이하리라. 일생 중 가장 슬프고 아름다운 멋있는 이별 말이다.

당연한 순서대로 아내보다 내가 먼저 죽음을 맞이한다면 더 없는 행복이다. 나는 아내의 손을 잡고 감사하고 고맙다는 인사와 함께 해맑은 미소를 지으며 작별하리라. 그리고 애통해하는 울음보다는 가슴 속으로 파고드는 장송곡을 듣고 싶다. 그리하여 가장 슬프고도 아름다운 이별의 장을 만들게 되길 바란다.

생각만 해도 두렵지만 만약 나보다 아내가 먼저 죽음을 맞이한다면, 나는 결코 눈물을 보이지 않으리라 생각해 본다. 지극한 이별의 아픔을 가슴속에 채워 놓고 그 슬픔을 정성으로 승화시켜 슬프지만 세상에서 가장 아름답고 멋있는 이별을 하리라. 내 손으로 시신을 목욕시키고, 수의를 입혀 단장시키고, 일곱 마디 묶음은 하지 않고 고이 관속에 눕히리라. 하고픈 넋두리는 실타래에 감아 놓은 채 "고마웠소, 즐거웠소, 미안하오." 이 세 마디 작별의 인사를 하리라. 그리고 저승에서도 나를 기다려 달라는 그런 당부는 부끄럽고 염치없어 나 혼자만의 소망으로 묻어 두리라. 그것이 진정 아내를 위한 배려요 성의라고 생각하니, 언젠가는 닥쳐올 아름답고 슬픈 이별이 두렵기만 하다.

(2006. 9. 22)

친구

이순(耳順)의 문턱을 넘어서 인생의 황혼에 접어든 요즈음, 이루지 못할 꿈으로 체념하고 접어 버렸던, L군이 말한 진정한 친구와의 우정도 나에게서 비롯한다는 엄연한 사실 앞에 부끄러움을 느낀다. 아울러 지금 내 옆에 앉아있는 '아내' 또한 '진정한 친구'라는 사실을 이제사 깨달아 허허 웃고 싶은 심정이다.

금년 여름은 유난히도 무덥다. 자혜당(慈惠堂) 삼 면의 여닫이 창문을 활짝 열어 젖혀 놓고, 패악하기 이를 데 없는 모기를 쫓기 위해 모기향에 불을 붙였다. 영취산 골짜기를 타고 내려오는 바람이 한결 시원함을 느끼게 한다. 별들이 총총한 하늘에 달빛이 밝고 모양이 둥근 것을 보니 음력으로 보름이 가까운 것 같다. 적막하고 고요한 밤에 소슬한 송뢰(松籟)에 귀 기울이며 홀로 앉아 있노라니, 다정한 친구와 주안상 마주 놓고 앉아 정담을 나눈다면 더할 나위없는 즐거움일 텐데 하는 생각으로 가슴이 아릿해 온다. 멀리 떨어져 있는 마음의 '벗이 찾아 왔을 때의 기쁨(有朋自遠方來不亦樂乎)'을 인생의 세 가지 즐거움 중 하나라고 하신 공자의 말씀이 새삼 가슴에 와 닿는다.

귀향 후 처음 1년간은 친구들의 발걸음이 이어지더니 이제는 번거롭게 폐를 끼친다는 핑계로 찾아오는 친구가 드물다. 대구에서 이곳은 1시간이채 소요되지 않는 지척의 거리인데……. 오늘따라 찾아오지 않는 친구가 못내 서운하고 섭섭하다.

며칠 전 서울에서 대학동창회 이사회를 개최 한다는 통보를 받았다. 회의 일자는 20여 일 후이지만, 오랜만에 뽕도 따고 님도 만나야겠다는 들뜬 마음으로 삼성생명 이수빈 회장에게 전화를 했다. 얼굴이라도 한 번 보고 싶은 친구다. 공사간에 워낙 바쁜 친구라 그날 나와 시간을 같이 할 틈이 있을지 모르겠다는 염려와 조바심에서 전화를 했더니 염려했던 대로 그 전날 외국 출장업무로 출국 한다며 어긋난 일정을 아쉬워했다. 동창회 이사회보다 친구를 만날 수 있다는 기대에 더 부풀어 있던 터라 상경을 포기하고 불참을 통보했다. 다른 용무가 있어 상경하는 경우에도 잠시나마 친구의 얼굴을 보지 못하거나 전화로라도 대화를 나누지 못하고 내려오면 예정된 용무를 마치지 못한 것 같은 미련과 아쉬움이 남곤 한다.

40여 년간 변함없이 두터운 우정을 나눈 지우(志友) 이승호군이 생존해 있을 때에는 이수빈, 이승호 두 친구 중 누구든 시간이 허락되는 사람과 만나서 정을 나누었다. 하지만, 이승호군이 대장암으로 불귀의 객이 된 후로는 이수빈 회장을 만나지 못하고 내려올 경우 나의 외로움과 미련은 깊고 크다. 그래서 내가 상경 일정을 조정할 수 있을 경우에는 미리 연락하여 이 회장이 시간을 낼 수 있는 날로 맞춘다. 그 바쁜 일정을 조정하여 내가 도착하는 시간에 맞춰 서울역 주차장에 차를 대기시켜 놓고 기다리는 배려와 마음 씀씀이에 참으로 고마운 정을 느낀다.

이수빈 회장과 나는 한 동리에서 같이 자라온 동갑내기지만, 내가 10개월 생일이 빠른 집안 형이다. 일가가 모여 사는 동네에서는 연령층에 따라 또래끼리 모여 노는 것이 엄격하다. 나는 위로 형이 없고 또한 한 해 먼저 입학한 탓에 나보다 나이 많은 또래와 어울렸기 때문에 어릴 때에는 그를 골탕 먹이고 해코지한 기억밖에 없다. 그렇게 철없던 유년기를 지나고 고등학교 시절부터 서로를 인정하고 아끼는 정을 나누었다. 서울에서 대학교에 다니면서 우리는 고향 친구들과 그의 하숙집에서 자주 어울렸다. 하루는 그의 하숙집에 들렀더니 사진기가 벽에 걸려 있었다. 사진기를 조작해 보고 싶은 욕망에 빼앗다시피 빌려 와서 책상 위에 두고 이튿날 아침에 잠시 외출했다 돌아오니 사진기가 없어졌다. 누군가 가져갔으면 가져오겠지 하는 요행심으로 며칠간 기다렸으나 허사였다. 그 당시 3~4개월 하숙비는 지불해야 살 수 있는 사진기라 나로서는 변제 능력이 없었기 때문에 고민은 깊었다. 사진기를 찾지 못한 이상 별다른 해결책이 없었기에 한 달도 넘게 전전긍긍하다가 잃어버린 사실을 알렸다. 내가 염려하던 변상에 대해서는 한마디 언급도 없었다. 못내 아쉽고 원망스러운 표정을 지으면서 "할 수 없지."란 말밖에 없었다.

그날 사진기가 없어진 것은 내 생애에서 영원히 풀리지 않는 수수께끼로 지금까지 남아 있다. 그 사진기를 내가 팔아먹었다고 의심 받는다면 그것보다 억울한 누명이 없다는 두려움과 치욕을 품고 살아왔다.

몇 년 전, 이 오래된 누명에 대한 두려움과 부끄러움에서 벗어나고 풀 수 없는 의문을 나의 뇌리에서 지워버려야겠다는 생각에서 지난날의 사진기 이야기를 꺼냈다.

"형님 그런 일이 있었습니까? 저는 전혀 기억이 없는데요."

너무나 뜻밖의 대답이었다. 반신반의(半信半疑)하지 않을 수 없었지만, 정성을 다하여 남의 사정을 헤아릴 줄 아는 충서(忠恕)의 마음가짐이 더없이 돋보였다.

내가 상경 시 미리 파발(擺撥)을 띄우듯이 그도 대구 방면으로 출장 업무가 있으면 미리 연락을 해서 만남을 약속한다. 숙박할 경우는 같이 잤다.

12년 전인가 보다. 그가 업무에 쫓기느라 그때까지도 부곡온천 구경을 못했다고 했다. 둘이서 아무에게도 알리지 않고 부곡에 가서 업무를 잊고 쉬기로 했다. 그 날 우리는 정담과 바둑으로 하룻밤을 뜬눈으로 지새운 다음 대구에서 얼큰한 보신탕으로 늦은 아침을 때우고 헤어졌다. 오래간만에 어린 시절로 돌아가 티 없이 맑은 정에 흠뻑 취해 본 날이었다.

1년에 2~3일 만이라도 고향에 내려와 사랑방을 지키며 지난날의 추억을 회상하고, 고향을 지키고 보존하는 걱정을 같이 나누고 싶은 바람은 간절하지만 아직까지 그에겐 사사로운 시간이 허락되지 않아 아쉬움이 크다. 체구는 왜소한 편이지만 마음 씀씀이가 자상하고 생각이 크고 깊다. 오만하거나 자신을 내세우는 모습은 엿볼 수 없다. 수줍은 듯 겸손한 마음가짐은 더욱 그를 돋보이게 한다. 정치적인 유혹에 휩쓸리지 않고 오직 몸담고 있는 삼성에서 성실하게 정성을 다하는 모습이 흐뭇하고 자랑스럽다. 이렇듯 이 회장은 피를 나누었고 정을 나누는 친구다.

그러나 이따금 친구로서 보다 고향의 종가를 지키는 집안 형으로 대하는 듯 하여 불편하기도 하고 섭섭한 마음이 들 때가 있다.

가을바람 소슬하고 기러기 소리 중천에서 처량히 들릴 때 구곡간장 녹아나도록 생각나는 친구는 없지만, 티 없이 맑은 우정으로 어리석고 못난 흠집투성이 나를 감싸고 두둔하며 믿음을 주는 친구가 있다는 사실에 감사한다.

젊음과 낭만에 취하여 엄벙덤벙 허둥대던 대학 1학년 때였다. 고등학교 동기지만 나보다 세살 위인 L군과 자주 어울렸다. 그날 우리는 뒷골목 주점에서 얼큰히 취하여 주제도 방향도 없이 열을 올리며 이야기를 나누다 L군이 우수에 젖은 표정을 지으며 느닷없이 '친구'의 정의를 말해 보라고 했다. 나는 갑작스러운 질문에 까닭을 알 수 없어 어리둥절하여 대답을 못하고 있었다. 그러자, '고난과 역경에 처해 있는 상대에게 자신의 모든 것을 걸고 도와 줄 수 있는 사람이 진정한 친구'라며 자기는 아직 그런 진정한 친구를 찾지 못했다며 금방 울음이라도 터트릴 것 같은 표정을 지었다. 그 순간 친구를 앞에 두고 진정한 친구가 없다며 하소하는 L군의 무례함에 나 자신이 얼마나 초라하고 비참했는지 모른다. 자리를 박차고 나오고 싶은 부끄러운 마음을 달래며 L군의 말을 곰곰이 되씹어 보니 그 말이 너무나 당연하고 엄연한 사실이었다. L군이 내린 친구의 정의대로라면 그것은 우정의 극치인 동시에 우리 모두가 간직하고 있는 꿈이기도 하다.

중학교에 입학한 후 친구의 소중함을 일러주시며 단 한 사람이라도 진정한 친구를 사귀라며 아버지께서 들려주신 '살인을 저지른 친구를 애통해 하며 시신처리에 앞장 선' 진정한 친구의 이야기와 L군이 말한 '어떠한 고난과 역경도 함께 할 수 있는 우정'은 상상만 해도 가슴이 뛰는 값진 것이기에 그날 이후 나는 그런 진정한 친구 가지기를 꿈꾸고 갈망하며 찾았다. 아니 그 꿈을 이루기 위해 초조하게 서둘렀다.

그러나 우정이란 억지로 관계를 얽매는 것이 아니라 내가 먼저 손 내밀기도 하고, 선택되기도 하는 것이며 변할 수도 있는 속성을 가지고 있음을 깨닫지 못했다. 더욱이 충서의 미덕을 갖추지 못하고 잘못을 지적하는 것을 진정어린 충고로 생각한 직설적이고 깡마른 성격 탓에 상대방에게 굳건한 믿음을 심어주지 못하고 결과적으로 스스로 배신의 아픔을 잉태하는 어리석음 속에서 살아왔다. 나와 같은 인품의 소유자는 L군이 말한 그런 친구를 가질 수 없다며 꿈으로 체념하고 살아온 지 오래다.

오늘은 웃었지만 내일은 냉정하게 돌아서는 그런 친구가 아니라는 것만으로도 나에겐 더할 수 없는 좋은 친구라 생각하며 만수산 드렁칡이 얽히듯 어울려 살려고 무던히 애를 썼다.

인생을 해후(邂逅)의 역사라 했던가. 바둑을 같이 즐길 수 있는 친구, 술잔을 기울이며 세상사 이야기에 시름을 잊을 수 있는 친구, 건강을 생각하며 함께 산행을 즐길 수 있는 친구, 직장의 동료 등 살아가면서 많은 친구를 만나게 되지만 L군이 말한 친구만이 진정한 친구라는 생각에 사로잡혀 있었기 때문에 많은 동료들로부터 거만하다며 비난의 대상이 되기도 했다.

하지만 이제는 욕심을 버리고 편안한 마음으로 원만한 인간관계를 생각한다. 단 한 사람의 진정한 친구도 소중하지만, 오랫동안 만나지 않아도 따뜻한 느낌으로 남아 있는 친구, 애써 기억하지 않아도 문득문득 생각나는 소중한 친구가 내게도 있다는 사실을 이순(耳順)을 바라보면서 깨달았다.

공자는 유익한 벗이 셋이 있고 손해 보는 벗이 셋이 있다고 했다. 내게 숨김없이 바른 말을 해주는 사람, 성실해서 안팎이 없는 사람, 그리고 학식이 풍부한 사람 등 이 셋은 유익한 친구이며 점잖은 체하며 솔직하지 않은 사람, 부드럽게 웃으면서 진실하지 않는 사람, 혀끝으로 달콤한 말만 하는 사람 등 이 셋은 내게 손해되는 사람이라 했다. 나는 상대방에게 유익한 친구였을까? 손해되는 친구였을까? 비록 믿기 어려운 일이 생겨도 용서해 주고 감싸주는 충서의 마음가짐에 인색했던 자신이 부끄럽고 송구하기만 하다.

10여 년 전 박약회(博約會)에 동참하면서, 친구 따라 강남 간다는 평범한 우리 속담이 사실은 우정이 현실적 이해관계를 뛰어넘는 고차원적인 정신의 사귐이란 뜻임을 새삼 깨달았다. 우리의 전통문화와 선현의 가르침을 승습(承習) 발전시키기 위한 생각을 함께 하며, 높은 가치를 지향하며, 서로 자극하고 격려하면서 부단히 절차탁마(切磋琢磨)하는 우정을 일깨워준 고 김호길 총장, 고

권오봉 교수, 이용태 회장, 이완재 교수, 김창회 형의 세속에 물들지 않은 고결한 인품과 풋풋한 정을 생각하면 행복감이 밀려온다.

선대부터 우정을 맺어 온 관계를 세의지교(世誼之交)라 한다. 처음 만나도 10년지기(知己)를 만난 듯하다. 믿음과 반가움이 간다. 비록 얼굴은 처음 보지만 선대를 통하여 서로를 너무나 잘 알고 있는 관계다. 일기회(一氣會) 소요회(逍遙會) 모임을 통하여 굳건한 세교(世交)의 우정을 알았다. 특히 세정(世情) 모르는 사람이라고 핀잔 하면서도 언제나 두둔하며 감싸주는 정관 총장과의 우정은 부인들이 중학교 동창이라 더더욱 정이 두텁고 아름답다.

성격이 깡마르고 흠집투성이인 내가 감당하기엔 벅찬 정을 주는 고마운 친구들을 만나면서 좋아하는 것은 일시적이지만 사랑하는 것은 영원하다는 철리(哲理)를 다시 한 번 확인하게 되었다. 그러면서 나도 철리에 걸맞을 만한 넉넉함으로 친구들을 사랑해야겠다고 다짐해 본다.

이순(耳順)의 문턱을 넘어서 인생의 황혼에 접어든 요즈음, 이루지 못할 꿈으로 체념하고 접어 버렸던, L군이 말한 진정한 친구와의 우정도 나에게서 비롯한다는 엄연한 사실 앞에 부끄러움을 느낀다. 아울러 지금 내 옆에 앉아있는 '아내'가 '진정한 친구'라는 사실을 이제사 깨달으며 허허 웃고 싶은 심정이다.

(2004. 2. 7)

부모 기러기의 체념

자식 두 놈이 서울에서 공부하고 있다. 자주 편지하라는 부모의 당부는 흘려버리고 아쉬운 일이 있을 때만 전화로 용무를 끝낸다. 섭섭한 마음이 들 때가 많다.

그러나 어버이날이나 우리 내외의 생일에 간절한 몇 마디 문구를 엮어 보내는 전보 쪽지 한 장에 괘씸하고 섭섭하던 마음은 간데없고 대견하고 자랑스러운 마음만 일어 우리 내외는 기쁨과 보람에 들뜬다. 자식의 하잘 것 없는 사소한 배려에도 부모는 기쁨에 취한다.

셋째 아들을 예비 사단에 입영(入營)시키고 돌아오는 길, 공허(空虛)한 마음을 뚫고 떠오르는 추억이 있었다.

30여 년 전 콩나물시루 같은 열차에 매달려 낯선 곳 영주까지 가서 입대한 지가 엊그제 같은데, 어느 듯 자식이 입대한다니 갖가지 망상(妄想)에 빠진다.

자식이 성장하여 국방의 신성한 의무를 다하기 위해 입영했다는 것은 마냥 대견하고 자랑스러워야함에도 끈끈한 천륜(天倫)의 정(情)에 집착하여 헤어나지 못하는 나의 소심한 마음가짐이 짜증스럽게 느껴졌다. 더욱이 생사를 예측할 수 없는 전시도 아니지 않는가.

제 딴에는 부모의 심기(心機)를 해칠까 염려하여 통제된 단체 생활에 대한 두려움과 부모 곁을 떠나는 불안하고 서운한 감정을 숨기려고 웃음을 띠며 당당하게 사단(師團) 정문으로 들어가는 자식 놈. 그 아이를 보며 안경 속의 눈물을 훔치던 아내가 돌아오는 차 안에서 침묵에 빠져있는 내게, "어머님께선 하나뿐인 당신을 군에 보내면서 심정이 어떠했겠어요."라고 운을 뗐다.

불현듯 30여 년 전 내가 군에 입대할 그때의 어머니 심정을 헤아려 보았다.

아내의 자문자답(自問自答)하는 듯한 독백(獨白)에 나도 모르게 자식은 애물이라는 생각과 함께 자식은 엄밀하게 따지고 보면 불효일 수밖에 없다는 생각에 뼈에 사무치는 아픔을 느꼈다.

6·25동란이 발발하여 이웃과 집안의 젊은이들이 군에 끌려가는 것을 보시고 "네가 커서도 군대에 가는 세상이면 말세지." 하시던 어머니의 바람과 기원은 결코 이루어지지 않았다.

내가 입대하기 전날 밤, 자식의 안위(安危)를 걱정하여 흐느끼시던 어머니의 눈물과, 무뚝뚝하고 굳센 줄만 알았던 아버지께서 대구역 개찰구에서 나를 배웅할 때 당신의 눈망울 속에 서려있던 그 눈물은 지금도 나의 기억 속에 그대로 있다.

어머니께서 돌아가신 지 10년, 아버지께서 서세(逝世)하신 지 6년의 세월이 흘러간 지금 나의 자식을 군에 보내고 새삼 부모의 심정을 헤아려보자니 문득 어느 책에서 본 부모 기러기의 이야기가 생각났다.

어린 새끼 기러기를 나누어 등에 업고 하늘을 날던 부부 기러기가 자신이 늙어서 더 이상 날갯죽지를 펼쳐 날 수가 없게 되면 '엄마를 업고 하늘 위를 날아 줄 것'을 간곡히 당부했다. 그러나 새끼 기러기는 단호하게 그렇게 할 수 없다고 거절했다. 뜻밖의 대답에 당황한 기러기가 배은망덕(背恩忘德)한 새끼 기러기를 향한 분노를 누르며 그 이유를 물었다. 새끼 기러기는 당연한 이유도 모르는 부모 기러기가 측은한 듯한 표정을 지으며, 부모 기러기가 날 수 없는 그때가 되면 주렁주렁 딸린 제 새끼 업어 주고 먹이느라 겨를이 없을 것인데 어떻게 아빠 엄마를 업어 줄 수 있겠느냐고 말했다는 것이다.

아무런 대꾸도 항변도 할 수 없었던 기러기의 궁색한 아픔에서 많은 것을 느낀다.

부모 대신 손자, 손녀 기러기를 업고 나는 새끼 기러기의 대견한 모습에서 이 세상의 부모들은 삶의 보람과 희열을 느낄 것이다. 부모보다 참되고 용기 있고 성실하고 건강하고 재력(財力)있고 명예도 누리고 모든 것을 능가하는 승어부(勝於父)의 기대가 이 세상 모든 부모들의 공통된 소망이요 부모들의 숙명이라고 생각한다.

내가 입대할 당시 부모님의 심정을 절실하게 헤아리지 못했듯이, 내 자식놈도 우리의 심정을 헤아리지 못할 것이다. 부모와 자식이란 입장의 차이가 이렇게도 엄청난 것일까? 자식은 부모가 되고 부모는 또한 자식이 된다는 사실에서 보면 등가(等價)가 성립되지만, 부모를 섬기는 이야기는 없어도 손자, 손녀를 키우는 재미와 사랑스러움이 이런 것인 줄 몰랐다며 법석을 떠는 사람은 많다.

부모는 거추장스러운 존재로 인식하면서 자식은 보물로 생각한다. 아래로의 보살핌은 지극하면서, 위로의 섬김은 소홀하다. 우리는 부모님으로부터 감당할 수 없도록 받기만 하고, 하잘 것 없는 것을 드리는 것에도 인색하며 생색을 내려고 한다.

산고(産苦)의 아픔을 감내(堪耐)하고 양육하느라 피와 땀과 눈물을 흘려야 하며, 행여 그릇된 길로 들어설까 마음을 조이며 자나 깨나 자식 걱정에 가슴 속은 숯덩이가 되어버린 것을 생각하면 자식보다 괴로운 존재는 없다.

그러나 이 세상의 부모들에게 자식보다 소중하고 보배스러운 존재는 없다. 자식으로 인한 고통과 괴로움을 기쁨과 보람으로 승화시키는 지혜에 우리는 익숙하다.

간혹 생각이 모자라는 부모가 자식은 애물이니 원수(怨讐)니 표현을 하지만, 주체할 수 없는 사랑의 역설적인 표현에 불과하다. 무자식이 상팔자란 말도 자식을 가지지 못한 사람을 위한 위로의 말에 불과할 뿐이다.

자식 두 놈이 서울에서 공부하고 있다. 자주 편지하라는 부모의 당부는 흘려버리고 아쉬운 일이 있을 때만 전화로 용무를 끝낸다. 섭섭한 마음이 들 때가 많다.

그러나 어버이날이나 우리 내외의 생일에 간절한 몇 마디 문구를 엮어 보내는 전보 쪽지 한 장에 괘씸하고 섭섭하던 마음은 간데없고 대견하고 자랑스러운 마음만 일어 우리 내외는 기쁨과 보람에 들뜬다. 자식의 하잘 것 없는 사소한 배려에도 부모는 기쁨에 취한다.

옛말에 자신이 부모가 되어 보아야 부모의 심정을 안다고 했다. 이해와 설득만으로는 참모습을 알 수 없는 지고지순(至高至純)한 사랑이기 때문이다.

자식은 무엇이며 부모는 무엇인가? 부모는 나를 낳아 주셨고 내가 낳은 존재가 자식이다. 동전의 앞면과 뒷면이다.

그러나 우리는 부모로서 보살핌과 자식으로서 섬김의 도리를 행함에 있어 아래로만 일방통행 하는 어리석음을 자행하고 있다.

순교자(殉教者)적인 부모의 사랑은 당연한 것으로 받아들이면서 보답할 길이 없이 크고 무거운 부모님의 은혜는 망각한 채 살아왔다. 아무런 대가도 바라지 않고 오직 자식이 건강하고 올바르고 훌륭하게 성장하여 오붓하게 생활하기를 바라는 기원(祈願), 그것뿐인 부모의 사랑을 우리는 무슨 엄청난 대가를 바라는 것으로 착각하고 살아오지는 않았는가 하는 아쉬움이 밀려온다.

오늘날 산업사회를 맞이하여 물질만능의 사고와 이기적(利己的)인 생활방식은 자식 사랑까지도 물질로 대신하려는 어리석은 부모들을 많이 만들어내고 있다.

그러나 중요한 것은 이세상의 자녀들에게 지고지순한 부모님의 사랑보다 필요한 명약(名藥)은 없다고 생각한다.

청소년 문제, 노인 문제 등 사회의 모든 문제가 부모님에게 감사하는 마음을 저버리고 자식 사랑이 올바르게 이루어지지 않은데서 오는 혼돈(混沌)과 배신(背信)의 결과라 해도 지나친 표현이 아닐 것이다. 가정에서 섬김과 다스림이 올바르게 되지 않았던 결과임에 틀림이 없을 것이다.

어른 앞에서 자식을 애무(愛撫)하거나 사랑의 표현을 자제하라 하시던 어른들의 말씀에 깊은 뜻이 있음을 이제야 어렴풋이 짐작으로 알 것 같다.

(1989. 5. 10)

나는 조상교(祖上敎) 신자다

나는 조상에게 감사하며 믿고 의지하고 숭배하니, 종교라기엔 적절한 표현이 아닐 수도 있지만, 숭배 한다는 것은 종교적인 행위이므로 '조상교'라고 명명했다. <중략> 세상의 명리와 권력과 재물과 유희로 열려있는 마음을 가정으로 돌려 조상님의 은혜를 생각하며(歸家認祖) 생시의 기대와 바람에 어긋남이 없도록 노력하는 조상교는 모든 고등종교의 기반이요 토대라 생각한다.

살아오면서 입학, 취업 등 새로운 조직이나 단체에 몸담을 때마다 신상 파악을 위한 서식에는 종교를 묻는 항목이 있었다. 나는 그 물음에 대하여 명쾌하게 기재하지 못하고 점 하나 찍고 여백으로 남겨 놓았는데, 그때마다 곤혹스럽고 야릇한 거부감에 휩싸였다. 불교나 기독교 같은 특정 종교는 갖고 있지 않지만, 나름대로 명명(命名)한 조상교(祖上敎)의 독실한 신자임에도 공식적으로 기재할 수 없는 안타까움을 떨쳐 버릴 수 없기 때문이다.

명분과 체면을 중시하는 전통적인 유가(儒家)에서 성장한 탓에 예수교나 불교의 가르침이나 교리에 접근할 기회는 없었다.

우리 동네 뒷산에는 신라 애장왕 때 왕자의 눈병을 치료한 석간수(石間水)의 효험을 기리기 위해 세웠다는 감응사(感應寺)란 조그마한 암자가 있다. 일 년에 한두 번, 칠월칠석날과 사월초파일에 어머니를 따라 절에 가 본 적은 있었지만 나는 부처님께 합장하고 절한 기억은 없다. 어머니께서도 종교적인 신앙에서라기보다 기복(祈福)의 장소로 생각하신 것 같다. 나도 이웃집 놀러 다니듯 무심하게 드나들면서 절 뒤 언덕 바위 사이에 호랑이가 살았다는 겨우 틈새만 보이는 좁은 굴속을 공포에 떨면서 기웃거리며 그 사실을 믿을 수 없어 황당한 의문에 빠지기도 했다. 초등학교 때 들은 서산대사나 사명당 같은 도술 부리는 고승의 이야기 이후 고등학교 국어책에 나오는 "본래 한 물건도 없는데 어디에 티끌이 끼일 손가(本來無一物 何處惹塵埃)"란 6조 혜능대사의 돈오(頓悟)한 법어를 접한 것이 불교에 대해 생각을 한 최초의 계기가 되었다.

예수교는 조상 제사도 모시지 않는 종교라는 어른들의 말씀을 들어 왔기에 주손인 내가 가까이 해서는 안 되는 사교(邪教)로 알았다. 그래서 성탄절에 고요한 밤 거룩한 밤을 외쳐대며 가짜 성가대 행세도 해 보았고, 6·25사변이 휴전하던 그 해에 우리 동네에 예배당을 만들려는 전도사 아주머니를 괴롭혀 고발당하기도 했다.

대학에 입학해서 독실한 가톨릭 신자인 철학 교수님의 인간의 영혼을 구원하는 종교에 대한 열정적인 강의에 심취되어 종교를 가져야겠다는 갈망에 허덕이기도 했지만 아직까지도 간절한 염원으로만 유보되어 있다. 그 후 군에 입대하면서 서양을 알려면 성경을 알아야 된다는 지적 호기심에서 성경을 탐독하기도 했다.

종교의 어원은 조각나고 흩어진 것들을 하나로 모으는 일이란 뜻이다. 즉 사랑, 자비, 희생, 평화, 화합, 조화를 실천 하는 것이다. 이것은 인간이 희구하는 이상이요 최고의 가치다.

그러나 내 눈에 비쳐진 현실의 종교는 순수하지 못한 경우가 많았다. 맹목적인 앎과 믿음, 맹목적인 행동은 광신을 닮았다는 생각을 지울 수가 없고, 배타적이고 독선적이다. 종교 자체 보다는 종교와 절대자를 빙자해서 욕심을 채우기에 급급하고 돈과 권력을 추구하기 위하여 믿음을 가탁(假託)하는 현 실상을 보고 들을 때마다 종교에 귀의하여 영혼의 구원을 받으며 살고 싶은 바람은 산산조각 나기 일쑤다.

극단적인 이기심에 빠져 아귀다툼을 벌이며 인간다움을 상실해 가는 현대 사회에서 종교를 통해 부단한 자기 성찰의 계기를 가짐으로써 충만하고, 평화롭고, 조화로운 삶을 가꿀 수 있다는 것에 종교의 일차적인 의미를 두고 싶다. 천당과 지옥의 판단은 결코 절대자의 전권은 아니다. 현실에 충실한 사람일수록 그의 정신세계도 충실해서 이승은 물론 저승까지 충실해지고 충만해진다고 믿고 있다. 보이지 않는, 믿기 힘든 사후의 천당 지옥에만 신경 쓰는 사람은 현실 도피적이거나, 기회주의적이거나 몽상적인 사람이라 생각한다.

나는 종교에 대한 믿음을 가지지 못하고 살아가는 것에 대한 변(辯)을 "신은 있다고도 할 수 없고 없다고도 할 수 없다. 고로 없다고 생각하는 것이 마음 편하다."는 실존주의 철학자인 칼 야스퍼스의 말로 곧잘 대변하지만, 자녀를 두지 못한 사람이 무자식이 상팔자란 말로 자위하는 것 같은 공허함을 느낀다. 신이나 절대자가 있어 내세에 천당과 지옥행을 판별 한다면 먼지투성이의 어리석고 못난 나 같은 사람의 지옥행은 따 놓은 당상(堂上)같아 그것이 괴롭고 두려웠다. 그래서 마음 편하게 신은 없다고 생각하며 살기로 한 것이다. 그러나 이것도 어리석고 나약한 인간의 허세 같은 것임을 알고 있다.

끝내 알 수 없는 절대의 신비에 과감하게 자신을 의탁하며 신앙을 가지는 것에 대해, 아직까지는 '신은 없다'고 생각하며 유예하고 살아왔다.

그러나 살아오면서 불안과 불행, 고난과 외로움을 만날 때마다 조상님의 원려(遠慮)와 가호(加護)와 보살핌이 있어 그 정성이 희망과 용기를 만들어 주는 원천이란 사실을 깨닫곤 한다. 그래서 고난과 불행과 어려운 처지를 당하면 종아리를 걷고 회초리 맞는 심정으로 추원(追遠)한다.

이렇듯 나는 조상에게 감사하며 믿고 의지하고 숭배하니, 종교라기엔 적절한 표현이 아닐 수도 있지만, 숭배 한다는 것은 종교적인 행위이므로 '조상교'라고 명명했다. 난해한 교리도 이성으로 이해되지 않는 종교적인 진리도 신도를 모으기 위한 전도도 필요 없다. 감사하는 마음을 잃지 않고 조상의 바람에 어긋나지 않도록 부단한 자기 성찰의 노력만 있을 뿐이다.

내가 존재한다는 것은, 나를 낳아 주시고 길러주신 부모님의 은혜 덕분인 것이 엄연한 사실이요 진실이다. 부모님께서 후대를 위하여 피와 땀과 눈물을 흘렸으며 인고와 희생을 감내하면서 양육하고 가르쳐 왔다. 나를 그렇게 길러주신 부모님, 부모님을 그렇게 길러 주신 할아버지, 할머니……. 이렇게 면연(綿延)히 지극한 정성과 헌신적인 보살핌이 이어져 왔다.

선대 조상님의 은혜에 감사하며 조상님의 바람과 염원에 소홀함이 없도록 자신을 여미고 아끼고 노력하면 생시와 같이 조상님의 가호와 보살핌이 미친다는 것이 조상교의 내용이며 행동 강령이다. 그것은 곧 올바르게 사람 노릇하려는 당연한 마음가짐이요 몸가짐이다.

부모를 섬기지 않고, 형제 이웃 간에 불화하고, 신의를 저버리고, 기만과 거짓으로 살아가는 사람이 특정 종교를 믿는다고 천당 가고 극락 간다면 이것은 모순이고 혼돈이고 사기다. 올바르게 사람 노릇하는 것이 현실에서도 천당에 사는 방법이며 내세에 극락 가는 길인 것이다.

"네가 올바르고 건강하게 살아가지 못하면 우리 내외가 먼저 조상님께 큰 죄를 짓는 것이다. 조상을 욕되게 하는 자손이 되어선 안 된다." 하시던 부모님의 간절한 당부 말씀은 지옥에 떨어진다는 말보다 더 나를 두렵게 만들었으며 그 어떤 종교의 가르침보다도 절실한 삶의 지표로 각인되어 있다.

조상과의 관계는 하늘이 맺어준 천연(天緣)으로써 숙명이다. 어떠한 상황에서도 부정할 수 없는 절대 사랑의 관계다.

조상교의 신자로서 마음가짐과 몸가짐에 소홀함이 없는 연후에 고등종교를 선택하여 믿음을 가진다면 참으로 믿음이 깊어지고 참된 신앙인이 될 수 있을 것이라 생각한다.

세상의 명리와 권력과 재물과 유희로 열려있는 마음을 가정으로 돌려 조상님의 은혜를 생각하며(歸家認祖) 생시의 기대와 바람에 어긋남이 없도록 노력하는 조상교는 모든 고등종교의 기반이요 토대라 생각한다.

사람은 저마다 마음속에 절대자를 가지고 있다. 다양한 가치관이 혼재되어 있는 지금의 시대에는 무엇 한 가지를 가리켜 최고가치라고 말하기가 힘들게 되었지만, 우선은 저마다 조상교의 신자가 되는 것이 올바르게 사람노릇 하려는 당연한 마음가짐이요 몸가짐이라 확신한다.

교회나 산사에서 두 손 모아 기도하거나 합장하고 있는 모습을 보면 숙연하고 경건한 느낌을 받는다. 이와 함께 임종의 순간이 될 지 영영 이승에서는 기회를 갖지 못할 지 알 수 없지만, 유예해 두었던, 공식적으로 기재할 수 있는 종교를 갖고 싶은 생각에는 변함이 없다.

(2004. 5. 20)

2. 전통에 대한 변주

상고이유서(上告理由書)

<상략> 종택과 유적을 수호하고 보존하며 제사를 모시는 일은 전적으로 종손인 저의 몫입니다.

저마다 주어진 한 번 뿐인 소중한 삶에서 행복을 추구하는 것은 궁극적인 인간의 욕망이라고 생각합니다. 한 번 뿐인 이 소중한 삶을 종손이란 이유로, 오직 가문의 수호를 위하여, 돌아가신 조상의 그늘 밑에서 자신을 포기한 삶을 살아가야 한다면 이것은 한 인간에게 너무나 가혹한 일입니다. 크나큰 불행입니다.

이제는 종손도 자신의 삶을 보람되게, 명예롭게, 만족스럽게 영위하면서 책임과 본분을 다할 수 있어야 합니다.

본인은 오십 평생을 살아오면서 공무(公務) 집행상 법원과 검찰에 출두(出頭)한 적은 있으나 민, 형사상 유죄의 확증을 받은 사실은 추호도 없었기 때문에 민사 소송법 제 397조와 형사소송법

제 379조에 규정한 상고이유서(上告理由書)를 작성할 하등의 사유가 없음에도 군이 '상고이유서'라는 제목으로 글을 쓰는 심정과 연유를 먼저 밝히지 않을 수 없습니다.

대구 매일신문에서 기획한 <종부(宗婦)>라는 기사가 1994년 3월부터 일 년여에 걸쳐 연재(連載)되었습니다. 1994년 8월 9일자 성주 한개 응와 종택(凝窩宗宅)을 취재한 기사 내용 중 사대 봉제사(四代 奉祭祀)하던 전통적 제례를 양대 봉제사(兩代 奉祭祀)로 단행했다는 기사가 보도된 후 용기 있는 결단이라며 격려해 주신 분도 많았지만, 몇몇 분은 "다른 사람이면 몰라도 응와 종손이 어찌 그렇게 할 수 있느냐?"하는 염려와 질타의 말씀도 있었습니다. 평소 본인을 아끼고 가까이 지내는 L교수는 "우리 종손이 오염될까 두렵다."며 절교를 선언했습니다. 저는 가장 아끼고 신임하던 브루투스의 배신을 목격한 시저의 절규 같은 아픔으로 받아 들였습니다.

종손의 책무는 전통과 가풍을 지키고 보존함에 있음에도 본인은 한 가문의 막중한 불천위(不遷位) 주손(胄孫)으로서 소임을 다하지 못한 죄인임을 인정하는 것이 본 상고이유서를 작성하는 첫 번째 이유입니다.

외아들인 저를 종가에 승종시킨 생가의 부모님께서는 늘 "우리 내외의 한 평생은 너에게 달렸다. 네가 종가를 바르게 지키고 보

존해 주면 우리도 빛날 것이나 그렇지 못하면 우리 내외는 큰 죄인이 된다." 하시며 항상 저에게 간곡한 당부의 말씀을 하셨습니다. 고난의 한 평생을 숭조상문(崇祖尙門)의 일념으로 살다 가신 생가 부모님을 죄인으로 만들어서는 안 된다는 간절한 바람이 본 상고이유서를 쓰는 두 번째 이유입니다.

천지간 모든 것은 변한다는 관점에서 보면 한순간도 멈추어 있는 것이 없고, 변하지 않는다는 관점에서 보면 어느 것도 변하는 것이 없습니다. 현실과 전통을 접착(接着)하고 조화시키는 문제는 항상 그 시대를 살아가는 사람들의 과제라고 생각합니다.

천지개벽(天地開闢)의 변화를 상전벽해(桑田碧海)라고 표현합니다. 산천의 변화는 그에 이르지 않았는지 모르지만, 우리의 의식구조, 생활방식 등은 상전벽해의 변화를 가져왔다 해도 지나친 과장이 아닐 것입니다. 계모(繼母)와는 모자(母子) 관계가 단절되는 현행 법규정, 개인이나 한 가문의 최대 치욕이라 생각했던 상피(相避)를 허용(許容)해야 된다고 외칠 수 있는 가치관의 전도(顚倒) 등등 국제화 시대의 경쟁 속에서 숨 가쁘게 살아가는 이 시대의 우리는 꼭 보존하고 지켜야 될 것이 무엇이며 과감하게 버리고 탈바꿈해야 될 것이 무엇인지를 서로 가슴 열어놓고 진솔하게 생각을 나누어 보면 저의 애절한 마음을 이해할 것이란 간절한 바람이 세 번째 사유입니다.

또 있습니다. 객체(客體)가 주체(主體)의 입장을 이해하고 수용하는 데는 한계가 있기 마련입니다. 종손의 입장에서 느끼는 보람과 고통, 한(恨)과 자부심, 갈등과 책임의식을 종손 아닌 사람의 처지에서는 절실하게 느끼지도 못하고 이해하지도 못하는 현실을 고발해야겠다는 생각이 네 번째 이유입니다.

조심스럽게 한 가지 이유를 덧붙인다면, 생가 부모님께서 못다 하신 숭조상문의 참뜻을 펴고 실천함에 정성을 아끼지 않았다는 나름대로의 자부와 긍지가 이 글을 쓰게 된 동기와 신념의 바탕이 되었습니다.

죄인이 되지 않을 수 없었던 본인의 처지를 이해하는데 도움이 될 것 같아 '주손으로서의 삶'의 몇 가지 단면(斷面)을 간략하게 말씀드리겠습니다.

6·25동란이 발발한 이듬해에 넷째 집의 외아들인 나는 14살의 어린 나이로 큰집에 입후(入后)했습니다. 문중 회의에서 내가 종손으로 결정되던 날, 어머니께서는 어린 아들에게 너무 큰 짐을 지게 했다며 밤을 새워 우셨습니다.

조상님 덕에 음직(蔭職)으로 참봉 벼슬을 제수(除授)받은 할아버지의 상내(喪內)에는 천 명이 넘는 조문객이 쇄도했으며 2개월이 넘는 유월장을 치르면서 손님 접대와 제수 장만에 소까지 잡아가며 법석였습니다. 우리 집의 옛 영광이 돌아온 듯한 착각과 환상 속에서 3년상을 마쳤으나 이로 인한 경제적 부담은 부모님 생전에 벗기 힘겨운 멍에가 되었습니다.

50~60년대는 해방과 6·25동란으로 변혁의 격동기를 거치느라 가난하고 어려운 시기였습니다.

종택은 허물어지고 비가 새고……, 바라보기만 해도 내 삶을 송두리째 짓눌러오는 듯한 중압감을 견디기 힘들었고, 부끄럽고 미안한 마음을 주체할 수 없었습니다.

30년 전 무리를 하면서 고향의 종택을 보수한 후 "이제는 저승에 가서 조상을 뵈올 면목이 있다." 하시며 눈물을 흘리시던 아버지의 모습에서 진정 조상을 받들고 한 가문을 수호하는 데는 감사하는 마음과 지극한 정성이 있어야 하며, 이를 실천할 수 있는 능력이 뒤따라야 된다는 평범하고 당연한 사실을 되새기게 되었습니다.

열세 위(十三 位)의 기제사(忌祭祀), 차사(茶祀), 묘사(墓祀), 대소가(大小家)의 기제사(忌祭祀)까지 합치면 나와 아내가 감당하고 참여해야만 하는 제사가 사십 위가 넘었습니다.

제사 한 위를 모시는데 주부는 최소한 3일간을 골몰해야 합니다. 게다가 빈번한 행사와 가족들의 뒷바라지에 아내는 새벽까지 빨래며 뒤치다꺼리에 골몰하는 경우가 많습니다.

나만을 생각하는 이기심의 팽배와 더불어 핵가족화가 된 오늘날, 종손은 장가들기도 어려운 세태입니다. 맏아들도 기피하는데 하물며 무거운 짐을 지고 족쇄(足鎖)까지 감고 있는 불천위(不遷位) 종손에게 시집을 오겠다는 처녀가 어디 있겠습니까. 그런 용기와 결단은 이 시대와는 거리가 먼 것 같습니다.

사법고시에 합격한 아들놈도 종가의 맏이란 멍에 때문에 물러서서 생각하지 않을 수 없던 현실을 뼈저리게 체험하고 아들놈 장가보내기 전에 아비가 조상의 영전(靈前)에 무릎을 꿇고 살아가는 죄인이 되기로 결심했습니다. 갈등과 죄의식 속에서 번민하던 끝에 고조부와 증조부 내외분의 신주(神主)를 매안(埋安)하기로 결단을 내렸습니다. 그러면서 이 시대에 태어난 자신이 얼마나 원망스럽고 저주스러웠는지 모릅니다.

가슴이 찢어지는 아픔을 삭이면서 양대(兩代) 봉제사(奉祭祀)를 단행(斷行)하지 않을 수 없었던 본인의 생각과 심정을 밝히겠습니다.

예기(禮記)에, "하늘이 변하지 않으면 예도 변하지 않는다.(天不變禮亦不變)"라고 했습니다. 이 말은 하늘이 변하면 예도 변해야 된다는 뜻도 됩니다. 이 말에서 변할 수 있는 대상과 범위와 하늘이란 무엇을 뜻하는 것입니까? 하늘이란 옛날엔 왕조였으나 현대에는 한 세대를 뜻한다고 생각합니다.

아무리 시대가 바뀌어도 인륜(人倫)과 천도(天道)는 바뀔 수 없지만 형식, 방법, 절차의 변화는 필연(必然)이요 당위(當爲)라고 생각합니다. 부모를 사랑하고 공경하며 효도로 섬기는 마음은 변할 수 없으나, 산업사회에 핵가족화 된 오늘에는 효의 실천 방법이 변하지 않을 수 없습니다.

제사도 조상께 감사하는 보은(報恩)의 도리와 존모(尊慕)하는 마음가짐은 변할 수 없지만, 시대의 변화에 따른 형식과 절차의 재고(再考)는 반드시 따라야 합니다. 그러나 시대가 바뀌고 변했다는 구실로 우리의 혼(魂)과 예(禮)의 근본정신을 모독하고 더럽히는 주변의 작태(作態)는 정말 우리를 슬프게 하는 일입니다.

본인의 경우, 종택과 유적을 수호하고 보존하며 제사를 모시는 일은 전적으로 종손인 저의 몫입니다. 저마다 주어진 한 번 뿐인 소중한 삶에서 행복을 추구하는 것은 궁극적인 인간의 욕망이라고 생각합니다. 한 번 뿐인 소중한 삶을 종손이란 이유로, 오직 가문의 수호를 위하여, 돌아가신 조상의 그늘 밑에서 자신을 포기한 삶을 살아가야 한다면 그것은 한 인간에게 너무나 가혹한 일입니다. 크나큰 불행입니다.

이제는 종손도 자신의 삶을 보람되게, 명예롭게, 만족스럽게 영위하면서 책임과 본분을 다할 수 있어야 합니다.

본인은 <종부(宗婦)>에 대한 기사(記事)를 읽으면서, 정말 토로하고 싶은 그 한과 울분은 숨겨둔 채 오만과 위선과 가식에 찬 내용들이 넘치는 것을 보고 분노와 비애를 느꼈습니다. 겉치레나 허례허식의 명분에서 벗어나, 이 시대에 걸 맞는 실사구시(實事求是)의 새로운 자각과 실천이 따라야 된다고 생각합니다.

본인의 결단은, 조상의 제사 모시는 것을 큰 부담으로 생각하는 뿌리 없는 세태의 흐름과는 그 차원이 확연히 다릅니다.

이 글이, 묵수(墨守)는 단절을 초래할 수 있다는 염려와 소중한 정신적 불씨만은 지켜야 된다는 결연한 의지와 함께 다음 세대의 종손에게는 회의와 갈등에 몸부림치면서 한을 삭이며 살아가는 불행한 삶을 승계(承繼)시켜서는 안 된다는 간절한 바람에서 단행(斷行)한 고뇌(苦惱)의 결단이었음을 이해하는 실마리가 되었으면 합니다.

지난날을 돌이켜 보면 고되고 벅찬 많은 일들을 용케 감당해 왔다는 안도(安堵)와 보람에 젖기도 합니다만, 밀지고 살아온 듯한 억울한 마음이 저의 가슴 속 깊은 곳에 응어리져 있음을 문득 깨닫습니다.

"부처를 때려 부셔라."라는 임제선사(臨濟禪師)의 외침은 이 시대에 유림(儒林)을 자처하거나 묵수(墨守)를 고집하는 우리 모두가 되새겨 각성해야 할 올바른 가르침이라 생각합니다.

끝으로 본 상고이유서를 작성함에 지면과 시간 관계상 생략한 말들이 많습니다만, 본인을 포함하여 이 땅 모든 종손들의 입장을 조금이나마 이해하고 아울러 본인의 '죄인'이란 멍에를 풀어주는 단서(端緖)가 되기를 간절히 바랍니다.

(1994. 10)

종손(宗孫)

요사이 맏아들이면 언필칭 '우리 종손'이라고 스스럼없이 말한다. 양반이 범람하고 종손이 넘치는 출신 신분의 도색시대이다. 종손이란 지칭에는 누대(累代)를 이어온 뼈대 있는 집안이란 뜻이 함축되어 있기 때문에 자신의 출신 신분을 높이고 과시하기 위한 표현이라 생각된다.

그러나 진짜 종손은 장가가기도 어려운 고통과 수난의 시대이다. 진짜 종손은 까치부리에 쪼인 상처만 안고 댕그랗게 달려있는 까치밥 같은 존재가 되고 말았다.

모임의 한 친구가 자신의 고향 마을에 초청하여 20여 명이 동행했다. 그 친구는 어릴 적에 고향 마을을 떠났으므로 가까운 친척이 없어서 미리 종가에 부탁했기 때문에 우리 일행을 위해 접대와 안내를 하느라 종손 내외가 수고를 아끼지 않았다.

외롭게 종가를 지키며 봉제사(奉祭祀)와 접빈(接賓)에 골몰하는 종손 내외에게 수고가 많았다는 진심어린 인사도 건네지 못한 것이 부담이 되어 돌아오는 차안에서 그 친구에게 “종가에 폐가 많았다.”고 인사말을 했다. 그랬더니 “돈 20만원 줬다.”면서 이미 계산은 끝났다는 투의 말을 했다. 종손 내외의 수고로움과 종가를 지키는 고생스러움에 미안해하거나 감사한 마음은커녕 민박집에 손님을 안내해 준 듯 생색을 내는 것이 엿보였다.

종손 내외가 손님을 안내하고 접대하면서 행여 범절(凡節)에 흠이 되거나 소홀함이 있을까 염려하고 애쓰는 모습을 보고 느낄 수 있었는데, 정작 종손을 아끼고 격려하고 감사해야 할 지손(支孫)이 종손을 애틋하게 손님을 기다리는 민박집 주인으로 생각하는 마음가짐이 괘씸하고 불쾌했다.

식당의 식대보다 후하게 계산된 것인지는 알 수 없지만, 그날 손님 접대를 위해 종손 내외의 마음 씀씀이는 돈으로 계산할 수 없는 정성과 배려가 스며있다는 사실을 모르는 그 친구를 보면서 종손 내외를 붙잡고 울음이라도 터트려야 후련해질 것 같은 동병상련의 아픔을 느꼈다.

평소 그 친구는 훌륭하신 조상의 후예임을 곧잘 과시했다. 오늘의 고향 방문도 평소의 자랑을 뒷받침하기 위한 행사였음에도, ‘자랑스러운 조상의 향화를 받들고 제택(第宅)을 지키기 위해 직장도 팽개치고 시골에 묻혀 사는 종손 내외'에 대한 대접이 책임과 의무의 짐만 지고 있는 짐꾼이나 민박집 주인 정도라면 그 지손은 조상의 음덕(蔭德)과 명예를 팔아먹는 장사치에 불과하다.

어른들은 "종가가 잘 살아야 자손이 잘 산다. 종가가 못살고 지손이 잘 살면 그것은 정말 잘 사는 것이 아니다."고 곧잘 말씀하셨다. 그러나 그 표현은 인간 사회에서는 실천이 어려운 구두선(口頭禪)이며, 분칠한 위선이란 사실을 진작 깨달았다. 그래도 그 말은 종손에게 위로와 격려가 되었으며, 긍지의 버팀목이 되었다. 하지만 이제는 그런 말조차 들을 수 없다. 물질문명의 소용돌이 속에서 이기심으로 살아가는 각박한 이 시대에 지키고, 어우르고, 다독거려야 하는 종손의 현주소와 미래를 생각하면 위기감을 느낀다.

나는 종손이지만, 종자종손(宗子宗孫)이 아니다. 종손의 맏아들이 종손이 되는 것이 종법(宗法)의 원칙인데 백부 내외분(양부모님)께서 후사(後嗣) 없이 돌아가셨기 때문에 넷째 집 외아들인 내가 종통(宗統)을 이었다. 어릴 적부터 종손으로서의 환경과 견문과 마음가짐의 교육을 거치지 않았기 때문에 오랜 세월을 탈출의 갈등 속에서 방황했다.

종(宗)에는 최초의 맏집(시조)인 대종(大宗)과 대종에서 뻗어 나온 많은 소종(小宗)이 있다. 소종은 5대를 최소 단위로 한다. 엄밀한 의미의 종손이란 호칭은 대종과 불천위(不遷位)를 모시는 장손(長孫)을 말하며 소종의 장손은 주손(胄孫)이라 부른다.

불천위란 국가에 공훈이 있거나 학문과 도덕이 특별한 분에게 조정에서 시호를 내리고 별도로 사당을 지어 자손대대로 영원히 제사를 모시도록 하는 국불천위(國不遷位)가 원칙이다.

영남지방에는 중앙 진출이 어려워지면서 자기 정체성과 보존욕구를 강화하기 위한 방어벽으로 사림(士林)에서 평가하여 결정하는 향불천(鄕不遷)을 만들었다. 업적과 덕목을 공인받은 불천위 조상을 모시는 것은 일문의 영광이며 긍지였다. 요즈음에도 자신의 존재성과 조상의 흔적을 부각시키기 위해, 매안(埋安)한 지 수대(數代)가 지난 조상을 문중에서 불천위로 급조(急造)하는 공인(公認)되지 않은 사불천위(私不遷位)가 탄생하고 있으니, 이는 조상을 욕되게 하는 부끄러운 처사임에 틀림없다.

요사이 말아들이면 언필칭 '우리 종손'이라고 스스럼없이 말한다. 양반이 범람하고 종손이 넘치는 출신 신분의 도색시대이다. 종손이란 지칭에는 누대(累代)를 이어온 뼈대 있는 집안이란 뜻이 함축되어 있기 때문에 자신의 출신 신분을 높이고 과시하기 위한 표현이라 생각된다. 그러나 진짜 종손은 장가가기도 어려운 고통과 수난의 시대이다. 진짜 종손은 까치부리에 쪼인 상처만 안고 댕그랗게 달려있는 까치밥 같은 존재가 되고 말았다.

나는 14살 되던 해에, 할아버지의 유언에 따라 문중회의를 거쳐 나와 동갑내기 딸을 두고 있는 셋째 집 종형을 파양(破養)하고 종손이 되었다. 나의 입양이 결정되던 그날, 자식에게 너무 과중한 짐을 지웠다며 나의 손을 보듬어 잡고 간곡한 당부 말씀과 함께 밤새 흐느끼시던 어머니의 모습을 잊을 수 없다.

나는 어머니의 울음에 영문을 알 수 없었으며, 청승맞고 짜증스러워 귀담아 듣지 않았지만 "조상님께 부끄러운 자손이 되지 마라."는 말씀은 내 가슴속에 새겨져 있다.

우리 집 솟을대문을 드나들며 자신이 판서(判書)라도 된 듯한 우쭐한 감정을 주체하지 못했으며, 아랫마을 일가 잔칫집에 가면 "대감댁 종손 왔다."며 누구보다 반겨주는 환대에 자만심으로 우쭐했다. 친구 집에 가면 친구 부모님의 각별한 대우나 나와 친구가 된 아들을 대견하게 생각하는 표정을 보면서 자만(自滿)과 자존(自尊)을 혼동하는 어리석은 인간이 되었다. 특히 방학 때 도내(道內)의 인척 집을 찾아가면 각별한 대접과 차비까지 챙겨주는 배려에 종손이란 당의정(糖衣錠)에 맛을 들이기도 했다.

옛날엔 서울 양반이 "경상도 불천위 종손은 고을 원님 자리보다 낫다."로 표현할 정도로 위세와 권위가 당당하던 시절도 있었으며 망나니 같은 종손이 살기가 어려우면 "조상 위패 모시고 떠나겠다."고 으름장을 놓으면 지손들이 보종(保宗)이란 명목으로 종손 뒷바라지 해주던 시절도 있었다. 지금은 조상도 계산에 맞지 않으면 멀리하는 세상이다. 텔레비전에 비춰지고, 신문에 이름이 활자화되는 모금에는 앞을 다투어 줄서지만 절실한 위선사업에는 인색하기 그지없다.

나는 철이 들면서 "너는 이 집을 위해서 희생해야 된다."는 집안 어른들의 말씀에 역겨움과 울분을 느꼈으며, 코를 꿰인 채 멍에를 지고 맷돌질하는 당나귀 신세 같은 구속과 속박에 갈등하고 반항하기 시작했다. 옛 범절을 지켜야 된다는 헛된 집착 속에서 분에 넘치는 행사와 봉제사 접빈으로 매년 논밭을 팔아도 채무에 허덕이는 아버지의 고생하시는 모습을 보면서, 썩은 밧줄을 잡고 떨어지지 않으려고 버둥거리는 어리석은 한 장면을 보는 것 같은 안타까움에 변해야 된다는 자각에 몸부림치지 않을 수 없었다.

나는 생업과 직장을 구실로 종가를 지키지 않았다. 종가의 모든 일은 생가의 아버지 몫으로 돌리고 종손이란 굴레와 속박에서 벗어나려고 전전긍긍했는지 모른다. 그러나 인간의 삶에는 모면할 수 있는 것과 없는 것이 있으며, 모면할 수 없는 것을 벗어나려는 어리석음은 소중한 자신을 망가뜨린다는 기막힌 진실 앞에 무릎을 꿇고 당당하고 떳떳한 종손이 되기로 했다. 공직을 마무리하고 고향에 돌아와 종택을 지키며 아들에게 본보기가 되도록 정성을 다한다.

몇 년 전 한 친구가 나와 함께 며칠간 머물다 가면서 "전에는 자네가 무척 부러웠는데 이제는 오히려 측은한 생각이 든다."는 작별의 말을 잊을 수가 없다. 그 말을 듣는 순간 나를 이해해 주는 지기(知己)를 만난 반가움에 왈칵 울음이 터질 것 같은 격정을 참느라 무진 애를 썼다. 편리하고 다양한 지구촌 시대에 종가를 지키는 외로움과 현실을 초탈하려는 버둥거림과 매사에 신경을 쓰며 살아가는 모습이 측은하게 느껴졌을지 모르지만, 종가를 지키는 사람은 오히려 긍지와 숙명으로 생각한다.

나라를 빼앗긴 치욕 속에서, 6.25의 전쟁과 무분별한 물질문명의 밀물 속에서 우리의 정신과 전통을 지켜온 자랑스러운 종가가 있으며, 급변하는 이 시대에 둥지의 역할로 소임을 게을리 하지 않은 종가도 있다. 종손의 인고와 희생이 밑거름이 되어 종가는 자손들에게 긍지와 자부심을 일깨워주고 가문의 표상(表象)이 되었으나 이제 종법은 허물어지고 종손은 없어지는 시대를 맞이했다.

한 번 뿐인 소중한 저마다의 삶이다. 이 소중한 삶을 조상의 그늘 밑에서 종택을 지키며 살아가는 종손의 삶은 비참하다. 명망 있는 선조의 종손이란 허세와 허울에 만족하며 살아가는 것은 이 시대에 참된 종손이 아니다. 만약 선대 조상의 영혼이 계신다면 고통과 고독을 삭이며 낙오자가 되지 말고 뛰쳐나가서 노력하고 정진해서 충만한 삶을 꾸리라고 호령이 떨어졌을 것이다.

우리 민족의 정신사에 선도적 역할을 한 자랑스러운 종가는 국가적 차원에서 보존·유지되어야 한다. 그러기 위해서 종손의 지위와 권한과 책임과 승계에 대한 새로운 정립이 절실하다. 짐꾼이나 민박집 주인 같은 존재가 아닌, 소중한 삶을 보람차고 충만하게 영위할 수 있는 능력과 열정을 가진 사람이 종가를 지키는 새로운 종손상을 그려본다.

(1997. 10)

전통의 뒤안길

전통혼례를 치르려는 신랑신부의 마음가짐은 가상하고 아름답지만, 혼례식만 얼기설기 흉내 내고 황급하게 신혼여행을 떠난다.

하지만 신혼여행 기간을 단축하여 하루 늦게 출발하더라도 신혼초야는 여관이나 호텔에서 뭇사람들이 사용하던 침구 속에서 맞이할 것이 아니라 처가에서 딸자식의 행복을 기원하며 정성스럽게 마련한 원앙금침 속에서 맞이했으면 하는 바람이 간절하다.

시대와 세속의 변화를 쫓아, 깊은 뜻과 살뜰한 보살핌과 알뜰한 정을 전통의 뒤안길에 묻어 버리기엔 너무도 아쉽고 허전하다.

시골 종택(宗宅)이 퇴락한 모습으로 20년 넘게 허울뿐인 문화재로 버티어 오다가 1996년부터 띄엄띄엄 5, 6년에 걸쳐 복원은 염두(念頭)도 내지 못낸 채 보수가 완료되었다.

보수공사에 아쉬운 점도 있고, 문화재 관리에 비판적인 시각도

사랑채

있지만 개인의 능력이 미치지 못하는 보수가 완료되고 보니, 문화재로서 단순한 개방에 앞서 적극적인 활용과 봉사의 방안이 없을까 곰곰이 생각해 보게 되었다. 그러던 중 평소 향교나 예식장에서 양두구육(羊頭狗肉)식으로 전통혼례가 치러지는 광경을 보고 아쉬운 생각을 해오던 터라 1년에 3, 4회 정도 전통혼례식장으로 제공하기로 군청 관계자와 협의하여 들뜬 마음으로 군보(郡報)에 게재하여 홍보했다.

그러나 2년이 넘도록 희망자가 없다. 풍문에 의하면 문화원 예식장에서는 이따금 전통혼례가 치러지는 모양이나 신청자가 없어서 전통혼례장 제공이란 조그마한 나의 봉사의 염원은 무산되고 말았다.

요즈음 결혼식이라면 응당 시장판 같은 예식장에서 치러지는 것이 풍습이 되고 말았지만, 우리 세대에는 신부는 연지 찍고 곤지 찍고 족두리 쓰고 활옷 입고, 신랑은 사모관대(紗帽冠帶)하고 신부 집 마당에서 차일(遮日)치고 병풍 둘러놓고 예식 치르는 전통혼례가 반반으로 치러졌다. 그래서 혼례가 구식으로 치러졌는지 신식으로 치러졌는지에 대한 물음이 곧 잘 있었으며, 답변에 따라 상대방의 가정환경을 이해하는 잣대가 되기도 했다.

내가 장가가던 날, 아랫마을에도 장가가는 일가 청년이 있었다. 신행길을 먼저 나서야지 선(先) 신행길을 빼앗기면 복을 빼앗긴다며 새벽에 길을 재촉하시던 어머니의 성화에 못 이겨 건장한 체구의 함지기 하인 양이(우리는 앵이라고 불렀다)를 앞세우고 아직도 추위가 가시지 않은 음력 2월 5일의 차가운 새벽공기를 마시며 동리 앞 들길을 벗어나던 추억은 한 편의 희극을 연상하게 한다.

초례청(醮禮廳)에서 절 몇 번 한 기억밖엔 없지만, 처가 아래채에서 맞이했던 첫날밤 신방 원앙금침의 따스하고 포근했던 감촉이 아직도 소록소록 되살아난 듯 황홀한 꿈속을 헤매곤 한다.

드물지만 요즈음도 전통을 따르겠다며 전통혼례를 치르는 신랑 신부가 있다. 그들의 마음가짐은 가상하고 아름답지만, 역시 혼례식만 얼기설기 흉내 내고는 황급하게 신혼여행을 떠난다. 신혼여행 기간을 단축하여 하루 늦게 출발하더라도 신혼초야는 여관이나 호텔에서 뭇사람들이 사용하던 침구 속에서 맞이할 것이 아니라 처가에서 딸자식의 행복을 기원하며 정성스럽게 마련한 원앙금침 속에서 맞이했으면 하는 바람이 간절하다.

시대와 세속의 변화를 쫓아 깊은 뜻과 살뜰한 보살핌과 알뜰한 정을 전통의 뒤안길에 묻어 버리기엔 너무도 아쉽고 허전하다.

자랑스럽고 훌륭한 전통 예식장으로 봉사하겠다고 경제적인 부담과 번거로움, 사생활의 불편을 각오하면서 전통 혼례장으로 제공하겠다고 자청하였음에도 희망자가 없는 까닭은 하객을 접대하는 시설이 없고 교통이 불편한데 있다고 판단된다. 어차피 전통혼례는 흉내만 내면 되는데, 편리한 세상에 굳이 고생하고 안달할 필요가 없다는 판단이라 생각한다.

옛날엔 진심으로 축하하는 가까운 인척과 이웃이 모여 잔치에 필요한 술이나 묵, 떡으로 상부상조를 했는데, 청첩장이 고지서가 되어버린 오늘의 세태가 부끄럽다. 뒤안길로 사라져버린 상부상조의 끈끈하고 사려 깊은 인간관계의 정과 세심한 배려에 심한 갈증을 느끼지 않을 수 없다.

전통혼례에 의하면 신방(新房)은 신부 집에 마련된다. 신방은 위치에 따라 한쪽에 병풍이 처지고 황촉(黃燭)이 밝혀진다. 원앙금침을 방 서쪽에 펴는데, 신랑의 자리는 신부의 동쪽에 펴고 신부의 자리는 신랑의 서쪽에 편다.

그러나 대개의 경우 이부자리는 한 벌만 펴고 베개는 둘이 함께 베도록 기다란 장침(長枕)을 마련했다. 신방에는 신랑신부가 나누어 먹도록 음식을 차린 합환주(合歡酒) 상이 들어간다. 신랑신부가 일단 신방에 들어간 뒤에는 하인이든 누구든 거들기 위하여 들어가지 않는다.

신방보기와 신랑 달아먹기는 전통혼례의 뒤안 광경이라 할 수 있다. 신방보기는 신랑신부가 신방에 들어간 이후 침 바른 손가락으로 창호지문에 구멍을 뚫고 신방을 엿보는 장난으로 처음 합방하는 어린 남녀가 이변(異變)이 있을까 염려하여 비복(婢僕)이 지키는 것이었으나 장난기 있는 아녀자들과 사내아이들까지 합세하여 '엿보기'의 큰 구경거리로 변모했다. 신방의 문이란 문은 침 바른 손가락구멍으로 온통 벌집 모양이 된다. 신방보기는 즐거워야 할 신혼부부의 단꿈을 깨는 일이며 남의 자리를 호기심으로 채웠으며, 행과 불행을 중화시키는 완충적 역할을 했다. 아마 지금도 신방보기가 자행된다면 사생활 침해 사범으로 고소판이 벌어지고도 남을 것이다.

신방보기를 상상하면 짜릿한 전율과 함께 친척 딸네가 시집가는 날이면 어김없이 나타나 수다를 떨며 법석이던 청상과부인 K

아주머니를 잊을 수 없다. K아주머니는 6·25사변이 발발한 그 달에 결혼했다. 하지만 서울에서 대학에 다니던 남편이 의용군으로 징집되어 그만 생과부가 되어버렸다. 부부의 정은 물론 남편의 얼굴조차도 뚜렷하게 기억할 수 없는 처지다. 지금 70고개를 넘어선 K아주머니는 딸 하나를 입양하여 출가시키고 조카를 양자로 들여서 봉제사 받들며 열심히 살고 있다. 좁은 문구멍으로 신방을 들여다보면서 침을 삼키며 넋 잃은 듯한 K아주머니의 모습을 연상하면서, 지금까지 수절하며 곁눈질하지 않고 살아온 것이 '신방보기'를 통한 한풀이와 '대리만족' 덕택이 아닌가 생각해본다.

촛불 꺼진 캄캄한 신방에서 부스럭거리며 이불이 스치는 소리에도 비약하던 상상과 함께 흥분을 감추지 못하던 사춘기 나의 설렘은 K아주머니의 아픔을 짐작하기엔 너무나 유치하고 사치스러웠다는 죄책감을 느낀다.

용변을 보는 사람을 위해 주위에 있는 사람이 피해 주는 것을 못 본 체 눈감아 주는 것은 예로부터 공중도덕의 하나이다. 소변 보는 일을 한문에 소피(所避)라고 하는 이유가 이러하듯이 신방보기는 성적인 본능 욕구를 풀어주는 공인된 행사였다.

'신랑 달아먹기'는 남의 동네 신부를 독점하고 데려가는 신랑을 도둑으로 몰아 신랑의 발을 걸어놓고 마른 명태나 방망이로 발바닥을 두들겨 패는 장난이다. 신부 측 인척 남정네들이 인정사정

없이 패는 시늉을 하면 신랑도 아픔을 견딜 수 없다는 듯 고통을 호소하고, 그러면 신부의 어머니나 신부 가까운 친척 아주머니가 주안상을 차려오면 한 장면이 끝나지만 술이나 안주가 떨어지면 또 계속되다가 흡족한 접대를 받아 만족해야 끝난다. 간혹 신랑 달아먹기의 본래 의미를 잘 모르고 오직 장난으로만 여겨 심하게 다루다가 사고로 신랑이 불구가 되거나 목숨을 잃는 경우도 없잖아 있었다고 한다. 본래 이 '신랑 달아먹기'는, 긴장한 새신랑의 발바닥에 있는 용천혈을 자극하여 혈액순환을 도와 첫날밤을 원만하게 치를 수 있도록 하려는 배려에서 시작된 지혜로운 풍습이다. 이런 지혜와 함께 우리는 전통의 뒤안에서 현실적으로 금기(禁忌)된 욕구를 채울 수 있었고, 고단한 삶속에서도 여유와 해학을 가지고 살아 왔으나 오늘의 우리들에겐 이러한 삶의 흥취가 없어 많이 안타깝다.

내가 고향집을 1년에 3,4회 정도 전통 혼례장으로 제공하려는 것은 전통을 따르려는 젊은이들에게 향교와 같은 기관, 예식장이 아닌 신부집 마당에서 혼례가 치러졌다는 사실 인식부터 올바르게 심어주어야겠다는 조그마한 바람이었다.

전통을 피상적으로 흉내만 낼 것이 아니라, 전통의 뒤안까지 살펴서 잃어서는 안될 소중한 유산을 오늘에 접목시키는 지혜와 노력이 우리의 정체성을 확립하는 길이라 생각한다. (2001. 5)

대도무문(大道無門)

임제 선사가 "부처를 죽여라." 한 것은 부처를 뛰어넘으란 말이다. 부처 때문에 장애가 되어서는 안 된다는 말이다. 본말(本末)을 전도하는 미망과 집착에서 벗어나 근본을 알고 지엽적인 것을 초탈하는 지혜와 관용과 사랑이 있어야 대도무문의 뜻을 바로 새기고 실천할 수 있다고 생각한다. 우리 함께 미망(迷妄)과 아집(我執)을 뛰어넘어 거리낌 없이 갈 수 있는 넓은 길을 바라보자고 외치고 싶다.

마음이 옹졸하면 바늘 하나 꽂을 자리 없지만, 마음이 넓어지면 온 우주가 들어가도 오히려 남음이 있다고 했다.

K교수는 올곧은 학자로서 주위에 많은 분들로부터 존경과 명망(名望)을 받는 이 시대의 참된 선비다. 그는 옛 성현들의 가르침에서 배움을 찾고 우리의 전통과 습속을 지키는데 고집스럽고 외곬수다.

오랜만에 만나 안부 묻기가 바쁘게 "어느 불천위(不遷位) 종가의 종부(宗婦)가 지병으로 고생하고 있었는데, 예수교를 믿으면 병이 낫는다는 말을 듣고 교회에 다니더니 우상숭배는 죄악이라며 조상 제사를 모시지 않아 한 문중이 망했다."며 비분강개(悲憤慷慨) 한다.

K교수의 분노와 탄식 어린 이야기를 듣고 있던 L형이 득의만만한 표정을 지으며 자기 집안에서 겪었던 성공사례를 소개했다. "서울에 살고 있던 당숙이 돌아가셔서 고향의 선산(先山)에 모시는데, 독실한 기독교 신자인 맏상주가 기독교식 장례절차를 고집했다. 그래서 집안사람들이 장례에 참석하지 않겠다고 맞섰더니 상주가 고집을 꺾어 무사히 장례를 치렀다."는 것이다. 요즈음 우리들 주변에 일어나고 있는 종교와 전통의 갈등이요, 맹신(盲信)과 집착(執着)이 불러온 비극이다.

신앙과 양심의 자유가 보장되는 이 시대에 특정 종교를 비난하고 배척하는 태도와 우리의 전통과 정신적인 소중한 유산을 팽개치는 마음가짐이 안타깝기만 하다. 서로가 근본과 본질을 망각한 채 지엽적인 사실에 집착하고 있다는 생각에 공허한 아픔을 느꼈다.

종교도 전통도 인간이 만든 것이란 엄연한 사실을 직시해보면 이러한 갈등은 해소되고 융화될 수 있다는 생각을 하면서 '대도무문(大道無門)'이란 가르침을 새겨본다.

대도무문이란 사람으로서 행해야할 당연하고 마땅한 도리에는 거리낌이 없다는 뜻이다. 종교에서 말하는 사랑이나 자비는 이러한 갈등과 괴리를 메우고 다독거려 융화시켜 올바르게 인도하여야 함에도 현실적으로는 우리의 전통과 소중한 정신적인 유산을 매도하고 파괴하고 팽개침으로써 가정과 사회에 불화와 갈등을 야기시키는 것은 참된 신앙이 아닌, 미망(迷妄)과 이기심에 집착한 어리석음이라 생각한다. 제사는 조상에 대한 보은과 감사의 표시이다. 인성의 근본인 감사하는 마음을 져버리는 것은 신앙인은 물론 인간됨을 거부하는 태도이며, 불씨같이 소중한 정신적 유산을 팽개치는 것은 자신을 말살하는 어리석고 못난 행동이다.

교회에서는 모범적인 신앙인인지 모르지만 가정에서는 지혜롭고 현명한 주부가 되지 못한 어리석은 종부가 못내 안타깝고 측은하다.

L형이 말한 반란을 평정한 듯 자랑 섞인 이야기의 경우는 신앙인으로서는 아무런 잘못이 없다. 집안 어른들의 반대를 수용한 자세가 돋보인다. 전통만을 고집하는 문중과 집안 어른들의 이해와 수용이 아쉽다. 선대의 조상들이 잠들어 계시는 선산에 유택을 마련하러 왔는데 장례절차와 의식을 문제 삼아 장례에 참석하지 않겠다는 것은 죽은 사람에 대한 도리가 아니다. 서로가 앙금을

남기지 않고 해결될 수 있었다는 아쉬움이 남는다.

6.25 사변이 정전(停戰)이란 이름으로 종전되는 해, 우리 동네와 인척이 된다는 문씨 성을 가진 전도사가 퇴락한 집 한 채를 빌려 교회당을 차려 놓고 선교활동을 했다. 그 당시 교회에 가면 서양 사람들이 입던 헌 옷이나 분유가루, 과자 등 소위 구호물자를 나누어 주던 시절이었다. 전쟁 후라 물자가 부족하고 생활이 곤궁하여 신앙보다 구호물자를 받기 위해 교회에 가는 사람이 많았다. 종교가 무엇인지 믿음이 무엇인지 모르는 아랫마을 일꾼들의 아낙과 아이들이 밤마다 불러대는 찬송가와 문 전도사의 광기어린 외침에 온 동네가 조상의 향화(香火)마저 모시지 못하는 말세를 맞이한 양 전전긍긍하고 있었다.

나는 기독교의 교리(敎理)를 알지 못했지만 죄를 지으면 지옥에 가고 착한 일을 하면 천당에 가고, 조상제사를 받들면 안되는 정도로 기독교를 이해했다. 우리 몇몇들은 조상 제사를 받들지 않는 불경한 죄인이 되어서는 안된다는 두려움에 임시 교회를 습격하여 몽둥이로 해산을 시키고 우리 마을에서 영영 교회를 쫓아냈지만 신앙의 자유를 방해한 죄목으로 고발당했다. 만만치 않은 양반동리의 어린 학생이라 흐지부지되고 말았지만 예수교를 알아야겠다는 생각에 성경을 접하는 계기가 되었다. 철없는 소년시절 교회에서 난동을 부린 멍든 추억은 지옥을 연상케 하는 두려움이 되었다. "신은 있다고도 할 수 없고 없다고도 할 수 없다. 고로 없다고 생각하는 것이 마음 편하다."는 칼 야스퍼스의 말을 나를 위한 변호라 생각하며 엉거주춤한 무신론자로 살아간다.

어느 집 며느리가 제사를 모시기 싫어 예수교인이 되었다는 이야기들이 심심찮게 회자(膾炙)되고 있다. 특정 종교의 교리와 인성을 모독하는 말이다. 갈등의 골을 메우고, 치유하고, 변주(變奏)하는 데는 대도무문의 뜻을 올바로 이해하고 실천하는데 있다.

K총장의 농담어린 진솔하고 거침없던 이야기가 생각난다.

K총장은 세계적인 물리학자이며 유가(儒家)의 전통을 숭상하며 옛 성현의 가르침을 실천하는데 앞장선 분이다. 그의 동생은 이름이 알려진 과학자이며 기독교계에 지도적 위치에 있었다. 서로의 신앙 때문에 생기는 불화나 갈등은 없느냐고 물었더니, "동생이 예수교를 믿으라고 전도하면, 우리 조상들은 예수를 믿지 않아서 천당에 못 가셨을 터이니, 나는 저승에서 조상을 뵙고 싶어 예수교를 믿을 수 없다."고 농담어린 말로 받아 넘기면 형제는 같이 웃고 만다는 것이다. 서로의 신앙과 생각이 충돌하거나 반목하지 않고 살아가는 모습이다.

신앙을 통해서 현실의 행복과 정신적인 안정과 평온을 기원하고 내세(來世)에 천국에서 영혼의 행복을 몽상(夢想)한다. 기원하고 꿈꾼다는 것은 가치 있고 아름다운 것이다. 그러나 현실의 행복은 자신의 마음가짐에 있으며, 내세의 천당과 지옥은 신이 판정하기에 자각하는 사람이 참된 신앙인이라 생각한다. 신앙은 완성을 향해서 끊임없이 자신의 허물을 벗겨가는 자각행위인 것이다.

예수주의가 되고 석가주의가 되고 공자주의가 되어버리면 우리의 육체와 정신은 갈기갈기 찢어지고 문드러진 만신창의 모습이다. 임제 선사가 "부처를 죽여라." 한 것은 부처를 뛰어넘으란 말이다. 부처 때문에 장애가 되어서는 안 된다는 말이다. 본말(本末)을 전도하는 미망과 집착에서 벗어나 근본을 알고 지엽적인 것을 초탈하는 지혜와 관용과 사랑이 있어야 대도무문의 뜻을 바로 새기고 실천할 수 있다고 생각한다. 우리 함께 미망(迷妄)과 아집(我執)을 뛰어넘어 거리낌 없이 갈 수 있는 넓은 길을 바라보자고 외치고 싶다.

마음이 옹졸하면 바늘 하나 꽂을 자리 없지만, 마음이 넓어지면 온 우주가 들어가도 오히려 남음이 있다고 했다.

일회성(一回性)의 여행증명을 가지고 도착한 현실의 삶을 조화롭게 살다가 여유롭게 죽고 싶다. "만물이 어울려 자라되 서로 해치지 아니하고 도가 어울려 행해지되 서로 어긋나지 않는다."는 중용(中庸)의 가르침이 떠오른다.

(2004. 11.)

불이문(不二門) 앞에서

우리네 성현들은 때로는 자신의 죽음까지 예견하고 그 죽음을 준비했다고 한다. 이것은 자신의 인생을 자신이 책임진다는 뜻이다. 삶의 끝자락에 이어져있는 죽음은 삶의 일부이자 삶의 완성이다. 어떻게 죽느냐 하는 것은 어떻게 사느냐와 같은 뜻이 아닐까? 그러기에 삶을 진심으로 사랑한다면 죽음까지 사랑해야 한다.

삶의 기지개가 시작되는 아침 출근길. 분주히 움직이는 인파를 바라보면서 엉뚱하고 잔망스럽게 죽음을 생각한다. 고고(呱呱)의 울음과 함께 죽음을 담보로 시작한 삶이 숙명을 망각한 채 바동거린다. 이렇듯 부릅뜨고 줄타기하듯 살아가는 우리들의 모습에서 숙연한 연민의 아픔이 배어 온다. 닭이 먼저인지 달걀이 먼저인지 속단(速斷)할 수 없는 수수께끼같이 결국 삶이란 죽음을 포괄해서 생각하지 않으면 안 된다는 자각에 빠져 “생사는 본래 없는 것이

거늘 사람들은 망령되게 있다고 한다.(生死本無,妄計爲有)"는 보국조사 지눌의 법어(法語)를 되씹어본다.

어제 일요일, 신장병으로 5년 동안 투석하며 투병하고 계시는 장모님의 유택(幽宅)을 마련하기 위하여 지관(地官)을 대동하고 처가 선산(先山)을 둘러보러 가는 길에 우리 내외 묏자리도 봐두어야겠다는 욕심에 아들 셋을 데리고 갔다.

출가한 딸 하나뿐인 장모님 처지에 유택을 마련한다는 것은, 훗날 잡초만 무성한, 돌보는 사람 없는 무덤이 되어 오히려 불경스러운 일이 되지 않을까 하는 염려에서 화장(火葬)하여 산골(散骨)하자고 제의했더니 아내가 몹시 서운해 했다. 그런 아내의 심정을 헤아려 유택을 마련하기로 한 것이다.

지관을 대동한 것은 명당자리를 잡아 발복(發福)을 바라는 허황하고 가당찮은 욕심이 아니다. 나보다 산을 알고 땅을 아는 사람의 도움이 필요했으며, 세 아들과 함께 한 것은 미래의 상주(喪主)인 그들이 주관해야 할 일일뿐 아니라 죽음을 올바르게 안다는 것은 삶을 소중하게 생각하고 가꾸는데 도움이 되리라는 기대 때문이었다.

태연하고 당당하게 아내에게 다녀오겠다고 인사를 건넸지만 죽음과 삶의 덧없음을 생각하며 감정에 흔들림이 있지 않을까 하는 불안과 두려움이 내 마음 깊은 곳에 자리 잡고 있었다. 처가 선산에서 지관의 조언을 참작하여 장모님 유택의 위치를 결정하고 오후에 고향의 선산에 들러 아이들과 함께 평소 생각해 두었던 두 곳을 답사하면서 지관의 의견을 들었다.

늦은 오후, 저녁노을을 바라보며 산을 내려왔다. 떠날 때 행여 마음에 흔들림이 있을까 조바심을 가졌으나 내 마음은 바람 한 점 없는 호수같이 일말의 흔들림도 없었다. 평생토록 한 번도 느껴보지 못한 안도와 편안함에 취한 기분이었다. 무슨 조화일까? 생각을 더듬다 문득 40여 년 전 10살짜리 어린 나에게 비춰진 할아버지의 모습이 떠올랐다.

우리 집 대문간 방에는 까맣게 옻칠한 윤기 나는 할아버지의 관(棺)이 자리 잡고 있었다. 나에겐 그 관은 공포와 두려움의 대상이었다. 할아버지께서는 작은 사랑채에 들르시던 일이 있으시면(지금 생각해보니 당신의 관을 어루만지고 싶어 작은 사랑채에 자주 들르셨던 것 같다) 대문간 방의 문을 열고 관을 어루만지시다가 넋 잃은 듯 탈속한 듯 내려다보곤 하셨다.

허허로운 모습에 섬뜩한 두려움과 함께 갈 길이 멀지 않은 할아버지의 망령(亡靈)든 행동으로 생각했다.

이제 돌이켜 곰곰이 생각해보니 아둔하고 어리석은 나의 글재주로는 표현할 수 없지만 그때 할아버지의 심경이 지금 나의 심경이 아닐까 생각해본다. 비록 어리고 철없던 시절의 생각이었지만 할아버지의 영전에 그때의 불경을 사죄드린다.

내가 죽음과 처음 마주친 것은, 돌도 지나지 않은 젖먹이 어린 것을 두고 친정에서 장질부사(그때는 열병이라 했다)로 떠나간 누님의 죽음이었다. 그때 일곱 살의 철부지 어린 나는 누님의 시신(屍身)이 건넛방에 누워있는데 유성기(留聲機)를 틀어놓고 노래를(무슨 노래였는지는 기억에 없다) 듣다가 아버지께 호되게 매를 맞았다. 그날 이후 죽음 앞에 선 꼭 눈물을 흘리며 울어야 한다는 것에 대해 야릇한 거부반응을 안고 살아왔다.

너무 우스워서 허리를 움켜쥐고 한참 웃다보면 뱃가죽이 당겨오는 아픔을 느끼고 자신도 모르게 눈물이 나와 있는 것을 느낀다. 기쁨이 곧 슬픔이요 슬픔이 곧 기쁨이다. 이렇게 기쁨과 슬픔이 한계를 잃고 한마당으로 융합되는 것이 삶의 이치인데, 누님의 죽음 앞에 바친 유성기의 노래는 멋진 내 나름의 장송곡(葬送曲)이었다는 아쉬움이 떠나지 않는다. 나는 예수교와는 먼 거리에 있지만, 찬송가를 부르며 죽은 사람을 애도(哀悼)하는 장례 광경을 보면서 나도 죽으면 저렇게 가고 싶다는 충동에 가슴 설레었는지 모른다.

우리 재래의 전통상례(傳統喪禮)에는 우는 데도 법도(法道)가 있다. 조객(弔客)을 맞이하면서 상주가 예(禮)로써 하는 울음을 예곡(禮哭)이라 하고, 때때로 슬픔에 북받쳐 우는 애곡(哀哭), 식음을 전폐하고 가슴이 터지도록 아프게 우는 것을 통곡(痛哭)이라 한다.

죽음이 이 세상에서 가장 아름다운 이별일진데, 소란한 울음은 피하는 것이 좋다고 생각한다. 마음 속으로 이별을 아쉬워하다가 때때로 슬픔에 북받쳐 우는 애곡(哀哭)이 합당한 슬픔이 아닐까 이런 생각을 하다 보니 짓궂게도 아내의 죽음 앞에 독을 두드리며 춤을 춘 장자(莊子)의 고사가 생각난다.

어머니가 돌아가셨을 때 처음으로 시신을 대했다. 죽음은 추하고 무섭고 어둠의 장막에 가려진 단절(斷絶)로 알았으나, 깊은 잠에 드신 듯 평안한 모습으로 누워계시는 어머니 시신을 뵈오면서 안도와 평화와 축복을 느꼈다. 나와 나의 아이들은 장례날까지 어머니의 시신을 평소와 같이 함께 자리를 했으며, 죽음의 참모습을 가르쳐주신 부모님께 감사하는 마음을 간직하며 살아간다.

살아있는 사람의 마지막 욕심은 죽음 복(福)이다. 자기 집 아랫목에서 천수(天壽)를 다하고 죽는 것을 고종명(考終命)이라 한다. 옛날엔 고종명을 인간이 누리는 다섯 가지 복 중에 하나로 꼽았지만 지금도 죽을 때 고통 없이 오래 고생하지 않고 자식들에게 부담주지 않고 깨끗한 모습으로 죽는 것을 소망한다. 그러나 이익과 편리만을 추구하고 이기심에 사로잡혀 생각이 뒤집히고 눈과 귀가 멀어 미치광이가 되어 살아가는 현실의 삶 속에서 참담하고, 원통하고, 부끄러운 죽음이 판을 치고 있어 죽음은 참혹하고 추한 모습으로 각인되고 있다. 살아생전의 모습대로 죽는다는 가르침이 새삼 옷깃을 여미게 한다.

방귀의 구린내가 방안의 매화분(梅花盆)에 오염될까 염려하여 매화분을 창밖으로 옮기게 했다는 퇴계 선생의 임종의 모습은 사람과 죽음을 꿰어놓은 한 편의 경전(經典)을 대하는 듯하다.

우리네 성현들은 때로는 자신의 죽음까지 예견하고 그 죽음을 준비했다고 한다. 이것은 자신의 인생을 자신이 책임진다는 뜻이다. 삶의 끝자락에 이어져 있는 죽음은 삶의 일부이자 삶의 완성이다. 어떻게 죽느냐 하는 것은 어떻게 사느냐와 같은 뜻이 아닐까? 그러기에 삶을 진심으로 사랑한다면 죽음까지 사랑해야 한다.

장자(莊子) 외편(外篇)의 한 구절을 적어본다.

"삶도 죽음의 동반자요, 죽음은 삶의 시작이니 어느 것이 근본임을 누가 알랴. 삶이란 기운의 모임이니 기운이 모이면 태어나고 기운이 모이면 죽는다. 이와 같이 삶과 죽음이 같은 짝이 됨을 안다면 무엇을 근심하랴.(生也死之徒 死也生之始 孰知其紀人之生 氣之聚則爲死 若死生爲徒 吾又何患)"

(1994. 3. 18)

쌍놈 제사지내는 법

양반제사와 쌍놈제사란 신분의 귀천과 제수에 의한 구별이 아니라 감사하고 공경하고 정성을 다하는 정신에 있다. 감사하고 공경하고 정성을 다하며 할배 돌, 할매 돌을 소중히 모시는 용수 집 제사가 진정한 양반제사이며 우리가 본 받아야할 마음가짐이라 생각한다.

오래간만에 친구 K가 방문했다. 인사는 팽개치고 겨자 씹은 표정을 지으면서 '세상은 말세'라는 말만 되풀이 한다. 하긴 예측불가능의 말세를 살아가는 것이 인간인데 새삼 놀랄 일도 아니란 생각에 덤덤하게 사유를 물어보았다.

내용인즉 오래간만에 우의를 다지자는 고등학교 동기인 친구의 초청으로 여섯 명이 모여서 그 친구의 집에서 go-stop판이 벌어졌단다. 자정쯤 그 집 주인이 볼일이 있다고 나갔다가 들어오면서 갖가지 중국요리가 가득한 상을 차려 와서 과분히 접대하는 것에 모두들 어리둥절하고 있는데 "사실은 오늘 우리 아버지 제사인데 많은 음식을 처분하기 위해서 친구들을 초대했다."면서 자기 집에서는 번거롭게 제수를 장만하지 않고 음식점에 부탁해서 한식, 양식, 중식을 매년 번갈아 마련해서 부모님이 여러 나라 음식을 드시도록 배려한다면서 자랑스럽게 이야기를 하더란 것이다. 순간 둔기로 머리를 맞은 듯한 아찔한 현기증과 함께 까맣게 잊어버린 채 묻혀있던 유년기에 한 삽화가 소꿉장난하다가 사금파리에 손가락이 찔려 흐르던 붉은 핏방울 같이 선명하게 되살아났다.

나보다 한두 살 위인 용수라는 이름으로 기억되는 까무잡잡한 피부에 야무지고 당찬 아이가 거인(巨人)의 모습으로 다가섰다. 용수는 성(姓)은 알 수 없지만(성을 들은 일이 없다) 망아지라는 이름으로 불리던 우리 집 일꾼의 아들이다. 나와는 별로 어울리는 일이 없었으나 그날은 우연하게 그의 집에 갔다. 울퉁불퉁한 흙벽의 좁은 방 시렁 위에 땟국이 흐르는 이불 한 채가 덩그렇게 얹혀 있었고, 반대편 모퉁이에 짐승의 형상 같기도 하고 사람의 모습 같기도 한 어른의 손바닥만한 검은 돌 두 개가 놓여 있었다. 신기하게 생각되어 무슨 돌이냐고 물었더니 "너그 집에는 신주(神主) 모시고 제사지내지만 우리 집에는 저 돌을 모시고 제사지낸다. 큰 것은 우리 할배 돌이고, 작은 것은 우리 할매 돌이다."면서 자랑스럽게 뽐내는 태도로 설명했다. 돌 놓고 제사 지내는 처지에 거들먹거리는 용수의 태도가 얄밉고 측은하게 느껴졌다.

교의(交椅)에 신주를 모시고 크고 높은 제상(祭床) 위에 여섯 가지 이상의 과일이 놓여지고, 휘황하게 촛불을 켜놓고, 갓 쓰고 도포 입은 어른들이 즐비하게 서서 축을 읽고 잔을 올리고 절을 해야 진짜 제사 모시는 것이지 돌 놓고 지내는 제사는 엉터리 가짜배기란 나의 설명에 용수는 자기 집 제사가 진짜라며 금방 울음을 터트릴 것 같은 기세로 항변했다. 결국 용수와 나와의 어렵사리 이루어진 만남은 어린 용수의 마음에 앙금을 남겼으며 나에겐 가당치도 않은 웃음거리로 망각의 심연(深淵)에 잠겨 버렸다.

40여 년의 세월을 망각의 심연 속에 묻혀있던 어린 시절의 삽화가 문득 깨달음의 전기가 되어 내 가슴 속에 감동의 격랑으로 다가왔다.

나는 직장 따라 타관에서 생활하느라 고향의 종택과 재산 관리와 제사를 비롯한 모든 일은 생가(生家)의 부모님께서 대신해 오시다가 아버지 연세가 일흔 되던 해에 종택과 농토는 먼 친척에게 맡기고 합거(合居)했다.

여섯 칸짜리 작은 한옥에서 삼대(三代)가 함께 생활하면서 부모님의 자애로운 보살핌과 어린 아이들의 재롱이 어우러져 가족의 소중함을 느낄 수 있었으나 좁은 마루에 호마이카상을 펴놓고 지방(紙榜)을 붙여놓고 제사를 지낼 때마다 조상님께 죄송하고 부끄러운 마음에 고문을 당하는 심정이었다. 특히 고향 종택의 사당에 계시는 신주(神主)를 벽감(壁龕)이라도 마련하여 모시지 못하여 하늘 아래 둘도 없는 죄인이 된 두려움과 갈등과 자괴심에서 헤어나지 못하고 몸부림치고 있는 처지라, 놀음판 벌여놓고 음식점의 요리로 제사를 모실만큼 타락하지는 않았다는 자위(自慰)와 함께 유년기의 용수의 삽화가 탈출의 계시(啓示)가 되었다.

나는 상사람 제사지내는 것을 목격한 일이 없다. 유씨집 하인이 주인집 축문을 외워 자기 아버지 제사에 축을 외우면서 축머리에 '유세차'란 성씨를 표시한 것으로 짐작하고 자기 성을 따라 '김세차~~'라 했다든지, 쌀이 없어 꽁보리밥으로 제사를 모시는데 삽시(揷匙)하니 찰기가 없어 숟가락이 넘어지니 "논 한 마지기 물려준 것 없으면서 보리밥이라고 싫다고 한다."는 등의 익살스러운 이야기를 통해서 밥 한 그릇, 국 한 그릇 떠놓고 갓도 쓰지 않고 도포도 입지 않고 꾸벅 절하는 제삿날만 메우는 식을 두고 쌍놈제사로 생각했다.

형식과 절차와 제수(祭需)만으로 이야기하면 나 자신부터 쌍놈식으로 제사를 받들어온 지 오래다. 제사를 입제(入祭)날 새벽 1시경에 모시던 것을 파제(罷祭)날 저녁 9시에 모신다. 제수의 풍성함이 옛날만 못하다. 그럼 내가 겪은 양반집 제사는 어떠했는가 두럽고 부끄러운 마음을 억누르며 돌이켜 본다.

제수가 기준에 미치지 못하면 할아버지의 편치 않으신 심기는 불호령이 되어 아버지, 어머니를 조상님께 불경(不敬)한 죄인으로 만들었으며, 온 식구가 두려움에 떨었다. 과다한 제수 마련으로 부채가 누적되어 한 해가 다하면 농토를 처분해서 부채를 갚아야하는 순환의 질곡 속에서 어린 나는 '이것은 아니다.'는 내심의 절규와 함께 분칠한 허세와 위선을 느꼈다.

예(禮)에는 정신과 표준과 형식, 그리고 시류(時流)의 3가지 요소가 있다. 정신은 변할 수 없으며 변해서도 안 되지만, 표준과 형식은 시류에 따라 합당하게 변해야 한다.

제사는 돌아가신 부모나 선조에 대한 존경과 추모(追慕)의 정을 잊지 못하는 보은(報恩)과 감사의 표시로서 돌아가신 날 조상의 영혼에 음식을 바쳐 정성을 표하는 예절이다. 따라서 감사하고 공경하는 마음과 정성이 따르지 않는 제사는 다른 사람의 이목을 의식한 겉치레 행사일 뿐이다.

양반제사와 쌍놈제사란 신분의 귀천과 제수에 의한 구별이 아니라 감사하고 공경하고 정성을 다하는 정신에 있다. 감사하고 공경하고 정성을 다하며 할배 돌, 할매 돌을 소중히 모시는 용수 집 제사가 진정한 양반제사이며 우리가 본받아야할 마음가짐이라 생각한다.

6·25 사변 일 년 후, 용수네는 우리 마을을 떠났다. 비루하거나 위축되지 않고 당당하고 떳떳하게 우리 할배 돌, 할매 돌이라고 외치던 용수의 모습이 떠오르며 간절하게 그립다. 지금도 할배 돌, 할매 돌을 소중하게 모시고 있기를 간절하게 소망하면서 용수네 가정에 항상 행복이 넘치길 기원한다.

(1988. 10)

새 양반

점잖고 당당하고 모습이 단정하고 말이 분수에 맞고, 모범이 되는 사람을 두고 "그믐밤에 만져 봐도 양반"이란 표현을 한다. 이렇듯 양반이란 우리 모두가 지향하고 염원하는 구원(久遠)의 인간상이다. 가난해도 비굴하지 않고 부자가 되어도 사치하지 않고 귀하게 되어도 교만하지 않는 것이 양반의 참 모습이다.

십대까지는 가장 듣기 싫은 말이 새 양반이었다. 방학 때 상주나 안동 쪽 인척 집에 가면 나보다 서너 살 위의 형들이 곧잘 나를 골려주는 말이었다. 그 말의 뜻은 알지 못했지만, 분위기로 보아 자기들을 과시하고 나를 폄하하는 말이라는 것을 짐작할 수 있었기에, '새 양반'이란 말만 들어도 괜히 약이 오르고 핏대가 섰다.

나는 우리 집 솟을대문을 드나들 때마다 어깨가 우쭐해지면서 자만과 긍지로 자신을 주체하지 못했었다. 웬만한 동네는 가서 인사를 하면 대감댁 아무개 아니냐며 반겨주는 어른들의 환대와 인정으로 인해 자아도취에 빠지곤 했다.

허리 꼬부장한 황 영감은 자기 아들이 나보다 나이가 많은데도 "예, 예."했으며, 만쇠(실은 딸이 나보다 10살 정도 많다) 형제도 다른 일가친척에겐 말을 놓으면서 나에겐 '서방님'으로 부르면서 대접이 극진했다. 읍내 친구 집에 가도 친구 부모님이 나도 모르는 선대(先代)의 덕행과 일화를 들려주시면서 나와 친교를 맺은 아들을 대견해하고 자랑스럽게 여기는 것을 느낄 수 있었다. 조상이 높은 벼슬을 하면 양반이 되는 것으로 알고 있었으며, 더욱이 우리 고을에서 대감댁이란 택호(宅號)호 불리는 집은 우리 집 뿐이어서, 내가 최고의 양반이라 생각하고 있는데, '새 양반'이니 '햇양반'이니 하며 비아냥거리고 놀리니 어린 나의 자존심이 여지없이 짓밟히고 말았다. 나는 반격의 실마리를 찾기 위하여 사전을 뒤지다 마침내 멋진 반격의 단서를 잡았다.

즉 양반이란 문무의 벼슬아치를 말하는 것이다. 그러나 윗대에 정승, 판서를 지냈더라도 4대가 벼슬 못한 백두(白頭)면 당당한 양반이 못된다. 즉 잔반(殘班)이 되는 것이다. 너희 집은 6대째 진사 한 장 못했지만, 우리 집은 9대 분문(分門)에 8대조부터 백두는 한 분도 안 계신다. 당상관(堂上官)이 세 분이요, 충절로 나라에서 공적을 표창하고 치제(致祭)까지 올렸으며, 3대 대과(大科)에 생직

판서가 계시니 내가 바로 진짜 양반이 아니냐는 식이다.

지금 생각해보면 관념적 이기주의에 빠져 치졸하고 광적(狂的)인 굴절된 나의 모습에 회한과 부끄러움을 금할 수 없다. 그래서 못난 나와 같은 어리석음과 자만에 빠질까 걱정되어 아이들이 고등학교를 졸업할 때까지 우리 집의 내력과 역사를 이야기한 적이 없었다. 내 심정을 모르는 아내는 자식들에게 너무 무관심하다고 불평을 했지만 아이들이 옳고 그름에 대한 판단이 축적된 후에 이야기 해야겠다는 나의 생각은 움직이지 않았다.

나는 고등학교에 진학한 후에야 그들이 '새 양반'이라 놀리는 뜻을 알았다. 양반에도 엄밀한 등급이 있는 것이다. 소위 향반(鄕班), 도반(道班), 국반(國班)이란 것인데, 향반은 향내에서 통하는 양반이요, 도반은 영남지방 같은 넓은 그 지역에서 인정하는 양반이고, 국반은 온 나라에서 통하는 양반을 말한다. 도반과 국반의 구별은 엄격하지 않았으며 국반이지만 도반의 대접을 못 받는 경우도 있다.

현조(顯祖)가 안 계시는 우리 집은 향반에 불과했는데 나의 5대조 정헌공께서 입신 영달(榮達)함으로써 도반의 반열로 신분이 상승된 양반이란 뜻으로 '새 양반'이라 했던 것이었다. 그들이 나를 새 양반으로 부르는 사유를 안 이후, 나는 '새 양반'이란 비아냥거림에 안달하거나 얼굴빛을 달리하지 않았으며, 사실대로 인정하면서 쓰디쓴 웃음으로 받아넘겼다.

나는 지금도 가끔 그때 나의 쓰디쓴 웃음의 의미를 생각해 본다. 자신의 약점을 인정하지 않을 수 없었던 심정을 감추기 위한 표정임과 동시에 상대방을 향한 울분의 표시였다고 인정한다.

1894년(고종31년) 갑오경장(甲午更張)때 신분제가 폐지되어 없어지고 난 이후에도 유습(遺習)은 어느 정도 남아 있었으나 민족해방과 더불어 특권층의 양반은 없어졌다. 그러나 조선왕조 때부터 이어져온 양반에의 상승지향은 뿌리가 깊어 자칭 타칭의 양반이 아직도 지천으로 넘치고 있다.

"명분과 절의(節義)를 지킴에 힘쓰지 않고 그럭저럭 문벌만을 요긴하게 쓸 수 있는 기회로 여겨 세덕(世德)을 팔고 산다면 장사치보다 무엇이 낫겠느냐."라고 한 양반전을 쓴 연암 박지원의 말이 나의 폐부를 찌른다.

지난날의 양반은 출생에 따라 얻는 신분이었다. 그러나 출생만으로 양반다운 행세가 보장되는 것이 아니었다. 경제력, 학문에 대한 능력, 유교의 행동방식과 의례 절차와 같은 교양과 덕성이 갖추어져야 했다. 그래서 양반의 가장 상징적이고 이상적인 유형이 선비였다.(양반이라 해서 다 선비는 아니다.) 진정한 의미의 양반이란 남의 본보기가 되며 존경을 받는 사람으로서 개인의 도덕적 수양과 함께 굳은 의지와 역사적 사명감으로 한 시대를 이끌어가는 지도자다. 따라서 선비가 벼슬하는 것은 농부가 밭을 가는 것과 같다. 그래서 생각이 건실하고 행실이 바르고 장래가 촉망되는 사람을 보면 양반이란 말로 칭송을 아끼지 않는다.

점잖고 당당하고 모습이 단정하고 말이 분수에 맞고, 모범이 되는 사람을 "그믐밤에 만져 봐도 양반"이란 표현을 한다. 이렇듯 양반이란 우리 모두가 지향하고 염원하는 구원(久遠)의 인간상이다. 가난해도 비굴하지 않고 부자가 되어도 사치하지 않고 귀하게 되어도 교만하지 않는 것이 양반의 참모습이다.

어느 가문이고 새 기업(基業)을 닦는 데는 일화와 사연이 많지만 우리 집의 경우 나의 7대조 사미당 할아버지께서 쏟으신 정성

은 자손으로서 옷깃을 여미며 숙연해지지 않을 수 없다. 우리 집 내력을 다소 아는 사람이 간혹 "자네 7대조께서는 자질(子姪)들에게 '서방님 우리도 당당한 양반 한 번 되어봅시다.'라고 하셨다."면서 나의 표정을 살피는 경우가 있다. 진정 그런 말씀을 하셨는지 알 수는 없지만, 외부에서 그렇게 빗대어 이야기 할 만큼 할아버지의 정성이 지극하고 간절했음은 부인하지 않는다. 우리 집에서는 목침(木枕)을 경침(警枕)이라 한다. 사미당 할아버지께서 자질(子姪)들이 학업과 몸가짐에 소홀하면 목침 위에 올라서게 한 후 회초리로 엄하게 다스렸기 때문이다. 장자(長子)이신 농서공(農棲公)할아버지께서 장원급제의 영광을 안고 귀향 하셨을 때 어머니께서 "우리 집 경침의 덕이다."라고 하신 말씀으로 미루어 보더라도 평소 훈육이 엄격했음을 알 수 있다.

손자 되시는 정헌공 할아버지께서 사랑채 당호(堂號)를 할아버지 호를 따서 사미당(四美堂)이라 했으며, 사랑방 문에 숙사아실(肅事我室), 서료(書寮)에 경침와기(警枕窩記), 새 사랑에 독서종자실(讀書種子室)이란 현판을 거신 것은 선대의 가르침을 가슴에 새겨 실천하겠다는 후손의 절절한 마음의 표상이다. 또한 사랑마루의 교여일루(皦如日樓)란 현판은 자손들이 해와 같이 밝고 올바른 삶을 염원하는 선대의 기원이 담겨 있는 글이다. 이렇게 '새 양반'으로서 마음가짐, 몸가짐에 소홀하지 않았으며 지도자로서 굳은 의지나 역사적 사명감으로 주어진 삶에 충실하셨다.

그러나 이제는 한갓 낡고 허울뿐인 조상의 뼈대나 우려먹는 '뼈다귀 양반'이 되어버리지 않았는지 두렵고 부끄럽기만 하다. 그래서 나는 양반이란 말을 들을 때마다 나에겐 너무나 가당치 않다는 송구함에 몸 둘 바를 모른다. 동시에 나의 몸가짐 마음가짐과 행동이 모범이 되고 양반다워서가 아니라 조상 뼈대 우려먹는 양반이란 뜻이기 때문에 모멸감과 자괴지심을 동시에 느끼면서 이 시대에 걸 맞는 새로운 양반이 되라는 충고와 격려로 받아들인다.

돌이켜 생각해보면 '새 양반'이란 말에 핏대 올리고 흥분했던 지난날이 부끄럽기만 하다. 이제 누가 나에게 '새 양반'이라고 말해 준다면 그 보다 영광스럽고 감사한 축복과 격려는 없을 것이다.

죽은 사람들로 하여금 죽은 자를 장사지내게 하라는 말은 전통과 구습(舊習)의 노예가 되어 장래를 보지 못하고 과거를 사수(死守)하려는 어리석음에 빠지지 말라는 교훈이다.

이 시대의 양반이란 '염치나 도리를 알고 굳은 의지와 역사적 사명감으로 한 시대를 이끌어가는 지도자'라고 정의하면서 양반은 어느 시대에도 필요한 인물이란 사실을 새겨두고 싶다. 우리의 자손들을 그 시대가 갈망하고 필요로 하는 '새 양반'으로 기르는데 온 정성을 다할 때 가정이 번창하고 나라가 융성해진다고 확신한다.

(2003. 8)

개천에서는 용(龍)이 나지 않는다

까마득하고 오랜 무덤 속에서 보옥(寶玉)의 소장품을 발굴하듯이 우리 집의 짧고 조그마한 역사에서 냉정하게 영광과 쓰라린 생채기를 광맥처럼 캐내어 "개천에서 용이 나지 않는다."는 지극히 당연한 이치를 밝혀 추원(追遠)의 길을 복원시켜야겠다는 절실한 염원에서 이 글을 쓴다는 사실을 먼저 밝힌다.

옛 글에 이르기를, 근원이 깊어야 강물이 흐르고 물이 흘러야 물고기가 생기며, 뿌리가 깊어야 나무가 잘 자라고 나무가 잘 자라야 열매가 맺는다고 했다. 당연한 이치이며 섭리인데, 굳이 글로서 남겨 깨우친 까닭이 무엇일까 생각해 본다.

변변치 못한 집안에서 훌륭한 인물이 났을 때 '개천에서 용 났다'는 표현으로 비유한다. 용은 인간의 꿈으로 승화시킨 상상의 동물로, 깊이를 알 수 없는 깊디깊은 연못 속에서 오랜 세월을 용으로의 용모와 능력과 자질과 덕목을 갖추기 위한 인고의 노력과 기다림과 준비가 끝난 후 하늘로 올라가야 용이 되며 능력을 발휘한다. 하늘로 올라가는 최후의 관문을 통과하지 못한 용 낙제생을 이무기라 한다. 하나의 용이 되기 위한 과정을 봐도 깊디깊은 물이 없는 '개천에서 용이 났다'는 말은 허황하기 짝이 없는 새빨간 거짓말이다. 개천에서 용이 난다는 것은 어리석고 미련한 인간의 착각이며 허황한 기대일 뿐이다.

우리는 지난 역사 속에서, 실제로 용의 자리인 용상(龍床)에서 군림했던 인물들이 알고 보니 이무기도 못되는, 초라한 미꾸라지에 불과한 몰골인 것을 많이 보아왔다. 진정 용이 탄생하기 위해선 오랜 세월과 함께 노력하고 준비하고 기다리는 인내와 인고의 아픔을 겪어야 한다. 하늘에 닿을 수 있도록 비상(飛上)하는 목숨을 건 노력이 있어야 된다.

앞의 옛글이 용을 배출하기 위한 우리들의 몸가짐과 마음가짐을 가르쳐 준다. 물질문명의 소용돌이 속에서 선조들이 물려주신 보옥보다 귀하고 소중한 가르침을 낡고 진부한 것으로 팽개쳐 버리고 살아가는 오늘의 우리들이 참다운 용을 탄생시키는 것은 너무나 힘들다는 자각에 빠지곤 한다.

20여 년 전 판문점을 시찰할 때 38선 부근에서 끊어진 녹슨 기찻길을 보면서 목 놓아 울고 싶은 분단의 아픔과 함께 조상께서 물려주신 소중한 정신적 유산도 우리들 세대에서 단절되었다고 연상(聯想)하면서 아물지 않는 상처의 아픔을 느낀 적이 있다.

어릴 적 상주나 안동 쪽의 인척 집에 가면 나의 5대 할아버지의 행적이나 일화(逸話)를 얘기하면서 언필칭(言必稱) '개천에 용이 났다'고 했다. 그래서 개천에서 용이 난다는 것은 당연하고 자연스러운 것으로만 생각했으나 지천명(知天命)의 끝자락에 서서 생각해 보니 새빨간 거짓말이었고, 이를 맹신하며 살아온 나 자신에 대한 아쉬움이 컸다.

까마득하고 오랜 무덤 속에서 보옥(寶玉)의 소장품을 발굴하듯이 우리 집의 짧고 조그마한 역사에서 냉정하게 영광과 쓰라린 생채기를 광맥처럼 캐내어 "개천에서는 용이 나지 않는다."는 지극히 당연한 이치를 밝혀 추원(追遠)의 길을 복원시켜야겠다는 절실한 염원에서 이 글을 쓴다는 사실을 먼저 밝힌다.

우리 집 사랑(舍廊) 정면에 편액(扁額)되어 있는 전서체(篆書體)의 양각(陽刻)으로 된 사미당(四美堂) 현판을 바라볼 때 마다 숙연(肅然)한 마음이 든다.

사미당은 7대조(諱,敏謙)의 아호(雅號)이며 우리 집 사랑채의 당호(堂號)이다. 7대조께서 꿈속에서 '사미당중사미구(四美堂中四美俱 : 사미당 가운데 네 가지 아름다움을 갖추었더라)라는 시구를 얻으신 뒤 스스로 호를 삼으시고 당대의 명필 지암(遲菴) 이동

항(李東沆)의 글씨를 받아 편액하셨다. 사미(四美)란 3대에 걸쳐 슬하에 형제만을 두시어 양자(養子)를 오가며 대를 이어 가면서, 양대 형제분의 효성과 우애가 남달리 지극하고 돈독하여 아름답다는 뜻으로 우리 집은 효성과 우애로써 가정을 화목하게 하는 것을 근본으로 삼았음을 알 수 있다. 9대조(諱, 爾紳)께서 분문(分門)하시어 이 터전에 자리 잡은 지 270여 년, 충절(忠節)과 문한(文翰)으로 우리 가문을 복욱한 향기가 넘치도록 가꾸고 일구어주신 선대 할아버지께 항상 빚진 마음으로 살아간다.

우리 집이 위치하고 있는 곳은 경북 성주군 월항면 대산리 속칭 한개 마을이다. 한자로 표기하면 대포(大浦)인데 우리말로 '한개'이다. 백천(白川)과 이천(伊川)이 합수하고 멀리 남쪽으로 가야산을 쳐다보며 마을 뒤 영취산(靈鷲山) 정상에서 백천을 향하여 뻗어 내린 두 산줄기로 둘러싸인 산과 물을 아우르는 조화롭고 아늑한 마을이다.

진주 목사를 지내신 18대조(諱, 友)께서 세종 연간에 이곳에 자리 잡으신 후, 행적이 뛰어난 현조(顯祖)는 계시지 않지만, 글 읽는 소리 그치지 않고, 근면하고 올곧고 반듯하게 살아오셨다.

지금 한개마을에 살고 있는 네 파 중의 파조(派祖)이신 12대조 월봉공(諱,廷賢)은 한강(寒岡) 정구(鄭逑) 선생의 문인으로 문과에 급제하여 광해 4년(1612년)에 홍문정자(弘文正字)로 보임되었으나, 26세에 아들 한 분을(諱, 壽星 / 號, 寒浦)두고 요절하셨다. 청상에 과부가 되어 치산(治産)과 외아들의 교육에 헌신적으로 노력하신 월봉공 비위(妣位) 우봉(牛峯) 이씨(李氏) 할머니의 정성은 오늘의 한개마을을 이루는 초석이 되었다. 한포공(寒浦公)께서는 아들 일곱 분을 두셨는데 전 부인 성주 여씨 소생의 아들 네 분이 백, 중, 숙, 계(伯, 仲, 叔, 季) 4파의 파조(派祖)이다. 한포공은 완석정(浣石亭) 이언영(李彦英)의 문인이며 형조참의에 증직되었다. 공은 효심이 지극하여 60이 지난 고령에 아버지에 대한 추복(追服)의 예를 행하였으며, 명리를 구하지 않고 시례(詩禮)에 침잠하여 사림(士林)이 추중(推重)했다.

우리 집을 분문(分門)하신 9대조(諱, 爾紳)는 한포공의 셋째 아드님으로 숙파(叔派) 파조(派祖)이신 휘(諱) 달한(達漢)의 셋째 아드님이시다. 효심과 우애가 지극하셨으며 수신(修身)과 자녀교육에 정성을 다하셨다. 56세에 갑자기 돌아가셔서 묘지를 걱정하고 있는데 백씨(伯氏:諱, 爾靖)께서 당신의 유택 예정지를 동생에게 주셨다. 바로 한개마을 뒷산의 함청곡이다.

8대 할아버지(諱, 碩文 / 號, 遯齋)는 세상에 북비공(北扉公)으로 알려져 있다. 영조가 아들 사도세자(思悼世子)를 뒤주에 넣어 죽인 임오지변(壬午之變) 때에 무겸(武兼)으로서 영조가 아들을 죽이고자 휘녕전(徽寧殿)에 거동할 때 어가(御駕)를 배종(陪從)했다.

돈재(遯齋) 李公 신도비

왕이 문을 지키는 사람에게 명하기를, "간신을 보내는 자는 죽일 것이다."하고 문을 굳게 닫게 하니 3대신을 비롯한 조신(朝臣)들이 문 밖에서 곡(哭)할 따름이었다. 사태가 급해지자 설서(設書) 권정침(權正枕)이 영조가 총애하던 세손(후일 정조)을 모시고 와서 안으로 들어가고자 하였으나 문지기가 문을 막고 왕에게 아뢰어 보겠다고 하였다. 이때 북비공께서 분연히 나아가 "부자상면에 어찌 왕명을 기다리겠느냐."며 세손을 등에 업고 문을 밀치고 들어갔다. 세자를 뒤주에 들어가게 한 영조는 공으로 하여금 큰 돌을 들어 그 위를 누르게 하였으나, "신은 죽더라도 감히 명을 받들지 못하겠습니다."라고 했다. 재차 어명(御命)이 내려졌으나 공은 끝내 명을 받들지 않았다. 이튿날 영조는 친국(親鞫) 끝에 장(杖)50대에 관직을 삭탈했다.

낙향 후 스스로 호를 돈재(遯齋)라 하시고 벽상에는 도연명(陶淵明)의 귀거래사를 써 붙이고 조석(朝夕)으로 읊조리셨으며, 침상에는 '무괴지심(無愧之心)' 넉 자를 붙여놓고 가슴에 새겨 한 점 부끄러움 없는 삶을 추구하셨다.

사도세자의 일을 크게 후회하고 있던 영조가 공에게 훈련원 주부를 제수하여 불렀고, 병조판서 채제공(蔡濟恭)과 판서 이지억(李之億)이 서찰을 보내 "올라오기만 하면 직품을 높일 것이다." 하였으나 끝내 나아가지 않았다.

부자상극으로 혼란한 나라의 사직(社稷)을 염려하여 사도세자의 영혼을 추모하는 애절한 마음과 집 앞을 드나드는 시류(時流)에 영합하는 무리들을 보기 싫어 북쪽으로 문을 옮기니 세상에서 공을 북비공(北扉公)이라 일컬었다. 북비공께서는 생사간에 충과 의를 다하셨으며 부끄러움 없이 살아가는 몸가짐 마음가짐을 후손들에게 보여주셨다.

7대 할아버지(諱, 敏謙 / 號, 四美堂)께서는 올곧은 선비로서 앞을 내다보시고 노력하고 준비하신, 우리 집의 초석을 다지고 굳건히 하신 분이다. 자손의 면학(勉學)에 정성을 다하셨으며 자애로 인도하셨지만 훈도가 엄격하셨다. 학업을 게을리 하거나 몸가짐 마음가짐에 어긋남이 있으면 목침(木枕) 위에 올려 세워놓고 종아리를 걷어 회초리로 엄하게 다스렸기 때문에 우리 집에서는 목침을 경침(警枕)이라고 한다. 아드님이신 농서공(農棲公)께서 장원급제를 했을 때 어머니이신 진산(晋山) 강씨(姜氏) 할머니께서 "오늘의 경사는 우리 집 경침 덕이다."라고 하신 말씀에서도 훈도가 엄격했음을 엿볼 수 있다. 뿐만 아니라 자녀들의 학업이 끝나기 전에는 취침하지 않으셨다. 외부에서는 사미당 할아버지께서 자녀들의 학업이 소홀할 때면 "도련님, 우리도 양반되어 봅시다."라며 독려했다는 이야기가 있으나 사실은 알 수 없다. 문호를 우뚝하게 세우기 위한 할아버지의 기대와 정성이 지극하셨음을 비유한 이야기로 짐작된다.

6대 할아버지(諱 , 奎鎭 / 號, 農棲)께서는 어릴 적 종기를 잘못 다스려 다리를 가볍게 절어서 스스로 건옹(다리 저는 늙은이)이라 하셨고 입재(立齋) 정종로(鄭宗魯) 선생에게 수학했다. 정조 19년에 대과에 장원급제 했을 때 정조께서 "너의 집에 지금도 북비가 있느냐." 물으시고 너의 조부의 행적이 가상(嘉尙)하고 아름답다고 이르시며, 무과에 장원한 분과 어전에서 걸음 시합을 시킨 일화는 지금도 자손들에게 회자(膾炙)되고 있다. 정조께서 북비공의 충의를 잊지 못하여 중용(重用)할 뜻을 가졌으나 북비공께서

멀리한 '시류에 영합한 무리들'이 권좌의 중심에 있었기 때문에 과거에 장원급제 했으나 10년을 벼슬길에 나가지 못했다. 정조께서 직접 편찬한 주서백선(朱書百選) 10책을 내리시고 더욱 공부하라 시며 기대를 모았으나 다음해 정조가 서거함으로써 중용(重用)의 기회를 잃고 말았다. 자제인 정헌공께서 18세에 대과에 급제하시고 벼슬길에 나가심에 부자가 한 조정에서 녹(祿)을 받는 것은 도리가 아니라며 은율 현감을 마지막으로 관직을 떠나셨다. 농부가 풍년을 기원하며 농사를 짓듯이 벼슬길에 오른 아드님의 뒷바라지와 후손들의 교육과 훈도에 정성을 다하셨다.

5대조 정헌공(定憲公)게서는 7살에 한시(漢詩)를 지으시고 9살에 사돈께 보내는 편지를 대필하신 일화가 말해주듯 재주가 출중하셨으며, 심지가 원대하여 조부모께서 기대하던 동량(棟梁)의 재목임을 아시고 각별한 지도와 정성을 기울이셨다.

18세에 과거에 급제하니 "소년등과(少年登科)가 불행한 일이 될 수 있으니 벼슬에 앞서 자신의 마음을 다듬는 위기지학(爲己之學)에 전념하라."는 조부모님의 말씀이 있었다. 이는 영달이나 명예보다 사람됨을 우선하도록 인도하신 선대의 가르침이었다.

22세 때 상주 우산으로 가 입재(立齋) 정종로(鄭宗魯) 선생을 뵈옵고 사제의 연을 맺었다. 탁월한 재능과 소년등과의 영예에도 불구하고 권좌에서 밀려난 영남계 남인 중에서도 문벌이 대단치 않은 가문 출신이라 당하관의 최고 품계인 통훈대부(通訓大夫)에서 23년 만에 한 품계가 올라 당상관이 되었다는 사실만으로 험난했던 벼슬길을 알 수 있다. 그러나 벼슬길에 연연치 않고 나아가고 물러남이 분명했다. 만년에 품계가 종일품(從一品) 숭정대부(崇政大夫)에 이르렀지만, 명예만 따랐을 뿐 자신의 능력을 조정에서 발휘할 위치를 제대로 갖지 못했고, 다섯 고을(결성, 자산, 제주, 강릉, 경주)의 수령으로 재직 시 내직(內職)에서 펼쳐 보지 못했던 경륜(經綸)의 이상을 실현코자 노력했다.

험난하고 바쁜 벼슬길에도 학문을 게을리 하지 않았다. 언젠가 자연으로 돌아가 학문과 더불어 생을 마감하겠다는 자신과의 다짐을 실현코자 60세 되던 해에 가야산 산록에 만귀정(晩歸亭)을 수축하고 자연 속에서 학문에 전념코자 했다. 그러나 충군우국(忠君憂國)의 본분을 저버리지 못해 어쩔 수 없이 벼슬길에 나왔으나 학문과 유풍(儒風) 진작(振作)에 정성을 다했다. 응와집(凝窩集), 응와잡록(凝窩雜錄), 성경(性經) 등 60여 권의 저서를 남겼으며, 특히 벼슬길에 쫓기느라 자신이 이룩하지 못한 학문적 성취는 장질(諱:震相 號:寒洲)에게 기탁하였다. 이학(理學)에 대한 조카의 견해를 계도하여 문로를 열어주었고 목민관으로 부임하거나 유업(儒業)을 주관할 때에는 반드시 한주를 배종케 하여 새로운 지식을 접하여 견문을 넓히게 하고 의의(疑義)에 비지(批旨)했다.

아드님 세 분께 시아첩(視兒帖)을 내리시면서 장질(長姪)인 한주께 따로 마련해 준 세덕첩(世德帖) 발문에 "내가 아들과 조카 사이에 어찌 틈을 두랴. 또한 너에게는 달리 기대하는 바가 있다." 하였다. 숙부의 극진하고 절절한 기대에 어긋남이 없이 '심즉리설(心卽理說)'로 영남학파 성리학의 꽃을 피운 두 분의 관계는 아름답고 훌륭하다. 고종 8년 신미 4월에 양이(洋夷)가 강화도에 침범했다는 소식을 듣고 본군에 격문을 돌려 의병을 모아, 서울로 진군하려는 도중에 양이가 물러갔다는 소식을 듣고 해산했다. 공의 우국충정이 여실한 모습을 엿볼 수 있다.

정헌공께서는 영남 주리학(主理學)의 이론을 정비하여 한주께

만귀정 : 응와 이원조 할아버지의 강학지소(講學之所) (경상북도 문화재자료 제 462호)

전하여 한주학파의 신기원(新紀元)을 이룩하였으며, 험난한 벼슬길에 노론 집권기의 시대적 신분적인 제약을 극복하고 경륜과 능력을 발휘하여 관료와 학자로서 성취를 함께 이루었다.

고조부께서는 장능참봉 부사과(副司果)를 지냈으며 경사(經史)에 밝았으며 효우가 지극했다. 1862년 5월 민란이 일어나 주민들이 소란을 피우자 이를 설득 굴복시켜 향리에 피해가 없었다. 돌아가시자 성주 군민들이 선남면 다개에 장지를 마련했다.

증조부께서는 의금부도사를 제수 받았으며 천자(天資)가 관후하고 효우(孝友)가 있었으며 사람들에게 베풀기를 좋아하여 활불

만귀정의 만산일폭루

(活佛)이라 칭했다. 동학농민혁명이 고을을 휩쓸 때 그들에게 가서 의도당(義徒黨)으로 깨우쳐 감복시키니 향리가 평안했다.

증조부께서 아드님을 두지 못하여 할아버지께서 당숙 앞으로 양자 오셨다. 그런데 할아버지께서는 향락과 안일에 젖어 유모가 안고 있는 당신의 막내아들을 누구 집 아이냐고 물으셨을 정도였다. 그런 무관심은 미래를 설계하는 정성과 인내와 노력을 포기하게 만들었고 결국 우리 집은 용이 등천 할 수 있었던 그득한 물이 빠져 나가고 겨우 물줄기만 보이는 실개천이 되고 말았다.

선대의 3대에 걸친 조상께서 준비하고 노력하고 인내하는 정성이 있어야만 걸출한 인재가 탄생할 수 있다는 사실을 우리 집의 내력을 통하여 밝혀 보았다. 노력하고 준비하고 기다리는 정성과, 자신을 사랑하는 것이 사람이 사람답게 사는 것임을 일깨워 줄 때 비로소 용이 배출될 수 있을만한, 수심을 가늠할 수 없는 깊디깊은 연못이 마련된다. '개천에서 용이 난다.'는 가당치도 않는 기대를 우리들의 의식 속에서 지워 버려야 하는 것은, 물질문명의 소용돌이 속에서 한탕주의와 초고속을 자랑하며 살아가는 이 시대에 깊이 새겨야 할 일종의 과제라 생각한다.

(2004. 12. 1)

안동 예안 고운 처녀 밭

인연이 닿지 않았는지, 연분이 없었던지 '안동 예안 고운 처녀 밭'에 씨 뿌려 주길 바랐던 어머니의 염원은 무산되고 말았다. 집안 어른들의 생각엔 척박하기 짝이 없는, 명문대가도 아니고, 재력도 없고, 색혼(色婚)이란 멍에까지 써야 하는 조매계(曺梅溪) 선생(先生)의 터전인 김천 봉계 땅 고운 처녀 밭에 씨를 뿌리는 연분을 만났다.

그러나 나는 어머니의 바람을 저버렸다고 생각하지 않는다. 어머니께서 염원했던 '안동 예안 고운 처녀 밭'은 안동 예안에만 있는 것이 아니라 다른 곳에도 존재한다는 실상을 당신 생전에 "우리 며느리 비단에 수놓았다."는 말씀으로 표현하셨다.

나는 염치를 알고 도리를 지키며, 진취적이고 창조적인 인품의 소유자를 양반이라 정의한다.

내가 느닷없이 양반타령을 하는 것은, 양반 향유병(兩班享有病)

에 빠져있는 한 친구의 이야기를 듣고 눈물을 글썽이며 웃지 않을 수 없었던 기억 때문이다.

그 친구는 자녀들의 배우자를 선택할 때 첫째 조건이 양반이었다. 대학을 졸업한 아들이 결혼 대상 처녀가 있다는 것을 알고 양반 조건 충족 여부를 물었더니, 그 점은 염려할 필요가 없다면서 "양반 하나는 끝내주는 왕족(王族) 전주이씨입니다."라고 득의양양하기에 "이놈아! 왕족이라도 무수리 소생도 있고 가지각색이다. 경주 돌이면 다 옥돌인 줄 아느냐."며 면박을 했다는 것이다. 허상(虛像)에 집착하여 실상(實像)인양 착각하고 살아가는 우리의 단면이다.

달나라에 가는 이 시대에, 옛날과 같이 문벌 중심의 양반을 따질 세상은 분명히 아닌데도 양반만 지천에 넘치고 있다. 진품이 아니면서 진품의 가치나 효과만을 모방하는 키치양반이 득실거린다.

문득 '안동 예안(禮安) 고운 처녀 밭에 씨 할 고추'를 자랑하던 어린 시절의 내 모습과 함께 나의 이 대답에 무척 흐뭇해하시던 어머니의 함박웃음 머금은 얼굴이 떠오른다. 안동 예안이 어디에 있는지, 처녀 밭이 어떤 밭인지, 씨 한다는 말이 무엇을 의미하는지 전혀 알지 못했지만, 어머니께서 그 대답을 일러 주셨고 또 흡족해 하셨기 때문에, '안동 예안 고운 처녀 밭에 씨 할 고추'라고 뽐내고 자랑하며 다니기도 해서 집안 어른 분들께 웃음을 제공하기도 했다.

국민학교에 입학하여 약간 철이 들면서, 안동 예안이란 곳은 골기와집이 즐비하고, 곡간에는 맛좋은 음식이 쌓여 있는 풍성한 부자 동네이며, 고운 처녀 밭은 오곡이 풍성하게 자라는 기름진 밭일 것이란 상상의 그림을 펼칠 수 있었지만 '씨 한다'는 말의 참 뜻은 여전히 알지 못했다.

그러다 중학교 입학한 후에야 '씨 한다'는 말의 뜻이 결혼과 연관이 있다는 것을 어렴풋이 짐작할 수 있었다.

고등학교 1학년 때로 기억된다. 천석꾼 부잣집 맏아들로 서울 가서 공부했고, 나팔(트럼펫) 잘 불고, 사냥하러 총대매고 나서면 위풍도 당당했던 사종숙(四從叔)께서 안동 예안 상계 종가로 장가 가서 신행하던 날, 안동 예안 고운 처녀(실은 결혼했으니 아주머니다)를 볼 수 있다는 사실에 어린 내 가슴이 얼마나 설렜는지 모른다.

그러나 '안동 예안 고운 처녀'에 대한 나의 꿈이 너무 황홀했고 기대가 컸던 탓에 그에 대한 나의 꿈과 기대는 허무하게도 조각난 거울이 되었으며, 그날 이후 '안동 예안 고운 처녀 밭'에 대한 동경이 나의 뇌리에서 멀어져갔다.

그러나 '안동 예안 고운 처녀 밭에 씨 할 고추'란 자존심과 긍지는 이성을 교제하면서 군림하려는 자만과 망설이게 하는 강박관념으로 작용해왔음을 부인할 수 없다.

대학교 입학하던 해에 첫사랑이란 열병에 빠져 실연의 아픔을 맛보았다. 그해 여름방학을 이용하여 상처투성이인 몸과 마음을 치유하기 위한 여행길에 상주의 한 인척 집에서 예안 땅 온혜에 살고 있는 친구(삼백당 종가 李炯)를 만나 상상 속에 그려왔던 예안 땅을 방문할 수 있었다. 빨래판 같이 요철이 심한 꼬부랑길을 짐을 가득 실은 고물트럭에 매달린 채 예안 땅에 도착했다. 일주일간을 이집 저집 다니며 차비까지 받는 융숭한 대접을 받았다.

그 시대에 대부분의 종가와 명문구가(名門舊家)는 일제의 강점기와 토지개혁, 6·25사변 등 급변하는 소용돌이를 거치느라 경제적으로도 궁핍했으며 정신적으로도 혼돈의 늪에 빠져있었다.

하지만 이곳 안동 예안 땅에서는 우리의 소중한 정신적인 유산들이 보존되고 있음을 엿볼 수 있었으며, 근본을 지키려는 확고한 신념과 유가의 정체성을 잃지 않으려는 광맥 같은 면면한 정신의 흐름을 느낄 수 있었다. 첩첩산중 굽이굽이 돌아서 한두 집 자리한 고색창연한 고가(古家)에서 금방이라도 헛기침 소리가 들려올 것 같은 곳, 그곳에서 동병상련의 아픔과 함께 연대의식을 느꼈다.

집에 돌아와서 "어디 씨 할 데가 없어서 그 골짜기 밭에 씨를 뿌립니까?"하며 장난기어린 투정을 부렸지만, 지금 생각하니 실속

없는 허상에 집착했음이 틀림없다.

항상 근본을 잃지 말라고 일러주시던 어머니께서 이 아들이 '안동 예안 고운 처녀 밭'에 씨 뿌려주길 갈망한 근본적인 이유는 만인의 사표(師表)가 되신 훌륭한 퇴계(退溪) 선생(先生)을 배출한 고장이기 때문이다. 근원이 길면 흐르는 물이 깊고 뿌리가 깊으면 가지가 무성하다는 자연의 이치에 따라, 뼈대(조상의 정신) 있는 집안에서 배우자를 구하여 우리 집을 깊고 무성하게 하는데 정성을 함께 다하라는 간절한 바람의 표현이었다는 것을 아둔하게도 늦게서야 깨달았다.

인연이 닿지 않았는지, 연분이 없었던지 '안동 예안 고운 처녀 밭'에 씨 뿌려 주길 바랐던 어머니의 염원은 무산되고 말았다. 집안 어른들의 생각엔 척박하기 짝이 없는, 명문대가도 아니고, 재력도 없고, 색혼(당파가 다른 집과의 혼인)의 멍에까지 써야 하는 조매계(曺梅溪) 선생(先生)의 터전인 김천 봉계땅 고운 처녀 밭에 씨를 뿌리는 연분을 만났다.

그러나 나는 어머니의 바람을 저버렸다고 생각하지 않는다. 어머니께서 염원했던 '안동 예안 고운 처녀 밭'은 안동 예안에만 있는 것이 아니라 다른 곳에도 존재한다는 사실을 당신 생전에 '우리 며느리 비단에 수놓았다.'는 말씀으로 대신 인정하셨다. 어머니께서 안동 예안 고운 처녀 밭에 염원했던 기대 이상으로 인고를 기쁨으로 감내하면서 우리 집을 깊고 무성하게 가꾸고 북돋우는데 정성을 다해 왔기에 언제나 순금처럼 빛나 보이는 나의 아내였다. 나는 어머니의 뜻을 저버리지 않았다고 자부하면서 내 아들의 배우자 선택에도 어머니께서 일깨워주신 '안동 예안 고운 처녀 밭'의 심원(深遠)한 뜻을 잊지 않고 어느 것이 실상이며 어느 것이 허상일까 냉철하게 곱씹어 보는 여유를 잃지 않으려고 노력했다. 뿐만 아니라 내 아들에게도 '안동 예안 고운 처녀 밭'의 심원(深遠)한 뜻과 바람을 새겨 주어야겠다고 다짐한다.

(1994. 7)

제사를 모시는 뜻

축문(祝文)의 '추원(追遠)'이란 말은 돌아가신 조상과 살아있는 자손과의 정신적인 소통과 교류를 말한다. 제사는 돌아가신 조상에 대한 존경과 감사의 표시로 조상의 영혼에 음식을 바쳐 정성을 표하는 예절이다. 따라서 감사하는 마음과 지극한 정성이 따르지 않는다면 진정한 의미의 제사가 아니다.

명절이나 연휴 때, 휴양지에는 규격화된 제수상(祭需床)이 새로운 상품으로 인기가 대단한 모양이다. 재계(齋戒)하고 경건한 마음가짐으로 제사를 모시던 옛 어른들의 자세와는 너무나 먼 거리이다. 우리의 정신이 퇴폐해가는 진한 아픔을 느낀다.

축문(祝文)의 '추원(追遠)'이란 말에 제사를 모시는 근본 뜻이 담겨 있다. 돌아가신 조상과 살아있는 자손과의 정신적인 소통과 교류를 말한다. 제사는 돌아가신 조상에 대한 존경과 감사의 표시로 조상의 영혼에 음식을 바쳐 정성을 표하는 예절이다. 따라서 감사하는 마음과 지극한 정성이 따르지 않는 제사는 진정한 의미의 제사가 아니라고 생각한다. 한갓 귀찮은 형식에 지나지 않는다. 그러나 우리는 제사를 모시는데 너무 법도(法度)에만 치중하여 수다만 떨고 제수의 풍성함이 정성의 표시라는 잘못된 생각에 주객이 전도되는 경우가 많다.

조상 없는 자손이 있을 리 없고 부모 없는 자식이 존재할 리 없는 엄연한 사실을 망각하고 살아간다. 하찮은 동물인 개와 고양이도 족보를 찾고 조상을 찾아 자신들의 뿌리를 단단히 하는데…….

시대의 변천과 생활환경의 변화에 따라 봉제사의 범위는 제례의 근본정신을 저버리지 않는 전제로 재고의 여지가 있지만, 제사를 모시는 근본정신과 자손들의 마음가짐에는 변화가 있을 수 없다고 생각한다.

제사는 미풍양속의 의미를 넘어서 조상과의 만남이며, 뿌리를 찾는 몸짓이며, 보은의 도리이며, 경천애인(敬天愛人)의 숭고한 정신이 담겨져 있는 세상을 밝게 하는 일임을 알 수 있어야만 한다. 뿐만 아니라 가족과 친족의 화목을 이루고 개인적으로는 엄숙한 의례를 올리는데서 성(誠)과 경(敬)과 신(信)의 덕목을 기리는 인격형성의 교육장이 되어야 한다.

(1989. 6. 17) 매일 춘추 기고

왜 나는 귀여워해요

어린 손녀의 마음속 앙금

한동안 또 머뭇거리더니, "언니가 이야기하던데요, 할아버지는 여자를 싫어한다는데, 왜 나는 귀여워해요?" 여자를 싫어한다는 말은 딸을 싫어한다는 표현임을 직감한 순간 둔기로 뒤통수를 맞은 듯 숨이 막혀왔다. 평소 남아(男兒)를 선호하는 할아버지의 말과 행동이 다섯 살배기 어린 손녀의 여린 가슴속에 분노와 한으로 켜켜이 쌓이도록 한 죄책감에 왈칵 울음이 터질 것 같았다. 심한 자책과 회한의 아픔을 느꼈다.

1937년 일제가 우리나라를 강점하며 통치하던 암울한 시대에, 서른일곱 살 나의 어머니는 아들 하나를 얻기 위하여 반미치광이가 되어 일본에 계신 아버지를 찾아가서 연극 같은 눈물겨운 장면을 연출하고 나를 잉태하셨다. 상상할 수 없는 가정(假定)이지만 내가 만약 남자가 아니고 여자로 태어났더라면, 나와 어머니의 삶은 참담하고 슬픈 역정(歷程)을 감당해야할 신세가 되었을 것이다.

어머니의 생애는 남편과 자식을 위한 희생의 삶이었지만 언제나 죄짓고 빚진 듯한 심성으로 남편과 자식을 대해 오신 것 같다. 일본에서 "조강지처(糟糠之妻)를 버릴 수 없다."시며 당신을 받아 주시던 아버지의 말씀이 양반의 법도(法道)를 벗어나지 않았다며 평생 고마움에 몸 둘 바를 몰라 하셨다. 어머님을 생각하면 내 가슴 속엔 하늘하늘 떨고 있는 잎 새의 흔들림으로 나의 가슴을 할퀴고 지나가는 애잔한 아픔을 느끼게 한다.

넷째 집 외아들로 종가에 입후(入後)한 나는 아들만 넷을 두었다는 사실만으로도 유난히 딸을 싫어하시던 어머님과 자손이 귀한 우리 집 가계(家系)에 조상님께 효도했다는 뿌듯한 자부심이 내 삶에 한 기둥을 받쳐 왔다. 그러나 살아오면서 조미료같이 나도 딸이 있었으면 하는 갈망에 빠져본 적도 있었다. 딸을 가진 친구들이 딸자식 키우는 재미를 자랑할 때면, 무뚝뚝하고 삭막한 사내들 속에 재롱떨며 애교 넘치는 딸이 있다면, 웃음과 활력을 더해주는 가교(架橋)와 촉매 역할을 할 것이라는 기대에 목말라 본 적도 있었다. 대구여자고등학교에 근무하면서 발랄하고, 깜찍하고, 상냥한 여학생들의 모습에서 딸자식 없는 나의 처지가 안쓰럽기도 했다. 대학교 1학년 때 효자동의 한 성명철학관에서 말한 "당신은 아들만 넷 둔다."는 그 예언이 적중하였기에 팔자소관으로 치부하고, 며느리를 맞이하면 딸같이 지내면 되겠지 하는 가당치도 않은 기대 속에 파묻고 말았다.

이제 인생의 황혼기에 접어들면서 딸자식이 있었으면 하는 바람이 더욱 간절하다. 특히 여자에게 딸은 친구같이 마음속에 간직한 이야기를 나눌 수 있다는데……. 아들을 낳지 못한 여자가 죄인인 양 고개 숙이듯이 왠지 내가 아내에게 미안하고 송구스럽다. 가슴에 훈장을 달고 있는 노병의 심정으로 자위하며 살아간다.

내가 아들 넷을 낳고 부모님과 조상님께 효도하는 심정으로 만족했듯이 맏아들 내외가 딸 없음을 아쉬워하는 부모의 심정을 이해한 애틋한 정성의 결과인지 딸만 둘을 낳았으나 나와 같이 당당한 모습은 찾아볼 수 없다. 첫 번째 딸을 낳았을 땐 '첫딸은 살림밑천'이라며 애써 당당한 모습이더니 두 번째 딸을 낳았을 땐 유구무언(有口無言) 침묵으로 일관했으나, 큰아들의 그늘진 모습을 보며 불천위(不遷位) 종손으로서 종통(宗統)을 계승하지 못하는 죄의식에 사로잡혀 있는 것 같아 찡한 아픔을 느끼고 있다. 큰 며느리가 생산을 포기하지 않은 듯 하나 도무지 그 속내를 가늠할 수 없다. 첫 손녀를 낳았을 때 "딸 낳는 재주가 있으면 아들도 낳겠지요."하면서 자신만만하던 바깥사돈의 말이 아직도 내 마음 깊은 곳에 부러진 칼 도막이 되어 박혀 있다.

나는 어릴 적부터 안개 속에 얼렁거리는 괴물체에 불안을 감추지 못하듯 우리 집 가계의 숙명적인 굴레에 대해 막연하지만 공포와 불안을 느껴왔다. 내게까지 9대를 이어온 우리 집 가계에 3대를 양자로 이어왔다. 내가 백부님 앞으로 양자 왔으며, 할아버지께서 당숙 앞으로, 5대조 응와공께서 백부님께 입후(入後)하셔서 묘한 순환의 굴레가 계속되어왔다. 우리 집 가계의 숙명적인 순환현상으로 봐서 나의 대에는 아들이 많을 것이나 다음 대(代)에는 아들이 귀하지 않을까 하는 두려움과 조바심에서 벗어날 수 없었는데, 결과는 적중하고 말았다. 생가 아버지께서 숙명적인 우리 집 가계의 순환현상을 피하기 위해 사랑 쪽 변소를 옮기는 비방을 강구했지만 허사가 되고 말았다.

맏집 둘째 손녀의 출산 소식을 듣고 구슬같이 영롱하고 보배 같은 존재가 되라고 '영주' 라 작명해 보냈다. 하지만 딸이란 서운함에 모질고 아픈 심정으로 백일 날 나와 첫 상면을 했다. 출생부터 할아버지한테 냉대를 받은 셈이다. 하지만, 하는 짓거리가 귀엽고 깜찍하며 생각이 깊고 용모가 뛰어나며 베풀고 감싸는 여유를 가진 성격이지만 용심과 고집이 나면 쉽게 꺾지 않는 면도 있다.

뿐만 아니라, 첫 돌 전부터 저희 부모와 떨어져서 시골에 와서 잘 놀았으며 뒤늦게 우리 내외가 딸자식 키우는 재미를 느끼게 해 주었다.

요번에도 우리 내외가 단조로운 시간도 메울 겸 말벗도 되고 재롱 피우는 즐거움도 맛보려고 이사하는데 번거롭다는 구실로 시골집에 데려와 일주일을 함께 지냈다. 그러나 학원에 보내야 된다는 제 어미의 성화에 못 이겨 평택 제 애비 사무실까지 내가 데려다 주게 되었다. 할아버지와 손녀가 처음으로 오붓한 여행을 하게 된지라 추억거리를 생각하며 내 마음은 들떠 있었다. 대전역을 지나면서 부터는 창 쪽에 앉아 조는 듯 눈을 감고 있더니 "할아버지 여쭈어 볼 게 있어요......" 불쑥 말을 꺼내어놓고 머뭇거린다. 내가 궁금해서 "뭔데?"하고 독촉했으나 계속 입속으로 "음~음~"하면서 주저하더니 무언가 결심한 듯 입을 열었다. "할아버지 내 이야기는 언니한테 비밀로 해야 되요, 언니가 할아버지한테 이야기 하지 말랬는데......"하고 한동안 또 머뭇거리더니, "언니가 이야기하던데요, 할아버지는 여자를 싫어한다는데, 왜 나는 귀여워해요?" 여자를 싫어한다는 말은 딸을 싫어한다는 표현임을 직감한 순간 둔기로 뒤통수를 맞은 듯 어리둥절 정신이 몽롱해지는 충격을 느꼈다. 평소 남아(男兒)를 선호하는 할아버지의 말과 행동이 다섯 살배기 어린 손녀의 여린 가슴속에 분노와 한으로 켜켜이 쌓이도록 한 죄책감에 왈칵 울음이 터질 것 같았다. 심한 자책과 회한의 아픔을 느꼈다. 영주의 물음은 할아버지께서 딸을 싫어한다는 은밀한 언니의 속삭임이 거짓인지, 저를 귀여워하는 할아버지의 말과 행동이 거짓인지 분간할 수 없는 의문과 고뇌에 찬 질문이었음을 알 수 있었다. 망연자실(茫然自失), 다섯 살 배기 어린 손녀에게 어떻게 이야기해야 될까, 정신을 가다듬었다. "언니가 잘못 알았지. 광민이(둘째 집 손자), 항준이(넷째 집 손자), 광현이(셋째 집 손자)는 할아버지 손자이고, 너와 언니 그리고 도연이(셋째 집 손녀)는 할아버지의 손녀이고, 모두가 할아버지 할머니의 귀엽고 사랑스럽고, 자랑스러운 새끼들이지." 말을 시작했으나 그 이상은 설명할 말이 생각나지 않았다. 말없이 영주를 가슴에 안았다. 가슴으로 할아버지의 사랑을 느끼게 하는 것이 최선의 대답이라고 생각했기 때문이다.

손녀를 둔 할아버지로서 인간의 존엄성을 지껄여온 한 지성의 소유자로서 부끄럽고 창피하기 그지없었다. 여태까지 나의 뇌리에 덕지덕지 자리하고 있던 성차별이란 진부한 관념들이 세척되어 몸 밖으로 배설되는 통쾌하고 후련한 득도(得道)의 희열에 젖어본다.

나는 철저한 가부장제(家父長制) 가정에서 자랐기 때문에 남성우위의 인습(因習)이 몸에 베여 있다. 우리의 남존사상(男尊思想)은 선사시대(先史時代)부터 있어왔지만 주자학이 정착하기 시작한 조선 중기 초엽부터 보다 다양하고 확고하게 토착화(土着化)했던 것이다. 강력한 부권(父權)에 의해 유지되는 사회에서 여자는 아들을 낳을 수 있다는 생리적 기능만이 제일의(第一義)적인 존재였으며, 한국여인이 세상사는 뜻의 가장 큰 것이 남아(男兒)탄생에 있었다.

나도 아들 하나 가지겠다는 어머니의 간절하고 처절한 몸부림 덕분에 이 세상에 고고(呱呱)의 울음을 터트릴 수 있었다. 불면 날아갈까 쥐면 터질까 하며 자애가 넘치는 지독지애(舐犢之愛) 속에 자랐기 때문에 의타적(依他的)이고 이기적(利己的)인 삐뚤어진 성격을 소유하고 있다. 내 생애에 있어서 어머니와 아내라는 두 여인의 정성어린 보살핌과 희생적인 인도에 감읍(感泣)하면서도 여성을 폄하하고 홀대하는 의식 속에서 살아온 모순과 무지를 때늦은 통한(痛恨)으로 자각하게 한 어린 손녀에게 감사의 뜻을 표하고 싶다.

지난 시대는 남성으로 태어난 것이 특권인 양 살아왔기에 플라톤 같은 철인(哲人)도 여성으로 태어나지 않은 것을 신에게 감사드렸다 한다. 인습과 관습과 제도가 남성 중심으로 이루어져 있어 여성에겐 인고(忍苦)와 복종을 강요해왔기 때문에 우리들의 어머니 스스로가 '딸자식은 쓸데없는 것'이라며 자학과 자기비하(自己卑下)에 익숙해 있었다. 정말 슬픈 일이었다.

열 살짜리 맏손녀 연진이가 어린 동생과 함께 자신의 숨소리를 찾으려는 은밀한 몸부림이 대견하고 자랑스럽다. 물같이 조화롭고 참되라는 너의 이름 속에 담겨있는 할아버지의 바람과 같이 삶의 지고(至高)한 의의를 잊지 말고 자유로운 가슴을 안고 살아가길 바란다.

내가 유독 맏아들에게 손자를 갈망하는 것은 우리의 인습과 제도가 딸로서 가통(家統)을 계승하기에는 불가능 하다는 사실 때문이다. 우리 역사상 여왕이 세 분 있었다는 것을 상기하면서 성의 차별이나 구별 없이 가통을 계승할 수 있는 획기적인 코페르니쿠스의 대전환을 기대한다. 딸 아들 구별 없는 조화로운 사회에서 내 손녀들이 참되고 바르게 살아갈 수 있는 밝은 미래를 그려본다.

인생은 도전과 응전(應戰)이다. 그런 의미에서 나는 마음속으로 손녀들에게 주문해 본다. 의지가 꺾인 채 울면서 한스럽게 살아온 할머니의 세대를 너희들이 극복하고 뛰어넘어야 한다고 말이다.

(2004. 4)

전설의 삼 년 탈상(三年脫喪)

…… 강보(襁褓)시절에서부터 걸음마하고 밥숟가락 쥐는 법을 익힐 나이인 세 살까지 진자리 마른자리 갈아 누이며 24시간 몸에서 떼 놓지 못한 채 쉼 없이 고생하신 그 기간만큼이나마 보답하자는 의미에서 3년 상을 치르는 것이다.

그렇다면 현대사회에서도 3년을 집상하지 못하면 죄인일까?

만약 그것이 죄인이라면 우리는 너무나 많은 죄인을 양산(量産)하는 또 다른 죄를 범하고 있는 것일 수도 있다. 어차피 예절의 형식이란 시대에 따라 바뀌고 합리화 되어야 하는 것이 아닐까.

내일이 삼종숙(三從叔)의 탈상이라는 연락이 왔다. 옛날에는 가례(家禮)에 따라 집상(執喪)을 했으므로 소대상(小大喪) 날짜를 짐작할 수 있었으나 요즘은 각자의 형편에 따르고 있어 별도의 연락이 없으면 예측조차 못한다.

평소 삼종숙의 자상한 인품을 흠모(欽慕)해 온 터라 소홀함 없이 제사에 참사하려고 했으나 직장의 행사와 중복되어 가까스로 상식상(上食床)을 올릴 즈음에 도착했다. 상식을 올리고 여러 자제들이 치전(致奠)을 드리고 애절하게 제문(祭文)을 읽는다. 다 알 수는 없지만 자수성가한 아저씨의 한 많은 인고의 세월을 거슬러 짐작해본다. 온유한 생시(生時)의 모습과 함께 고난과 역경을 굳건히 감내(堪耐)하여 오늘에 성가(成家)한 업적이 빛난다.

여섯 남매를 향한 남다른 자정(慈情)에 감사하며 비통해 하는 상주들의 모습을 보면서 문득 우리 집 아이들이 아비의 영전에 제문을 바친다면 저렇게 심금(心琴)을 울리는 애통한 사연이 있을까 하는 생각을 해본다. 부모로서 아이들에게 감동적인 이야깃거리를 남겨주지 못했다는 자괴감이 앞선다. 바람에 흔들리는 촛불 마냥 내 마음도 마냥 일렁인다.

부모가 감내한 인고의 아픔을 자신의 아픔 인양 애절해 하며 부모가 베푸신 은혜에 감사하며, 생시의 그 뜻을 기리고 열매를 맺게 하겠다고 다짐하는 그 집 상주들을 보니 인생은 결코 빈손으로 왔다가 빈손으로 가는 허무한 것만은 아니란 생각이 든다. 삼종숙은 평생 근검절약이 체질화되어 당신을 위해서는 자장면 한 그릇도 망설였지만, 어려운 사람들을 보면 숨어서 도왔으며, 노인들을 위해 많은 배려와 봉사를 아끼지 않았고, 당신의 회갑연을 물리치고 그 비용으로 당신의 고조부 정헌공(定憲公)의 문집(文集) 영인본(影印本) 간행비 일천만 원을 부담하셨다. 뿐만 아니라 내가 만귀정(晩歸亭) 보수에 골몰하고 있을 때 자손으로서는 유일하게 격려의 말씀과 함께 이백만 원을 보태주시는 등 위선사(爲先事)에 정성을 다하셨다. 행사가 끝나고 모두가 무거운 마음으로 둘러 앉아 있는 자리에서 맏상주가 "형님, 옛 법도대로 3년을 모시지 못하여 죄를 지은 것 같습니다."라고 하면서 머리를 조아린다. 삼종숙이 후두암(喉頭癌)으로 병석에 계신 2년 동안 그 집의 자제들은 틈만 있으면 온 가족이 함께 와서 아들로서, 며느리로서, 손자손녀로서 정성을 다 하였으며, 시탕(侍湯)에 소홀함이 없었다. 그 정성에 1년 가까이 더 생존하셨다고 생각한다.

"이 사람아, 일 년을 모시나 삼 년을 모시나 철빈(撤殯)할 때 망극(罔極)하고 미진(未盡)한 생각이 드는 것은 마찬가질세. 그만하면 자네 형제들은 도리를 할 만큼 했네."

상주에게 위로의 말을 했지만 이 집 상주가 죄인이라면 나 또한 어김없는 죄인이란 생각에 화인(火印)이 찍히는 듯 가슴이 아파왔다.

요즘엔 1년간 빈소(殯所)를 모시는 경우도 드물다. 형편에 따라 불교식 49제를 지내거나, 삼우제로서 철빈의 의식을 끝내거나 그도 아니면 장례 당일 집상(執喪)을 마친다. 그래서 장례기간 중에 문상의 예를 치르지 못하면 문상할 방법이 없는 경우가 대부분이다. 옛날엔 3년 내에 문상을 하지 않은 사람과는 상면도 하지 않았다는데 요즘엔 본의 아니게 무뢰한(無賴漢)이 되어 살아가는 경우도 허다하다.

옛 가례에 의한 3년을 집상하지 못하면 죄인일까? 만약 그것이 죄인이라면 우리는 너무나 많은 죄인을 양산(量産)하는 또 다른 죄를 범하고 있는 것일 수도 있다. 엄청난 모순이다. 어차피 예절의 형식이란 시대에 따라 바뀌고 합리화 되어야 하는 것이 아닐까. 무엇이 형식이고 무엇이 본질인가. 우리는 진지하게 생각해 보아야 한다.

예기(禮記)의 삼년문(三年問) 편에는 삼년상을 치르는 까닭을 다음과 같이 밝히고 있다.

> 삼 년이란 것은 정(情)에 맞도록 예문(禮文)을 만든 것이다. …… 삼 년의 상은 25개월로 마치는데 애통함은 미진하고, 사모하는 마음은 잊을 수가 없다. 그러나 복(服)을 이것으로 단절하는 것이야말로 죽은 자를 보내는 일에도 끝이 있고, 또한 산 자에게는 절도가 있어야하는 것 때문이 아니겠는가. (三年者 稱情而立文…… 三年之喪 二十五月而畢 哀痛未盡 思慕未忘 然而服而是斷之者 豈不送死有已 復生有節哉)

위 예기(禮記)의 말씀과 같이 부모님이 돌아가신 그 애통함을 어떻게 다할 수 있으며 사모의 정을 어떻게 잊을 수 있겠는가? 산 사람은 삭이고 간직하며 현실을 살아가야 하는 것이 인간이 가진 삶의 본질이라 생각한다. 그래서 강보(襁褓)시절에서부터 걸음마하고 밥숟가락 쥐는 법을 익힐 나이인 세 살까지 진자리 마른자리 갈아 누이며 24시간 몸에서 떼놓지 못한 채 쉼 없이 고생하신 그 기간만큼이나마 보답하자는 의미에서 3년상을 치르는 것이다.

그러나 그 시대 원시적인 농경사회에서의 3년과 현대의 복잡한 산업사회에서 3년은 비교조차 할 수 없는 기간이다.

나의 경우도 선고(先考)의 집상을 1년으로 철빈(撤殯)했다. 잦은 출장과 바쁜 업무로 손수 정성어린 상식상(上食床)을 올린 경우가 드물었다. 그 짧은 1년 동안에도 불경(不敬)과 죄스러운 마음이 한 켜 한 켜 쌓이다보니 갈등과 죄책감만 깊어 갔다.

이것은 나뿐만이 아니라 입에 풀칠할세라 처자식 치다꺼리할세라 생존경쟁의 치열함 속에서 숨 가쁘게 살아가고 있는 대다수 현대인들의 공통된 모습이라 생각한다.

너나없이 사정이 이렇다보니 옛 의례를 그대로 따르기엔 무리일 수밖에 없다. 우선 절차가 어려워 부담스러우며, 사회적 의례과시의 성격이 강해 가문의 권위를 과시하고자 내실보다 형식주의로 흐르는 경우가 많고, 그러다보니 허명이나 명분에 치우친 허례허식으로 경제적, 시간적 부담이 증가하여 많은 부작용을 낳기도 했다.

그래서 가례의 순기능적인 면과 역기능적인 면을 비교하여 전통을 바탕으로 하되 현실에 맞게 절차의 구체적 내용과 형식 자체를 쉽게 하여 많은 사람, 특히 어린이에게도 친근감을 주도록 형식을 재구성했는데 그것이 바로 지난 1969년 3월에 정부가 반포한 가정의례준칙(家庭儀禮準則)이다.

그러나 그 제재 규정이 없어 실효(實效)를 거두지 못한 가운데 1973년 3월에 가정의례에 관한 법률이 공포되어 시행되고 있으나 여전히 아쉬움은 남아있다.

시묘(侍墓)살이가 호랑이 담배 피울 적 이야기가 되어버렸듯이 어쩌면 3년 탈상도 전설 속 이야기가 될 것 같다. 옛 가르침을 실천함에는 온고지신(溫故知新)하는 마음으로 그 시대에 걸맞게 닦고 가꾸는 것이 중요하다. 굳이 옛 가례(家禮)의 가르침대로 3년상을 고집 할 필요는 없다고 생각한다. 각자의 형편에 따르되 다만 장사 당일로 끝내는 것은 너무 야박한 처사가 아닐까 여겨진다.

집상 기간의 문제보다 유산에 눈이 어두워 가족과 형제간에 서로 다툼과 불화로 얼룩지고, 심지어 조의금 몇 푼을 놓고 실랑이를 벌이며, 부모제사 모시는 것을 밀고 당기는 작태가 우리를 더욱 슬프게 한다.

비록 유명(幽明)은 달리 하셨지만 하늘보다 높고 바다보다 깊은 부모님의 은혜와 사모의 정을 가슴깊이 새기고 간직하면서 살아가는 마음가짐과 몸가짐이 무엇보다 소중하지 않겠는가.

(1999. 10)

장묘(葬墓) 문화에 대하여

나는 매년 음력 10월 묘사(墓祀)를 드리는 계절이 다가오면 중압감에 시달립니다. 공직 틈틈이 시간을 내야하며 <중략> 몇몇 산소는 매년 찾아가는 곳이지만, 무성한 잡초와 우거진 수목 때문에 골짜기를 잘못 들어서기가 일쑤입니다. 그래도 우리들 세대에서는 감당하겠지만, 세계가 한 지붕이 되어 살아가는 이 시대에, 생업에 얽매여 바쁘게 활동하는 자식들 세대에서도 어긋남이 없이 감당할 수 있을까 하는 염려와 함께, 다음 세대가 감당할 수 있는 방안을 강구해야 된다는 책임을 절실하게 느끼고 있습니다.

살아 숨 쉬는 자를 위한 안식처를 집이라 하고, 죽은 자를 위한 땅을 묘지 또는 유택(幽宅)이라 합니다. 살아서 내 집 마련을 위해 두 주먹 움켜쥐고 두 눈을 부릅뜨고 뼈가 가루가 되도록 악착같이 살다가 죽어서도 내 집 마련이란 미망(未亡)에 사로잡혀 눈을 감지 못하는 현실이 두렵기만 합니다. 우리 민족의 전통과 의식 속에 면면이 이어온 풍수지리설이 언제부터인가 장묘에 치중하는 술법으로 전락하여 명당(明堂) 명혈(明穴) 길지(吉地)를 찾아 부모를 묻어 부귀영화의 길을 찾으려는 이기적인 사고가 만연하여 의식이 황폐화되고 좁은 우리 산야의 그만그만한 곳은 죽은 사람의 유택으로 만원이 되었습니다.

우리 모습의 단면을 비춰보는 거울이 되고 생각을 간추려 보는 단서가 될 것 같아 재치 넘치고 익살스러운 어느 친구가 들려준 이야기를 적어 봅니다.

옛날에 한 효자가 있었습니다. 아버지가 병이 들어 명의로 소문난 의원을 찾아가니, 의원은 상주(喪主)가 되어 상복을 입고 있었습니다. 자기 아버지 병도 못 고치는 사람이 무슨 명의냐며 그냥 돌아와 지극 정성으로 간병을 했으나 아버지는 죽었습니다. 이번에는 아버지의 시신을 명당에 모시기 위하여 유명한 풍수를 찾아보니 울도 담도 없는 허물어진 집에서 가난하게 살고 있었습니다. 자기 조상을 명당에 모셔서 부귀를 누리지도 못하면서 다른 사람에게 명당 길지를 잡아준다는 것을 기대할 수도 없다고 판단하여 그냥 돌아서서 시신을 어디에 묻을까 곰곰이 생각해 보았습니다. 생각 끝에 시신을 모신 관(棺)을 산꼭대기에서 굴려서 멈추는 곳에 안장(安葬)하기로 했습니다. 관은 굴러서 산중턱의 아늑한 곳에 하늘을 향해 우뚝 선채로 멈추었습니다. 아들은 그곳이 아버지가 눕기를 원하는 곳이라 생각하고 매장 관습에 따라 관을 눕혀서 매장했습니다.

몇 년 후 아들이 산 아래 밭에서 일을 하고 있는데, 한 고승(高僧)이 그곳을 지나가면서 "저 묘지는 왕후장상(王侯將相)이 날 자린데……. 잘 못되었네." 하며 못내 아쉬워하는 모습을 보고 고승의 장삼 자락을 잡고 무엇이 잘못되었는지 물었더니 저 터는 관을 눕혀서 묻지 말고 바로 세워서 묻어야 된다고 했습니다.

고승의 말을 쫒아 아버지의 시신을 바로 세워 매장했는지는 모릅니다. 나에게 이 이야기를 해 준 친구도 더 이상 얘기하지 않았으며, 나도 모르는 것이 약이 될 것 같아 묻지 않았습니다.

그러나 명당의 발복(發福)을 확신하는 미망 속에서 살아온 우리 민족의 십중팔구는 고승의 지적에 감지덕지(感之德之)하며 묘를 파헤쳐서 시신을 바로 세워 묻지 않았을까 생각합니다.

우리는 잘되면 자기 탓이고 못되면 조상 탓으로 생각했습니다. 그래서 집안에 재앙이 잇달으면 조상 묘 자리를 잘못 잡았다고 탈 없는 조상 유골을 천장(遷葬)했습니다. 그래서 명당을 찾기 위해 가산(家産)을 탕진하고 묘지 송사(訟事)로 문중 간에 원수진 경우도 있었습니다.

나는 이따금 벌떼같이 움직이는 도시의 인파를 바라보면서 그

한 사람 한 사람이 미래에 묘지가 되어 온 누리의 산야를 메우는 장면을 그려봅니다. 그럴 때면 오한(惡寒)과 함께 우리의 장묘(葬墓) 문화가 바뀌어야 된다는 절박감에 빠지곤 합니다. 부모를 명당에 모심으로써 자손들이 번성하고, 출세하고, 부자가 된다는 풍수도참설과 효의 사상이 어우러진 자기 과시의 허욕이 우리 강토를 묘지천국으로 만들고 있습니다. 대권(大權)을 꿈꾸는 사람도 부모 묘지 덕을 보겠다고 명당 찾기에 혈안이고, 재벌이며 소위 출세한 사람들이 부모 묘지나 자신의 유택을 명당에 모심으로써 이미 얻어진 것들을 잃지 않겠다고 물불 가리지 않는 것이 작금의 실태입니다. 이런 것들을 보고 들으면, 측은한 생각과 함께 그 지위와 자리에 걸맞게 '나'가 아닌 '우리'를 생각하고 '우리'를 위한 일을 실천해 주시길 바랄 뿐입니다.

나는 매년 음력 10월 묘사(墓祀)를 드리는 계절이 다가오면 중압감에 시달립니다. 공직 틈틈이 시간을 내야하며, 성주, 김천, 합천의 3개 시군에 위치하고 있는 21기의 묘소(墓所) 벌초며 관리가 여간 신경 쓰이지 않습니다. 높은 산 정상에 위치하고 있는 몇몇 산소는 매년 찾아가는 곳이지만, 무성한 잡초와 우거진 수목 때문에 골짜기를 잘못 들어서기가 일쑤입니다. 그래도 우리들 세대에서는 감당하겠지만, 세계가 한 지붕이 되어 살아가는 이 시대에, 생업에 얽매여 바쁘게 활동하는 자식들 세대에서도 어긋남이 없이 감당할 수 있을까 하는 염려와 함께, 다음 세대가 감당할 수 있는 방안을 강구해야 된다는 책임을 절실하게 느끼고 있습니다.

요즈음 문중별 또는 집안이나 가족단위의 납골당(納骨堂)이 성행하고 있는 것 같습니다. 나도 몇 년 전에 납골당을 만들려고 군청에 보조금까지 신청했으나 위치가 동네에서 500m 이내라 취소되었습니다. 이제는 그런 규제가 해제되었으니 재신청하라는 친절한 안내까지 받았지만 포기하고 말았습니다. 납골당은 관리와 보존에 문제점이 예상되며, 죽음은 자연으로 돌아가 흙과 동화되는 것이 순리인데 굳이 돌로 집을 지으면 오히려 자연의 경관에 거슬릴 뿐 아니라 먼 훗날 옛날 시골 동리 외딴 곳에 위치한 상여집같이 흉물스럽고 거추장스러운 존재가 될 것 같은 염려가 앞섰습니다. 시신이 부패하여 한 줌 흙으로 변하듯 묘지도 오래되면 멸실되는 것이 필연적인 현상이라 생각합니다.

고등학교 시절, 십리가 넘는 시골길을 걸어 다니면서 인분(人糞)으로 시비(施肥)하여 구린내가 등천하는 밭 한가운데 자리 잡고 있는 묘들을 보았습니다. 사춘기 어린 마음에, 죽어서도 똥물을 뒤집어쓰고 역겨운 구린내를 맡아야 하는 지지리 박복한 묘지의 주인공이 슬펐고, 죽음이 몰고 올 공포에 잠 못 이루는 밤을 얼마나 지새웠는지 모릅니다. 나의 유택은 높은 산봉우리에 도리솔이 우뚝하게 서있고 멀지 않은 곳에 깨끗하고 맑고 단물이 흐르는 곳에 마련해야겠다고 다짐했습니다만, 어리석고 부질없는 꿈이었음을 깨달았습니다.

운명은 자신이 창조 한다며 큰소리치던 젊은 날을 지나 인생의 오후가 되어 자신의 삶의 궤적을 뒤돌아보니, 이제사 산다는 것이나 늙어간다는 것은 우주적 차원의 복잡한 작용이며 인간의 삶을 결정하는 몇 가지 중요한 사항이 있다는 사실을 인정하고 풍수지리학에서 말하는 명제들이 귀에 들어오기 시작합니다.

믿자니 허황하고 안 믿자니 께름직한 풍수지리가 현실로 입증되고 적중되는 것을 체험하면서 경탄과 두려움에 빠지기도 했습니다만 화장하면 무해무득하여 명당에도 발복이 없고 흉지에도 재앙이 없다는 옛 어른들의 말씀을 믿기로 했습니다.

시대의 변천에 따라 명당의 기본요건인 좌청룡(左靑龍) 우백호(右白虎)를, 왼쪽으로도 오른쪽으로도 자동차가 닿을 수 있는 좌차우차(左車右車)로 바뀌었습니다.

죽음은 자연으로 돌아가는 것이기에 어느 곳이든 뼛가루가 뿌려지는 곳이 나의 유택이라 생각하기 때문에 별도로 유택을 마련할 필요가 없다고 생각했습니다만, 아이들이 "우리들을 부모 산소에 성묘도 못하는 불효로 만든다."는 반박과 항의에 당초 나의 생각을 굽혔습니다. 보통 묘지 보다는 조금 큰 규모에 둘레에 12기의 유골을 매장 할 수 있도록 둘레석을 만들고 봉분은 높이지 않고 그 안에 20기의 유골을 매장 할 수 있는 납골묘를 만들기로 했습니다. 아들 4형제와 며느리들이 뜻을 같이 했습니다. 유골을 담는 항아리도 거추장스러우니 나무로 조그마한 통을 만들어 중간을 가로막아 부부의 유골을 담아 묻으면 나무는 썩어 유골과 함께 한 줌 흙이 될 것입니다. 무엇보다 납골묘 2기만 만들면 60여 유골을 수용할 수 있으며, 일 년에 한 차례씩 날을 잡아 묘사를 행사하고 도리를 다하면 시간적, 물질적으로 절약되고 자손들끼리 정도 나누고 화합도 도모할 수 있다고 생각합니다.

우리는 유구한 역사적 과정에서 풍수도참적 관념과 함께 매장문화의 관습 속에서 살아왔습니다. 때문에 화장을 이단시(異端視)하고 기피해 왔습니다. 또한 화장은 두 번 죽는다는 그릇된 인식과 함께 살아서 영광을 누리던 사람들은 죽어서도 편안하게 누워 있는데 살아서 허리가 굽도록 고생한 사람들만 죽어서도 오징어처럼 굽혀야 하느냐는 거부감이 화장을 더욱 기피하게 만듭니다. 지하에 묻혀 뭇 벌레와 짐승들에게 찢기고 흉측스럽게 썩어가는 것보다 자연으로 돌아가 한 줌 흙이 되는 것이 육신의 귀착점이라 생각하고 깨끗하게 한 줌 재로 변하는 것이 미련 없는 결단이라고 생각합니다.

인간은 땅위에서 살다가 종국엔 땅으로 돌아갑니다. 그동안 우리는 부모님을 명당에 모셔 부귀영화와 자손의 번창의 복을 받겠다는 이기적이면서도 삐뚤어진 효심과 풍수지리에 대한 왜곡된 미망(迷妄)에 빠져 너무도 많은 것을 잃어버리며 살아왔습니다.

진정한 효는 대가를 바라거나 계산을 염두에 두어서는 안 됩니다. 또한 풍수전문가의 말을 들어보면

"명당은 망인의 덕에 달려있다."고 합니다. 이 말을 뒤집어 새겨보면 결과에 대하여 책임을 회피하기 위한 구실이기도 하지만, 살아생전에 마음가짐과 행동이 중요하다는 뜻입니다. 천당과 지옥, 명당은 살아생전의 모습에 기인하는 업보(業報)이기 때문에, 사람으로서 어긋남이 없도록 삶에 충실 하는 것이 자손들에게 부귀영화와 발복(發福)을 기약하는 것이라 생각합니다. 무엇보다 지금 우리가 살고 있는 이 땅은 조상으로부터 물려받은 땅이기에 앞서 후손들에게 물려줄 땅이란 사실을 잊지 않기 바랍니다.

우리 민족의 기초적 사상체계를 이루어 온 수많은 사상중의 하나인 풍수지리설을 국토의 효율적인 활용과 일상생활환경을 조화롭고 균형 있게 엮어가는 실질적인 학문으로 발전시켜야 한다고 생각합니다.

내가 어설프게 풍수지리를 들먹이는 것은 발복을 바라는 풍수지리의 도참(圖讖)적인 미망에서 벗어나야 우리의 장묘문화가 바뀐다는 간절한 바람 때문입니다.

(2004. 5)

허교(許交)

허교(許交)란 가까이 사귀어 서로 허물없이 '해라', '하게'와 같은 말을 쓰는 평교(平交)의 사이를 말하는 것으로 서로 허물없는 친구가 된다는 뜻이다. 친구란 이 세상을 살아가는 동반자로서 서로 영향을 주고받는 가장 가까운 남이다.<중략>

학교 1년 선배를 군대의 상사(上司) 모시듯 하고 다섯 살 이내의 연장자인 처남이나 동서를 형님이라 모시는 것은 서로 허물없는 벗으로 사귀기를 거부하며 위계적(位階的)인 질서의 틀 속에 자승자박(自繩自縛)하는 듯하여 아쉬움을 느낀다.

막 잠자리에 들려는데 전화벨이 울린다. 밤늦게 걸려오는 전화는 불안하고 짜증스럽다. 수화기를 드니 의과대학에 다니는 막내아들의 동문 선배라며 자기소개를 한다. 같은 학년의 동료라면 친구가 틀림없는데 굳이 동문 선배라고 하는 표현에 도무지 이해가 닿지 않는다. 전화를 받는 아들은 "예, 예." 하면서 존댓말로 응답할 뿐 아니라 전화를 받는 태도가 목전의 어른을 대하는 듯하다.

동문(同門) 선배가 무슨 뜻이냐는 나의 물음에 고등학교 선배로서 재수(再修)를 하여 입학한 같은 과의 동료를 말한다고 한다. 고등학교 1년 선배였지만, 지금은 같은 과의 동료인데 굳이 '동문 선배'라고 자기를 내세우는 쪽이나 깍듯이 선배로 모시는 아들놈의 행동이 옹졸하고 못난 짓거리 같아 나무랐더니 "요사이는 모두 그렇게 합니다."하고 얼버무리며 피한다.

교우의 폭과 서로의 마음을 주고받음에 있어서 이렇게 경직되고 메말라버린 젊은 세대들의 사고에 답답한 현기증을 느꼈다. 이것도 계급과 선배에 대한 절대 복종을 요구하는 군사문화의 잔재(殘滓)라고 생각하니 헐뜯던 시어머니의 행동거지를 꼭 닮은 며느리의 꼬락서니다.

허교(許交)란 가까이 사귀어 서로 허물없이 '해라', '하게'와 같은 말을 쓰는 평교(平交)의 사이를 말한다. 간단히 말하면 서로 허물없는 친구가 된다는 뜻이다. 친구란 이 세상을 살아가는 동반자로서 서로 영향을 주고받는 가장 가까운 남이다.

인생이란 해후(邂逅)의 역사이다. 그러므로 훌륭한 친구를 만난다는 것은 더 없는 행운이요 행복이다. 그래서 역경(易經)에 "두 사람이 마음을 합하면 그 날카로움이 쇠를 끊고, 마음을 같이하는 말은 난초(蘭草)와 같다."고 말하였으며, 정의(情誼)가 매우 두텁고 다정한 친구 사이를 금란지교(金蘭之交)라 한다.

우리의 옛 관습은 8살 위까지(色目에 따라 9년까지 허용하는 경우도 있음) 서로 벗하기를 허용하는 범위로 했다. 이는 예기(禮記)에, "나이가 자기 나이의 배가되면 아버지처럼 섬기고, 열 살이 위이면 형님처럼 섬기며, 다섯 살이 위이면 친구로 사귀어도 된다.(年長以倍則父事之 十年以長則兄事之 五年以長則肩隨之)"라는 어원을 근거로 했다고 추측된다. 그러나 동서(同壻)나 처남(妻男)의 경우는 당연히 허교가 허용되지만, 타인과의 허교는 먼저 연장자가 허교를 청해야 되며, 상대방의 동의나 허락이 없으면 허교를 할 수 없다.

옛날에는 인구수가 적고, 신분과 지체가 비슷한 동류의 수가 많지 않았기 때문에, 연령적인 사귐의 범위를 8년으로 했다고 추측된다. 8년의 범위가 '위로 8년 아래로 8년(上八下八)'이 되어 16년의 범위에서 벗을 사귈 수 있는 결과가 된다.

요사이 젊은이들은 도무지 이해가 닿지 않을 것이다. 사람으로서 지켜야 할 다섯 가지 떳떳한 도리로 장유유서(長幼有序)를 인간관계 질서에 포함시켰던 유교적 전통사회에서 친구를 사귀는 범위를 넓게 인정한 것은 연장자로서의 금도(襟度)와 포용(包容), 원활한 인간관계를 도모하기 위한 속 깊은 뜻이 내재되어 있다고 생각된다.

나는 8년 위의 허교를 원칙적으로 반대한다. 그러나 연장자가 벗으로 사귐을 요청할 때 이 시대에는 맞지 않는다고 몇 번을 사양했지만 연장자의 금도와 원활한 인간관계를 저버릴 수 없어 허교한 경우가 대부분이다.

집의 아이들이 결혼하는 경우 다섯 살 이내의 처남이나 동서에게는 절대 형님이라 호칭하며 존댓말을 사용하지 말라고 일러둔다.

학교 1년 선배를 군대의 상사(上司) 모시듯 하고 다섯 살 이내의 연장자인 처남이나 동서를 형님이라 모시는 것은 서로 허물없는 벗으로 사귀기를 거부하며 위계적(位階的)인 질서의 틀 속에 자승자박(自繩自縛)하는 듯하여 아쉬움을 느낀다.

처음 만나도 십년지기(十年知己)를 만난 듯한 정(情)을 느낄 수도 있다. 그러나 메마르고 각박한 계산속에서 마음을 닫고 살아가는 오늘의 젊은 세대들이나 이러한 환경에서 자라지 못한 사람들은 옛 관습의 '허교'가 어색하고, 버릇없고, 당돌하다고 생각할 수 있다.

15년 전에 내가 겪은 일이다. 시골에 사는 8년 연장의 친구가 직장으로 찾아왔다. 시골에서 농사를 짓고 있는 그 친구는 고생을 하고 햇볕에 타서 외모는 60대 노인이었다. 그 친구가 돌아간 후에 직원 한 사람이 "과장님은 양반으로 알고 있는데 나이 많은 분에게 말을 그렇게 해도 됩니까?" 하며 나무라는 투로 말했다. 허교에 대해서 설명했지만, 그에겐 딴 세상 이야기 같이 들리는 듯했다.

나도 학업과 직장을 따라 객지에서 생활한 탓에 처음엔 허교가 당돌하고 거북하기가 내 몸보다 훨씬 큰 옷을 입은 듯 했으나 세월이 흐르고, 허교의 범위가 넓어지고, 노년을 맞이하면서 옛 어른들의 속 깊은 배려를 알 듯하다. 그러나 옛 허교 문화를 이해하지 못하는 많은 사람과 젊은 세대들이 우리 생활의 도처에서 갈등을 초래하는 현실을 보면서 새로운 허교 문화의 정립을 절실하게 느낀다.

어느 젊은 변호사가 술좌석에서 하소연하던 넋두리를 잊을 수 없다. 요사이는 나이와 관계없이 손 위의 동서나 매부를 형님이라 호칭 하는데 그 변호사는 옛 허교의 법도를 아는 손아래의 두 매부에게 형님이라는 존칭을 듣지 못해 다른 사람들로부터 모자라는 사람으로 취급받을까 두렵고 부끄럽다고 하였다. 열 살 아래의 여동생이 시집가면 매부로부터 형님이란 존칭을 받을 수 있겠다는 한 가닥 희망과 기대는 있으나 자기보다 8년 이내의 나이가 아니어야 된다는 단서(端緖)를 잊지 않았다.

옛 우리의 허교 문화가 사라져가고, 올바로 이해 못하는 이 시대 젊은 세대에 갈등이 극명하게 표현된 이야기이다. 웃어버리기엔 너무나 아쉬움이 많다.

어른 노릇하기가 쉬운 것이 아니다. 서로의 마음과 뜻이 통하는데 몇 살 차이의 나이 때문에 벽으로 가리는 알량한 체면이나 권위의식은 버려야 한다. 허물없이 서로의 가슴과 가슴이 부닥치는 교우는 더 없는 인생의 축복이다. 옛날에는 다섯 살까지 어깨동무를 하는 사이라 했으나 지금의 교육제도로 볼 때 세 살까지가 어깨를 나란히 하는 동무로 보는 것이 무난하지 않을까 생각해 본다.

시대의 변화에 따라 생활양식과 사회적 구조 등 모든 것이 상전(桑田)이 벽해(碧海)로 변해 버렸다. 따라서 옛날과 같은 허교의 범위는 축소되어야 하겠지만 오늘의 폐쇄적이고 경직된 친구의 사귐에 선조들의 허교 문화를 되새겨 이 시대에 걸맞도록 정립해야 할 시대적 요구가 절실하다고 생각한다.

(1992. 6. 1)

'떠남'에 대한 소고(小考)

우리 집 사랑방 아랫목에서 임종을 맞이하겠다는 당부를 자식들에게 전했다. 아내는 자식을 고생시키려고 작심(作心)했느냐며 핀잔했지만 나의 뜻을 십중팔구는 이해하고 있다고 믿고 있으며, 그만한 도리는 지킬 것이라 생각한다.<중략>

생시(生時)의 보금자리에서 쫓겨나 회백색 낯 설은 병실, 뭇사람들의 고통을 담고 있는 침대 위에서 임종을 맞이해야 하는 현대판 고려장(高麗葬)이 성행하는 이 세태에 내 집 내방에서 편안하고 여유롭게 죽음을 맞이한다는 것은 더없는 기쁨이요 청복(淸福)이라 생각한다.

나는 부모님의 임종(臨終)을 지켜보지 못했다. 임종을 지켜줄 형제가 없는 외아들인 나에겐 한(恨)으로 남아있다. 어머니께서는 주무시다 뇌졸중으로 돌아가셨고, 아버지께서는 내가 타관에서 직장 생활을 하는 동안 돌아가셨다. 한 방에 있어도 임종을 못하는 아들이 있다는 옛말이 나의 숙명인 양 자위하며 살아간다.

내가 시신(屍身)을 대한 것은 부모님이 처음이었다. 양위분(兩位分)의 돌아가신 모습은 편안하고, 평화스러웠다. 초등학교 1학년에서 중학교 3학년인 어린 네 아들도 할아버지와 할머니의 마지막 모습을 생시와 같이 뵈옵고 장례날까지 시신을 모시고 나와 함께 기거(起居)할 수 있었다는 사실에 감사하며 대견하게 생각한다.

어머니께서는 정월 초하룻날, 자손들에게 세배를 받으시고 저마다에게 덕담까지 일러주시고 오후에 당신 방에서 쉬시겠다는 말씀을 마지막으로 돌아가셨다. 아버지께서는 80고령의 노환으로 편치 않으셨지만, 돌아가시기 3일 전에도 아내가 모시고 시내 다방에서 친구분들을 만나셨다. 아내의 지극한 간병과 사랑에 만족하셨으며 손자들의 재롱과 자라는 모습에 기쁨을 감추지 못하셨다. 운명하시기 일주일전 "나는 아무런 여한이 없다." 하시며 담담하게 말씀하시던 유언을 상기하면 이 못난 아들에 대한 믿음과 칭찬이 부끄럽기만 하고 마지막 이별의 순간에 배웅하는 예를 드리고 지켜보지 못한 불효가 가슴을 아프게 한다.

며칠 전 어느 아파트에서 단지 내에서는 장례를 치르지 않기로 주민들이 결의했다는 이야기를 듣고 극단적인 이기심에 빠진 냉혹하고 비정(非情)한 현실에 착잡한 아픔을 달래고 있었다. 마침 한 친구가 찾아왔다. 친구에게 그 심정을 토로했더니 절통(切痛)한 자기 친구 이야기를 들려주었다.

아버지의 죽음을 병원에서 맞이하도록 해야겠다는 형과 아버지의 뜻에 따라 당신이 마련하고 가꾸고 생활해왔던 본가에서 임종하도록 하자는 동생의 의견이 엇갈려 다툼이 있던 중이었다. 그러나 부모님이 집에서 돌아가시면 이혼도 불사하겠다는 맏며느리의 강경한 반대로 친구의 아버지는 병원에서 임종을 맞이했고, 장례 후 형제는 의절했다는 것이다. 자수성가한 아버지로부터 고대광실의 저택과 수십억 원이 넘는 재산을 유산으로 물려받았기 때문에 본가에서 임종을 바라는 아버지의 간절한 소망을 받아들이는데 아무런 걸림이 없다는 것이 그 친구의 설명이었다. 작은 아들의 애절한 정성이 나를 슬프게 했으며, 비정한 맏아들 내외의 처사가 얄밉고 측은했다.

저마다 삶의 끝자락에 위치한 죽음을 추하고 참담하고 두려운 모습으로 생각하고 있다. 죽음을 통해서만 새로운 삶의 의미를 발견할 수 있다는 자각이 아쉽다. 살 줄 만 알고 죽을 줄 모르는 현실의 이기심과 집념이 무섭고 두렵기만 하다.

옛날엔 자기 집 자기 방에서 임종을 하지 못하면 객사(客死)라 해서 죽은 사람의 영혼이 원귀(寃鬼)가 되어 구천(九天)을 떠돌아 다니기 때문에 치욕과 한으로 생각했다. 그래서 객사한 시신은 본가로 모시지 않았다. 병이 위중하여 회춘(回春)할 가망이 없다고 판단되면 정침(본인이 기거하던 방)으로 모신다. 이것을 천거정침(遷去正寢)이라 한다. 방안은 물론 집 안팎을 치우고 환자의 머리를 동쪽으로 눕힌다. 머리를 동쪽으로 두면 우리나라의 집 구조상 남향일 때 동쪽에 부엌 아궁이가 있어서 거꾸로 눕게 된다. 평상시 아이들이 거꾸로 눕는 것을 보면 어머니들이 깜짝 놀라 꾸짖는 까닭이 이 때문이다. 동쪽은 해가 뜨는 곳이라서 밝음을 상징하며 태어남의 시작이기 때문에 사람이 죽을 때 소생(蘇生)을 바라며 머리를 동쪽으로 두는 것이다. 이렇게 우리들은 임종을 앞둔 분의 소생을 기원하면서 지극한 정성과 알뜰한 보살핌으로 엄숙하고 애절하게 이별을 맞이했다.

그러나 오늘의 세태는 죽음이 임박하면 병원 응급실로 옮긴다. 입원해 있는 경우는 병원에서 죽음을 맞이하도록 한다. 소생을 바라는 간절하고 지극한 정성보다 시신을 병원 영안실에 안치하기 위한 절차이며 장례에 따르는 수고로움을 덜기 위한 얄팍한 계산이 깔려 있다.

비록 누추하고 초라할망정, 물건 하나하나에 기억이 묻어있고 추억이 먼지처럼 떠다니는 내 집 내 방에서 가족들과 함께하며 임종을 맞이하는 것보다 더 좋은 것은 없다. 잠자리를 옮기는 경우 평소 거처(居處)보다 환경과 제반설비가 훨씬 좋더라도 왠지 불안하고 편안하지 못하여 잠을 설치거나 피로가 겹쳐오는 경험을 한다. 하물며 임종을 맞이함에 있어서 보내는 자에 대한 최소한의 배려요 도리라고 생각한다.

나는 우리 집 사랑방 아랫목에서 임종을 맞이하겠다는 당부를 자식들에게 전했다. 아내는 자식을 고생시키려고 작심(作心)했느냐며 핀잔했지만 나의 뜻을 십중팔구는 이해하고 있다고 믿고 있으며, 그만한 도리는 지킬 것이라 생각한다.

나는 이따금 사랑방 아랫목에 누워 언젠가는 맞이할 임종의 순간을 상상해 본다. 나의 6대조 할아버지부터 이곳에서 임종을 맞이하셨다. 당신의 임종도 못 지킨 이 아들을 아버지께서 신뢰하고 칭찬했듯이 나도 자식들을 믿고 칭찬하는데 인색하지 않아야겠다고 생각한다.

한 가지 수수께끼가 있다. 이곳에서 임종을 맞이하신 선대 할아버지의 마지막 염원은 무엇이었을까? 들릴 듯 잡힐 듯하면서 잡히지 않고 들리지 않는다. 정신을 가다듬고 곰곰이 생각해 본다. 내가 자손들에게 바라듯이 부끄러움 없는 저마다의 올곧은 삶을 기원하셨으리라.

생활환경과 주거환경이 급변하고 핵가족으로 변모하여 하나의 지구촌으로 지향하는 초고속시대에 미련하고 어리석게 천거정침(遷去正寢)만 고집하는 것이 아니다. 삶을 마감하며 떠나는 사람에 대한 보내는 사람의 소중하고 근본적인 마음가짐을 잃지 말자는 것이다.

고기가 물을 떠나서 살 수 없듯이 인간도 현실을 떠나서 살 수 없다. 시대에 따라 변하고 개혁되어야 함은 당위(當爲)요 필연이다. 그러나 그 변화와 개혁은 우리의 전통과 습속(習俗) 속에 숨어 있는 소중한 정신적인 유산의 알맹이를 바르게 가꿀 때 참다운 창조가 있다고 생각한다.

사람의 죽음은 죽는 사람 자신보다 산 사람(유족)의 문제다. 산 사람이 현실에 적응하며 살기 위해선 장례식장이나 장례절차의 간소화는 이루어져야 하지만, 영결종천(永訣終天)이 세상을 떠나는 마지막을 자신의 보금자리에서 편안하고 아름답게 맞이할 수 있도록 배려하는 도리와 정은 사람으로서 저버릴 수 없는 근본적인 마음가짐이기 때문에 우리는 그 정신의 불씨를 소중하게 간직해야 한다.

생시(生時)의 보금자리에서 쫓겨나 회백색 낯 설은 병실, 뭇사람들의 고통을 담고 있는 침대 위에서 임종을 맞이해야 하는 현대판 고려장(高麗葬)이 성행하는 이 세태에 내 집 내방에서 편안하고 여유롭게 죽음을 맞이한다는 것은 더없는 기쁨이요 청복(淸福)이라 생각한다.

(1997. 11)

공자는 죽어야 되는가

'공자가 죽어야 나라가 산다'…… 공자의 가르침을 절대가치로 인정하여 사문난적(斯文亂賊)의 덫을 씌우고 형식과 인간욕망에 매달려 온 후세들의 죄업(罪業) 때문에 공자가 죽어야 한다면 공정한 판단이 아니다.

죽이라는 말은, 성자나 스승을 의지 삼아 이들을 최고 가치로 삼을 경우 거기에 집착하여 지신의 길을 확보하는데 장애가 되므로 뛰어넘으라는 뜻이다. 우리는 공자를 뛰어넘지 못하고, 맹신적인 공자주의의 늪에서 헤어나지 못하고 안주(安住)하며 욕망과 이기심과 위선으로 공자를 화장(化粧)시키는데 급급했다.

나는 '공자가 죽어야 나라가 산다.'는 참뜻은 '공자를 뛰어 넘어야 나라가 산다'라는 의미로 받아들이고 싶다.

유교(儒敎)를 건국이념으로 한 조선왕조에서 아버지가 자식을 죽이고 불목(不睦)하고 형제간에 살육이 그치지 않았다는 역사적 사실은 욕망과 이해가 상충하고 이기심과 망상에 젖어있는 인간 사회에서 공자의 가르침이 애당초 이루어질 수 없는 이상(理想)이요 꿈이란 것으로 극명하게 드러난다. 반면 인간 도리에 충실한 의(義)롭고, 올곧은 삶을 보면, 편안함과 기쁨과 보람을 느낄 수 있는 것은 인간이 도덕적인 존재이며 심미적이며 종교적인 존재이기 때문이다. 이 이율배반적인 인간의 삶의 모습에서 공자의 가르침(어느 의미에서는 유교의 가르침이라고 하는 것이 더 적절하겠다)이 실천되고 이루어지지 않는 것은 결코 공자의 책임이 아니라 위선과 욕망과 이기심에 불타는 못나고 어리석은 후학들의 책임이라 생각한다.

이상과 꿈은 인간의 삶에 활력을 더해주며 아름답고 훌륭하게 가꾸어 주는 요소이다. 이상과 꿈을 향하여, 시지프의 신화와 같이 떨어지려는 바위를 계속해서 밀어 올리는 노력과 인내를 게을리 하지 않는 것이 참다운 삶의 모습이라 생각한다.

나는 공자의 학문에 대하여 무지하다는 표현이 솔직한 고백이다. 그러나 누구보다 공맹(孔孟)의 가르침에 절어 곰삭은 환경에서 자랐기 때문에 보고, 듣고, 느끼고, 체험하면서 유교에 대한 애증(愛憎)의 갈등 속에서 몸부림치며 살아왔다.

분칠한 위선과 허세와 알맹이 빠진 명분에 구토(嘔吐)와 현기증을 느끼며 울분과 아쉬움을 삭이며 살아왔다. '공자가 죽어야 나라가 산다'는 어떤 저자의 절규에 나도 통한의 아픔을 느끼면서도 내 가슴속에서 "공자가 죽으면 우리도 죽는다."고 외치고 있었다. 공자의 가르침을 절대가치로 인정하여 사문난적(斯文亂賊)의 덫을 씌우고 형식과 인간욕망에 매달려 온 후세들의 죄업(罪業) 때문에 공자가 죽어야 한다면 공정한 판단이 아니다.

늦은 잠자리에서 잠을 청하느라 신문을 뒤적이다가 "공자가 죽어야 나라가 산다."는 표제의 책 광고를 보는 순간 살생부(殺生簿)를 대한 듯 섬뜩한 전율을 느끼면서 어릴 적 어머니께서 나를 무릎 위에 눕혀놓고 집안 아주머니들과 모여앉아 이따금 눈물을 흘리시며 구성지게 읽어 주시던 '한양오백년가'가 떠올랐다.

"슬프다 친구님네 이 가사(歌詞)를 들어보소. 무슨 가사 지었는고, 한양가(漢陽歌)를 지었더라, 이 가사를 보시면 한양사적(漢陽史蹟) 자세 알리. 오백년 지난 사적 흥망성쇠 여기 있고……."라는 첫 구절은 60년이 지난 지금도 거침없이 욀 수 있겠다. 내용은 서두부터 '슬프다'는 비탄사(悲歎詞)로 시작한 의문과 태조 이성계와 태종 이방원 부자간 불화(不和)와 불목(不睦), 수양대군이 어린 조카 단종을 몰아내고 영월 청령포 유배지 방안에서 개같이 목을 매어 당겨 죽이는 장면, 두 임금을 섬길 수 없다면서 혹독한 형벌을 의연하게 받아들이며 형장의 이슬로 사라지는 사육신의 충절, 인조가 아들 소현세자를 벼룻돌로 이마를 쳐서 참혹하게 죽이는 정도만 기억하고 있다. 그럼에도 불구하고 '공자가 죽어야 나라가 산다.'는 표제를 보는 순간 희미한 기억 속의 '한양오백년가'가 떠오르는 연유를 나 역시 종잡을 수 없었다.

두려움과 흥분이 엇갈리는 내 감정을 추스르면서 먼저 '공자가 죽어야 나라가 산다.'고 절규하지 않을 수 없었던 저자의 용기와 결단에 찬사와 갈채를 보내야겠다고 생각하면서도 내 마음 깊은 곳에서는 터질 것만 같은 통절의 아픔을 감당하기 어려웠다.

'공자가 죽어야 나라가 산다.'는 화두 같은 표제를 곱씹어 보면서 불현듯 어릴 적 아련한 기억 속에 '한양오백년가'를 떠올린 열쇠가 풀리기 시작했다. 내가 중학교 2학년 때 (6·25사변 이듬해) 할아버지께서 돌아가셨다. 상례(喪禮)에 옛 범절(凡節)지킨다고 행여 소루한 점이 없을까 삼종조(三從祖)께서 주자가례(朱子家禮) 책을 펼쳐놓고 점검하시면서 유월 장에 소 잡고 야단법석을 떨었으나 현실적으로는 매년 논 팔고 밭 파는 수모를 겪었으며, 생가(生家) 아버지께서 생전에 그 빚의 굴레를 벗지 못하셨다. 열두 위의 기제사(忌祭祀)와 네 번의 시제, 열여덟 위의 묘사(墓祀)를 모시면서 제수가 옛 기준에 부족함이 있으면 불호령이 떨어지던 할아버지의 진노하신 모습은 지금도 나에겐 얼룩진 기억으로 남아있다.

탐독하겠다고 20여 년 전에 구입한 연려실기술(燃藜室記述)은 아직도 한 권을 완독하지 못했다. 그 대의와 명분이 집권세력이 바뀔 때마다 변하는 사실에 울분을 참지 못하고 책을 팽개쳐 버렸기 때문이다. 충서(忠恕)를 외치면서 충서의 실천을 볼 수 없었으며, 분칠한 위선에 구역질을 참을 수 없었다.

10여 년 전 중국 산동성 공자의 태생지인 곡부(曲阜)와 태산(泰山)을 방문할 기회가 있었다. 동행한 70대의 한 분이 존모(尊慕)하는 공자의 사당을 참배하는 영광에 감격하여 울먹이는 모습을 보고 전신이 마비되는 현기증을 느꼈다. 절대존엄의 가치기준으로 그의 내면에 공자가 살아있는 것이다. 그러나 막상 곡부의 공자묘는 문화혁명의 소용돌이에 훼손되고 파괴되어 온전한 것이 하나도 없는 전쟁터 같은 참담한 정경이었고, 역사의 뒤안길로 사라진 진시황의 분서갱유 같은 또 하나의 과오를 어떻게 치유할 것인지! 인간의 광기어린 자기 확신이 두렵기만 했다.

자기 고장인 중국에서 빈사(瀕死) 상태로 신음하는 공자가 우리나라에서는 대접이 지나쳐 '과공(過恭)은 비례(非禮)'라는 표현이 어울릴 것 같다. 지역마다 향교를 복원하고 석전(釋奠)을 모시며 전교(典校)니 장의(掌議)니 하는 감투 쓰기에 옛 사색당파까지 들먹이며 파벌을 조성하는 정경이 연출되기도 한다. 나는 그런 추태가 민망하고 송구해서 경남의 어느 전교님께 "학식과 인품, 덕망(德望)을 갖춘 분을 추대 형식으로 모시지 않고 선거판으로 분열되는 정황에서 전교는 무엇 때문에 하십니까?"고 물었더니 얼굴을 붉히면서, "댁은 훌륭한 조상을 모신 덕분에 그런 감투가 없어도 인정받지만, 우리 같은 사람은 그런 자리라도 차지해야 인정받고 출입할 수 있지 않습니까?"라는 솔직하고 거침없는 대답을 했다. 다소 당황했지만 그분의 솔직한 인품에 따스한 훈기를 느꼈다.

성균관이나 향교를 이끌어가는 사람이 책임감과 사명감에 앞서 그 자리를 처세의 발판이나 입지의 방편으로 생각하며 자기 과시에 도취된다면 엉뚱하게도 공자가 저주와 타도의 대상이 되기도 할 것이다.

자기 집안 제사나 경조사는 못 챙기면서 향교나 서원을 출입하며 의례절차 몇 가지 안다고 무슨 대단한 학자인 양 행세하는 자들과 선현(先賢)을 모시는 서원(書院)에 다녀와서 대단한 출세라도 한 양 뽐내는 어리석고 못난 사람이 있는 이상, 공자의 가르침은 왜곡되고 오도(誤導)되고 그 해독(害毒)이 우리를 병들게 한다.

누구라도 이름 석 자를 말하면 알 수 있는 출세한 친구 아버지의 하소연이다. 워낙 바쁜 몸이긴 하지만 고향의 부모님을 자주 찾아뵙지 않는다고 나무랐더니, "효도의 마지막은 현달(顯達)해서 부모님 이름을 빛내드리는 거 아닙니까? 저는 효도를 다하고 있습니다."고 하더라며 씁쓸하게 웃었다. 공자의 가르침을, 근본적이고 소중한 알맹이는 챙기지 못한 채 관념적이고 이기적으로 이해하여 왜곡하고 오도한다.

나는 유교 경전을 전문적으로 탐독하고 연구한 사실도 없고 그런 능력과 소양을 갖추지 못했지만 완고한 유교적 가풍(家風)에 억눌리고 찌들면서 반항하고, 번민하면서 살아왔다. 하지만 공자의 가르침과 말씀은 인류가 가슴 속으로 시공(時空)을 뛰어넘어 받아들여야할 마음의 양식임을 부인하지 않는다.

물질만능의 서구문명에 찌들고 산업화의 물결 속에 인성(人性)이 마비되고 사람다움을 잃어가는 이 시대에 공자의 가르침에 대한 새롭고 냉정한 수용이 절실하다. 인류역사상 어느 종교건 세월이 흘러가면서 부패와 타락의 소용돌이를 거쳐 왔다. 공자의 말씀과 가르침도 후세 사람들의 이기심과 욕망 때문에 위선으로 분칠한 결과 소중한 알맹이는 뽑아두고 포장지만 꾸려왔다.

민족사적인 관점에서 우리들에게 버팀목이 되어온 소중한 전통의식은 인의예지신(仁義禮智信)과 충효(忠孝)이다. 이 일곱 가지 덕목은 시공(時空)을 초월하여 받아들여야할 마음의 양식이며, 수천 년을 한국인으로 살아남을 수 있었던 생명력의 근본이었으며, 우리의 생명력을 유지해온 존재가치였다. 따라서 공자의 가르침은 우리 내면에 면면이 살아있다. 우리는 공자의 가르침을 이 시대의 의식으로 읽고 현대인의 심리로서 해부하고, 또 우리 자신의 모습을 그 속에서 발견하여 언제나 우리의 가슴 속에 순금같이 빛나도록 노력하고 인내하는 마음가짐이 중요하다.

9세기 임제 선사께서 "그대들이 바른 깨달음을 얻고 싶거든 사람에게 홀리지 마라. 안으로나 밖으로나 만나는 것은 바로 죽여라. 부처를 만나면 부처를 죽이고, 조사를 만나면 조사를 죽이고, 성자를 만나면 성자를 죽이고, 스승을 만나면 스승은 죽여라. 그래야만 비로소 해탈을 하여 그 어떤 것에도 구애받지 않고 자유자재하리라." 고 말했다. 죽이라는 말은, 성자나 스승을 의지 삼아 이들을 최고 가치로 삼을 경우 거기에 집착하여 자신의 길을 확보하는데 장애가 되므로 뛰어넘으라는 뜻이다. 임제 선사의 표현과 같이 우리는 공자를 죽여야 한다. 우리는 공자를 뛰어넘지 못하고, 맹신적인 공자 주의의 늪에서 헤어나지 못하고 안주(安住)하며 욕망과 이기심과 위선으로 공자를 화장(化粧)시키는 데 급급했다.

나는 '공자가 죽어야 나라가 산다.'는 참뜻은 '공자를 뛰어 넘어야 나라가 산다.'는 저자의 애절하고 절실한 절규로 받아들이고 싶다.

(2003. 6. 1)

3. 하늘이 내려다 본다

하늘이 내려다 본다

무식하고 순박한 먹구 영감이 울부짖은 '하늘'의 뜻은 현상의 하늘이 아니라 양심을 지키고 인간의 도리를 다할 줄 아는지 여부를 심판하고 감시하는 우리들 각자의 마음가짐을 말하는 소박하고 지극히 가까운 하늘을 말하는 것이 아닐까.

고등학교 시절까지만 해도 요사이 젊은 사람들은 이해할 수도 없고 이해되지도 않는 '서리'란 장난이 성행했다. '서리'란 또래들끼리 모여 남의 집 수박, 참외, 감자, 곶감, 밀, 보리, 콩, 과일 심지어 닭, 돼지 등 동물을 주인 몰래 훔쳐다 먹는 장난을 말한다.

우리 나이 또래의 사람들로 농촌에서 성장한 사람은 서리의 경험이 있을 것이다. 시쳇말로 표현하자면 남의 물건을 도둑질한 전과(前科)의 경험을 간직하고 있다. 어릴 적 남다른 말썽꾸러기인 나는 이름난 서리 계의 악동(惡童)이었다. 같은 또래는 물론 나이 많은 일꾼들까지 동원하여 남의 밭을 싹쓸이해 버리거나 닭장을 통째로 들어오기 일쑤였다. 사실은 이렇게 되고 보면 주인 몰래 훔쳐다 먹는 장난이라는 서리의 범주를 벗어난 무법자의 약탈행위가 되어 버린다. 그러나 서리를 하는 사람과 당하는 사람 사이에는 두터운 인정의 맥(脈)이 흐르고 있음을 볼 수 있다.

좁은 삶의 공동체 마을 단위에서 언젠가는 누구의 소행이라는 것을 알기 마련이다. 그래서 주인은 자기 밭을 덮치는 상대가 누군 줄 알면서도 모르는 척 쫓는 시늉을 하고, 서리꾼들도 짐짓 놀라는 척 허겁지겁 도망치면서 짜릿한 인정을 느끼는 것이다.

특히 새신랑이나 귀한 손님이 올 경우에는 본가(本家)는 물론 그 가까운 집안까지도 서리를 당한다는 관례에 따라 오히려 서리꾼들을 기다려 주기도 한다. 서리는 법(法) 이전에 덮어두는 관용과 묵인하는 아량이 있었으며 한편으로는 강요하는 응석이 깔려있는 것이다. 그래서 서리 행위에 대하여 죄의식이라든지 자신의 행동에 갈등을 느껴본 적은 없었다.

이러한 서리라는 장난도 세태의 변천에 따라 장난으로 인정치 않게 되었으며 전과자(前科者)로 낙인(烙印)을 안고 살아가야 하는 시대가 되고 말았다. 인정이 메마르고 물질만능의 위험한 사고가 판을 치는 요즈음 남의 물건을 훔치는 행위에 대한 여유와 관용과 인정이 아쉬워짐은 복고적인 부질없는 향수인지 모르겠다.

고등학교 3학년 방학 때 건너 마을 먹구 영감의 수박밭을 덮친 것이 내가 기억하고 있는 내 마지막 서리였다. 장마가 그친 어느 그믐날 우리 악당들은 먹구 영감네 수박밭을 덮친 것이다. 우리들은 예(例)의 순서대로 주인이 잠들고 있는 원두막의 사닥다리를 치워놓고 잘 익은 수박을 골라 따기 시작했다. 수박밭 주인이 귀머거리 먹구 영감이라 방심하고 설친 탓에 먹구 영감은 우리들의 침입을 감지하고 원두막을 내려오다 사닥다리를 치웠기 때문에 땅바닥으로 곤두박질하고 말았다. 계획대로 되어 가는 기쁨에 키득거리며 도망치는 악당들을 먹구 영감은 분을 참느라 씩씩거리면서 필사의 힘을 다해 쫓아오면서 “이놈들아! 하늘이 내려다본다.” 고 외쳐댔다. 아니 그것은 외침이라기보다 울부짖음이란 표현이 더 적절할 것이다.

그날 이후 서리 행위에 대한 아련한 추억과 더불어 먹구 영감의 그 울부짖음도 인간의 한갓 넋두리 정도로 생각하고 살아온 지 오래 되었다. 망각(忘却)하며 살아온 것이 다행이라며 구차하게 자신까지 망각하며 살아가는 나에게 30여 년의 세월이 흘러간 지금에서야 먹구 영감이 우리들을 향하여 절규하던 “이놈들아! 하늘이 내려다본다.”던 그 울부짖음을 내 자신이 하고 싶어짐은 왠일일까? 철저한 무신론자로 살아가고 있는 나는 새삼 하늘의 의미를 생각해 본다. 무식하고 순박한 먹구 영감이 울부짖은 '하늘'의 뜻은 현상의 하늘이 아니라 양심을 지키고 인간의 도리를 다할 줄 아는지 여부를 심판하고 감시하는 우리들 각자의 마음가짐을 말하는 소박하고 지극히 가까운 하늘을 말하는 것이 아닐까? 하늘이란 지고(至高)한 무상(無上)의 존재(存在)요, 인간이 추구하는 궁극(窮極)의 이상이 아닐까? 낫 놓고 ㄱ자도 모르는 무식한 농사꾼인 먹구 영감이 스스럼없이 부끄러워하지 않고 외칠 수 있는 '하늘'은 결코 먼 피안(彼岸)에 존재하는 것은 아니라는 확신을 가진다. 나는 항상 하늘을 머리 위에 두고 살아오면서 하늘이 우리들의 머리 위에 있다는 엄연한 사실을 망각하려고 바동거리며 살아왔다.

하늘이 허용하는 사회는 법 이전에 인간의 도리와 양심이 살아 있고 사랑과 관용이 통하는 지상(地上)일 것이다. 옛날에는 하늘을 본받아야 덕(德)이 이루어진다고 믿었지만 지금은 그 덕(德)을 돈을 주고 살 수 있다고 믿는다. 우리는 하늘을 잊은 지 오래다. 운명은 하늘에 있다고 말을 하지만 하늘은 항공노선 쯤으로 여길 뿐이다. 하늘을 믿는다 함은 마음을 믿는 것이다. 하늘을 무서워하지 않음은 하늘을 믿지 않는 것이다.

좀 더 일찍이 먹구 영감이 울부짖던 그 외침의 참 뜻을 생각할 수 있었다면 나의 삶과 더불어 이웃을 가꾸고 다듬는데 인색하지 않았으리라는 아쉬움이 이제사 밀물처럼 밀려온다. (1988. 9. 12)

운(運)의 속성(屬性)

운이란 글자 그대로 움직이며 돌아가는 것이다. 똑같은 조건이라면 누구에게도 공평하게 돌아가는 것이다. 마음의 수레바퀴가 행운의 수레바퀴와 동심원(同心圓)이 되어 잘 돌아가도록 하는 분별(分別)과 성심(誠心)과 노력을 아낌없이 쏟았을 때 비로소 운은 미소를 지으며 힘찬 발동기 소리를 내는 것이라는 생각을 해 본다.

내가 중학교 다닐 때까지만 해도 아랫마을에 정미소(精米所)가 있었다.

그러나 큰 지역의 정미소와 경쟁이 될 수 없어서인지 문을 닫고 지금은 휑뎅그렁하니 빈 터만 남아 있다.

어떤 연유인지 알 수 없으나 그 정미소를 집안 아저씨 두 분이 몇 년씩 번갈아가며 운영했다. 기술자는 바뀌지 않고 백곰이란 별명을 가진 일가 아저씨가 흰 먼지를 뒤집어쓰고 정미소 안팎을 굼

뜨게 어슬렁거리며 기름투성이가 된 채 기계를 만지던 모습이 선연하다.

그 당시만 해도 원동기를 만질 수 있으면 대단한 기술자로 행세했으며, 시골에서 양조장이나 정미소를 소유하고 있으면 그 지역에서 유지(有志)로 행세하던 시절이었다.

우리 동네의 정미소를 운영하던 두 분 아저씨는 정미소를 생업이 아닌 부업(副業)으로 운영을 했는데 기술자 아저씨에게 운영을 맡기고 일 년에 얼마씩 세(貰)를 받았다.

정미소 앞 넓은 공터는 우리들이 딱지치기며 구슬치기, 재기차기 등을 하는 놀이터여서 어느 집에서 나락을 몇 가마 찧고 떡방아를 찧는지 방앗간에서 이루어지는 일들을 소상히 알 수 있었다.

이상하게도 K아저씨가 정미소를 운영할 때에는 모든 것이 순조롭고 발동기 소리도 힘차고 요란했지만, Y아저씨가 운영할 때에는 고장이 잦고 발동기 소리도 힘에 겨운 듯 피식거리기 일쑤였다.

멋모르고 철없던 우리들은 K아저씨가 정미소를 운영할 때에는 발동기 소리를 흉내 내어 "논 사라! 밭 사라! 탕 탕."이라 외쳐댔으며, Y아저씨가 운영할 때에는 "논 팔아라! 밭 팔아라! 탕 탕."이라 소리치며 뛰어 다녔다. 어찌된 영문인지 우리들의 외침과 정미소의 운영 실태가 맞아떨어지는 바람에 무슨 예언자라도 된 듯 신나게 외쳐댔다.

정미소의 소유자만 다를 뿐 같은 시설에 같은 기술자가 운영하는데도 너무나 엄청나게 틀리는 결과를 가져오니 도무지 이해할 수 없었으나, 동리 어른들은 운이 따르는 사람과 따르지 않은 사람의 필연적인 결과로 단정했다.

고향을 떠나 세파(世波)에 몸을 던지고 살아오면서 고난과 역경을 당하면 Y아저씨가 방앗간을 운영할 때의 발동기 소리와 같은 악운(惡運)이 나에게 닥치는 것 같은 두려움과 공포에 떨며, K아저씨가 운영할 때의 발동기 소리처럼 힘차고 화사한 행운(幸運)이 나를 감싸주기를 얼마나 간절히 기원했는지 모른다.

이따금 어린 시절 목격한 Y아저씨와 K아저씨의 방앗간 운영의 명암(明暗)과 성패(成敗)가 정말 인간 능력 밖에 있는 운(運)의 장난일까 생각하면서 이제 80년 넘게 연륜을 쌓아오면서 지금도 살아 계시는 두 분 아저씨의 삶의 궤적(軌跡)을 더듬어 본다.

K아저씨의 별명은 가죽고리였다. 어릴 적 '당기는 고리는 문고리, 질긴 고리는 가죽고리'라고 신나게 외쳐댔던 기억이 선명하다. 우리 동네에서 제일 부자라는 사실과 근검 · 절약하는 생활 습관, 계산에 빈틈이 없다는 사실에서 얻어진 별명으로 추측된다. 재리(財利)에 밝은 분으로 치산(治産)이 훌륭했으며 수입과 지출의 용

처(用處)와 명분(名分)이 분명했다.

Y아저씨도 근검, 절약하고 부지런한 분이었으나 욕심이 과했거나 과실(果實)에만 집착하지 않았나 생각된다.

어쨌든 두 아저씨의 방앗간 경영 결과는 정반대라고 할 만큼 엄청난 차이가 있었다.

이를 두고 볼 때 우리 삶의 과정에서도 운이라는 것은, 그것을 만들고 포착하는 지혜도 중요하지만 운은 성실하게 노력하는 사람을 더 사랑하는 속성이 있음을 깨닫게 해준다.

이제 지천명의 나이가 되어 생각해보니 운의 속성도 모르고 행운의 여신이 나와 함께 하는 백일몽(白日夢)에 취하여 감나무 밑에서 홍시를 바라보면서 입 벌리고 누워 살아온 듯한 회한(悔恨)이 인다.

운이란 글자 그대로 움직이며 돌아가는 것이다. 똑같은 조건이라면 누구에게도 공평하게 돌아가는 것이다.

마음의 수레바퀴가 행운의 수레바퀴와 동심원(同心圓)이 되어 잘 돌아가도록 하는 분별(分別)과 성심(誠心)과 노력을 아낌없이 쏟았을 때 비로소 운은 미소를 지으며 힘찬 발동기 소리를 내는 것이란 생각을 해 본다. (1988. 4)

바보 예찬(禮讚)

분명한 것은, 권모술수(權謀術數)와 잔재주로 잘 사는 사람도 있으나 잘 사는 사람이라고 모두 다 도둑질하고 권모술수와 잔재주를 부리는 것이 아니며, 청렴하고 바른 것만 고집하여 가난하고 출세 못하는 사람도 있으나 가난하고 출세 못하는 사람이 다 청렴하고 바르게 사는 것은 아니다.

역사 속에서 바보 온달은 동경(憧憬)의 대상이 되고 있지만 일반적으로 바보라는 지칭은 모욕적이고 상대방을 얕잡아 보는 표현이다. 그래서 바보라는 소리를 들으면 화를 내고 흥분하여 낯을 붉히며 시비(是非)의 근원이 되기도 한다.

그런데 난 요사이 문득 바보가 되는 것이 편안하고 자유로울 것이란 생각이 든다. 나를 보고 바보라고 놀려대도 화를 내거나 흥분하지 않고 미소를 띠면서 상대방의 판단을 진심으로 수용해

주고 싶다. 시비의 소용돌이 속에서 벗어난 초탈(超脫)한 나의 모습을 그려보면서, 혼자 황홀한 만족감에 도취할 때가 있다.

나같이 옹졸하고 모자람 투성이 인간이 큰 지혜를 가진 어진 사람을 흉내 내려는 것이 아니라, 뛰는 사람, 나는 사람, 온갖 재주꾼들이 자신들의 능력을 과시하며 얽히고설키는 각박한 현실에 오로지 본연(本然)의 나를 간직해 보고 싶은 간절한 바람이라고 할까? 이따금 사유(思惟) 속에서 바동거려보는 작은 몸부림일 뿐이다.

나는 어리석게도 인생은 수학 공식 풀듯이 살아가야 한다고 생각했다. 정답은 간혹 두 개일 수 도 있지만, 대개의 경우 정답은 하나이어야 한다. 또한 따질 것은 꼭 따져야만 직성이 풀리고 순간적인 안도감을 갖는다.

그러나 결과적으로 이러한 생활관은 나를 항상 불안(不安)과 초조 속에서 바동거리게 했으며 차가운 인상(印象)과 더불어 거만하고 이기적인 인간으로 비춰져서 모함과 질시(嫉視)를 받는 자승자박(自繩自縛)의 길을 걸어오게 만들었다.

15년 전 K시에 근무할 때 L교육장은 이러한 내 삶의 과정을 가까이에서 보면서 "이 과장은 모르는 척하고 잠깐만 바보가 되면 멋진데……." 하면서 안타까운 듯 나를 토닥거려주곤 했다. 당시에는 L교육장의 충고어린 그 말에 무척 저항감을 느꼈다. 곡세아부

(曲世阿附)하는 처세술을 가르쳐 주는 것 같아 "천성을 고쳐가며 아부하는 그런 재주는 없습니다." 하면서 가뜩이나 다혈질(多血質)인 체질에 얼굴을 붉히며 퉁명스럽게 반박(反駁)했고, 그런 나를 향해 L교육장은 안타까운 표정을 지으며 씁쓰레 웃기만 했다.

지금 곰곰이 생각해 봐도 L교육장 식의 계산된 바보는 체질적으로 혐오와 간지러움을 느끼지만, 당시 L교육장의 충고를 자기성찰(自己省察)의 계기로 받아들였더라면 메마른 나의 삶이 깊이와 무게를 더하여 다소 윤택(潤澤)해졌을 것이란 생각이 든다. 또한 깡마르고 여유 없는 성격이 바보스럽긴 해도 정이 가는 푸짐하고 훈훈하고 여유를 가진 인간으로 다듬어지지 않았을까 하는 아쉬움도 없지 않다. 순간적이나마 바보가 되지 않으려고 안간힘을 써온 짓거리들이 유치하고 부끄러울 뿐이다.

바보란 멍청하고 어리석은 사람을 얕잡아 일컫는 말이며 일반적인 수준에 미치지 못하는 쓸모없는 인간을 뜻한다. 그러나 어리석다, 쓸모없다, 미치지 못한다는 기준은 시대와 상황에 따라 변화하는 것 같다. 각박하고 이기적이며 이해득실의 계산에 민감한 오늘의 세태에 대다수의 사람들이 비웃고 조롱하는 바보라는 지칭(指稱)이 우리들 본연의 심성을 되찾아 냉철히 생각해보면 기리고 사랑하며 소중하게 아끼고 간직해야 할 대상이라 느껴진다. 바보라는 표현에는 티 없이 맑은 순수성이 짙게 자리하고 있다.

L교육장이 말하는 바보는 내가 갈망하고 희구하는 순수한 의미의 바보는 아니다. 오히려 꾀보라는 표현이 더 적절할지 모르겠다. 자기관리를 위한 계산된 술수(術數)이며, 진실한 의도는 감춘 이중적이고 표리(表裏)가 상반(相反)된 일종의 계략(計略)이라고 생각한다.

현실을 살아가는 데는 이러한 술수와 계략에 능한 사람일수록 출세의 가도를 달린다고 생각하는 사람이 많다. 그래서 우리의 양심은 멍들고 가치관이 전도(顚倒)되고 있는 것이다. 그러나 분명한 것은, 권모술수(權謀術數)와 잔재주로 잘 사는 사람도 있으나 잘 사는 사람이라고 모두 다 도둑질하고 권모술수와 잔재주를 부리는 것이 아니며, 청렴하고 바른 것만 고집하여 가난하고 출세 못하는 사람도 있으나 가난하고 출세 못하는 사람이 다 청렴하고 바르게 사는 것은 아니다.

평소 존경해 마지않는 L교수를 박약회(博約會) 회지편집 협의차 만나서 우연하게 자택을 방문하게 되었다. 이야기 도중 벽에 걸린 달마상 앞으로 나를 안내하면서 화제(畵題)에 매료되어 하루에도 몇 번씩 달마상 앞에 선다는 이야기를 했다.

그 그림은 96세의 임환경 스님 작품으로 어느 화랑(畵廊) 전시장에 걸려 있는 것이었는데, 그림과 화제에 매료되어 꼭 간직하고 싶은 욕심이 생겨 가격을 물어보니 L교수의 주머니 사정으로는 구입할 수 없는 가격이라 종일 그 그림 앞에 서 있다가 돌아 왔는데 이튿날 화랑의 주인이 그 그림을 보냈기에 고가의 그림을 그냥 가질 수 없다고 사양했으나 예술품은 진가를 알아보고 소중하게 느낄 줄 아는 사람이 주인이라면서 한사코 두고 갔다는 것이었다. 남의 코 못 베어 안달하는 각박한 오늘에 바보스럽기 짝이 없는 화제의 내용이다. 남이 헐뜯어도 다툼과 무관하고 남이 칭찬해도 기쁨과 무관하게 살아가는 바보, 링 위에서 코너에 몰려 두들겨 맞기만 하는 맷집 좋은 권투선수가 연상되었다.

우편엽서 크기로 가격을 매겨가며 한 푼이라도 더 받으려고 안달하는 판에 고가의 그림을 공짜로, 그것도 찾아가면서 주는 바보, 잠자는 것도 잊어가며 바쁘게 설쳐도 생존경쟁에서 뒤질 판인 촌음(寸陰)을 다투는 이 세상에 한가로이 누워서 자연을 관상(觀賞)하며 만족해하는 못나디 못난 바보, 꼭 꼬집어 단정할 순 없으나 이것이 바로 내가 상상하며 희구(希求)하던 '바보'에 가깝다

집안에서 그림을 바라보며 "나를 헐뜯는다고 내가 무슨 손해를 보며 나를 칭찬하고 기려 준다고 무슨 이익이 되겠는가? 돌아와 동산에 누웠으니 밝은 달빛이 빈 뜰에 가득하다. (毁吾吾 何損, 譽吾吾何益, 歸臥東山下, 明月滿空庭)"이란 화제의 바보 놀음에 심취해 있는 L교수를 상상해 보면 언제나 동안(童顔)의 모습으로 어질고 인자한 풍모를 갖출 수 있었던 연유(緣由)를 알 듯하다. 그게

어진 사람은 바보스럽다는 장자의 말을 인용한다면 화낼 줄 모르는 L교수는 낯을 붉히며 더듬는 듯 그 특유의 항변(抗辯)을 곁들이며 화를 낼 것이 틀림없다.

어머니 생전에 이 아들에게 항상 못마땅해 하시는 것이 외면수습(收拾)을 너무 할 줄 모른다는 것이었다. 나는 싫은 사람을 대하면 전신이 굳어지고 얼굴에 거부의 감정이 그대로 나타난다.

평소 좋아하는 사람을 만나면 반가운 감정을 주체하지 못하여 당황하기까지 한다. 이러한 나의 행동을 진솔하고 가식 없는 감정 표현이며 타협을 허용하지 않는 분명한 자세라고 자위(自慰)하면서 특유의 개성이라고 자랑스럽게 생각해 왔다.

그러나 깊숙한 내면의 감정을 파헤쳐보면 나름대로 좋고 나쁨과 어떤 의미이건 이익과 피해를 계산한 결과의 표현이 아니었을까 반성해보면서 허구와 가식으로 보호망을 뒤집어 쓴 교활하기 이를 데 없는 자신을 발견한다.

오래 전 이야기이지만 화려한 경력, 훌륭한 인품, 재력 등을 골고루 갖춘 한 사람이 시골 고향에 내려와서 국회의원에 출마했다. 선거란 돈이 따르기 마련임에도 그 사람은 "위법(違法)한 방법으로 국회의원이 될 수는 없다."면서 법에 어긋나는 일체의 돈 지출이나 선거운동을 거부했다. 결과적으로 낙선(落選)은 따 놓은 것이었으며 '천하제일의 바보' 라는 별명과 함께 그 지역에서 비웃음의 대상이 되었다. 권모술수와 위법, 탈법(脫法)한 행위 등 수단과 방법을 가리지 않고 목적을 이루는 사람이 잘 난 사람이요 놀음판에 장땡을 잡은 사람으로 행세하고 평가되는 현실이 정말 우리를 슬프게 한다. 자랑하는 사람은 많은데 책임질 사람은 아무도 없는 약아빠진 현실에 비록 국회의원에 낙선되었을망정 우리 모두가 이러한 바보가 될 때 법이 지켜지고 질서(秩序)가 이루어진다는 것은 너무나 잘 알고 있는 사실임에도 우리들은 이와 같은 바보가 되기를 거부하며 오히려 비웃고 있는 것이다.

난쟁이 나라에서는 정상인이 불구가 되어야 한다. 지극히 정상적인 사람이 바보로 놀림을 받아야 하는 현실에 안타까움과 아픔을 느끼면서도 스스로 그것에 중독되고 있다는 사실은 자각하지 못한 채 살아간다.

3년 전 우리 내외의 유택(幽宅)을 마련하기 위하여 고명(高名)하다는 지관(地官)을 모시고 자식 세 놈과 함께 고향 산천을 누빈 일이 있었다.

아버님, 어머님 곁에 눕고 싶다는 아내의 뜻을 좇아 고향 마을 옆 산에 유택을 지정해 놓고 돌아오면서 어머니 품속에 안긴 것 같은 너무나 평온한 감정에 놀라지 않을 수 없었다.

50을 넘어서면서 추해지는 몰골하며, 움츠려들고 왜소(矮小)해지는 마음 씀씀이에 이따금 인생무상에 젖어왔다. 이제 유택까지

지정해 놓고 나면 부질없는 허무감에 허탈한 감정을 주체하지 못하리란 걱정을 했는데 그것은 한갓 기우(杞憂)에 불과했다. 마치 자신이 신선이라도 된 듯한 황홀감에 젖어 거리낌 없이 하늘이라도 훨훨 날고 싶은 심정이었다.

내가 철없던 어린 시절 할아버지께서 전나무에 까맣게 옻칠한 당신의 관을 작은 사랑 대문간 채에 모셔 놓고 하루에도 몇 번씩 말없이 들여다보시던 모습이 떠올랐다. 어린 나의 눈에는 청승스럽고 괴이하게 보였으며 망령이 드셨는가 생각하기도 했다. 지금 생각하니 그러한 나의 느낌은 편벽(偏僻)된 나름대로의 생각이었을 뿐 할아버지의 편안하신 심중을 헤아리지 못한 탓이었다.

한이 많은 사람은 죽으면서도 눈을 못 감는다고 한다. 죽음을 준비하면서 기개(氣槪) 있는 반항(反抗)과 오기(傲氣)가 치솟을 법한데 오히려 평온하고 걸림이 없는 순수한 감정을 느끼는 바보로 변신되는 이유가 무엇일까? 군더더기 같은 욕심과 하찮은 근심 걱정을 잠시나마 망각할 수 있기 때문이 아닐까.

잘 살아 보겠다는 욕심 때문에 높은 지위와 많은 재물, 남달리 왕성한 정력을 가지기 위해 온갖 요령과 재주를 부리며 살아가는 각박한 현실에서 잠시 동안이나마 바보가 된다는 것은 마치 생존 경쟁에서 낙오된 것 같은 패배감에 사로잡히기 일쑤다. 나는 사공이 될 터이니 너는 묵묵히 노 젓기나 하라고 얼러대는 재주꾼들의 놀림대로 노나 젓고 있자니 분하고 억울하기도 하다. 그러나 삶을 통하여 인생을 배우는 것보다 죽음을 통하여 우리의 삶을 생각할 때, 잔재주나 권모술수로는 대적할 수 없는 너무나 숭고하고 거룩한 인생이라는 엄연한 진실을 깨닫게 된다. 오늘의 혼돈과 위기는 이 엄연한 진실을 망각한 잘나고 훌륭한 사람은 많고, 겸허하고 참되게 자신의 삶을 영위(營爲)하는 바보가 적기 때문이 아닐까 생각해 본다.

조삼모사(朝三暮四)의 지혜를 자랑하는 사람보다 우직(愚直)하고 모자라는 듯한 바보스러움이 아쉽다. 바보란 결코 쓸모없는 인간이 아니다. 자신이 자신의 삶을 긍정적으로 생각하며 나름대로 즐길 줄 아는 바보는 현대를 살고 있는 영악한 우리들이 한 번쯤은 지향해야 할 인간상이라고 생각한다.

'행복은 바로 자기 가슴 속에 자리 잡고 있거늘 그래도 그것이 행복인 줄 모르고 먼 곳을 방황하는 것이 인생'이라는 칼 풋세의 말을 되뇌어 보면서 남은 삶의 과정을 바보스럽게 살아가는 여유를 즐기리라 다짐해 본다.

(1991. 9. 9)

사람은 죽어서도 이름을 남긴다

인간 실명제를 소망하며

사람은 곧 이름이다. 사람답게 살기위해 자신의 이름이 욕되고 더렵혀지지 않도록 몸과 마음을 단정히 하고 빛나고 존경받기 위해 노력해야 한다. 구차하게 살아서 더러운 이름을 천추에 남기기보다 떳떳하게 죽어 후세의 본이 되어야 한다는 염원(念願)을 품고 자신을 일깨우며 살아가는 것이 올바른 사람의 자세다.

"범은 죽어서 가죽을 남기고 사람은 죽어서 이름을 남긴다."는 말은 사람은 이 세상에서 책무에 충실하고 반듯하고 올곧게 살아야 한다는 경구(警句)로서 조상에서부터 후세까지 명예를 실추 시키지 않으려는 자긍심과 도덕성이 직결되어 있는 표현이다.

사람은 곧 이름이다. 사람답게 살기위해 자신의 이름이 욕되고 더렵혀지지 않도록 몸과 마음을 단정히 하고 빛나고 존경받기 위해 노력해야 한다. 구차하게 살아서 더러운 이름을 천추에 남기기보다 떳떳하게 죽어 후세의 본이 되어야 한다는 염원(念願)을 품고 자신을 일깨우며 살아가는 것이 올바른 사람의 자세다.

그런데 어저께 들은 “범은 죽어서 가죽을 남기고 사람은 죽어서 보험을 남긴다.”는 K군의 표현이 나에게 너무나 충격적이었다.

물질만능의 이 시대에 그까짓 이름은 별로 중요하지 않다는 생각인가 보다. 그래서 이름 즉 어쭙잖은 명예나 신의나 도리보다는 경제적으로 이익을 꾀하여 사후에 자손들에게 경제적으로 시혜를 베풀 수 있다면 인간으로서 보람된 최상의 삶이란 표현일 게다.

물론 K군의 표현은 세태를 풍자하여 꼬집는 말이지만, 고작 보험금 몇 푼 남기려고 고귀한 생명을 받고 이 세상에 태어난 것은 아니다. ‘물질에다 절대적 가치를 둔, 이름보다는 보험금을 남기는 것이 우선인 시대를 살아가고 있구나.’하는 자괴감과 못마땅함이 한껏 차올라 불편하기 짝이 없는 심기로 조간신문을 펼쳤다. 그러나 1단기사로 대문짝같이 활자화 되어 있는 금융실명제란 용어가 더욱 나를 혼란스럽게 한다. 열심히 성실하게 노력해서 자기 이름으로 통장 하나 만들어 저축하는 여유를 가지는 것이 어렵게 살아가는 우리들에겐 더없는 소망이요 보람인데 세상에 남의 명의로 자기 돈을 저축하는 바보가 있다니 나 같은 무지렁이는 도저히 이해가 닿지 않는다.

지극히 당연한 조치임에도 획기적인 개혁이라고 대서특필이다.

예금주로서 이름을 밝히지 못하는 대다수가 소위 명사(名士)라는 사람들일 것이라는 추리와 함께 금융실명제에 앞서 인간 실명제를 위한 방안이 없을까 상상 하면서 남루한 내 모습의 일면을 훔쳐보고 있는데 중앙 도서관의 S과장이 방문했다. 중앙 도서관에서 명사특강을 기획하고 있는데 나에게 특강을 부탁하는 것이었다. 순간 분출구를 찾아 부글거리던 불만과 반항심이 폭발했다.

"명사도 아닌데 어떻게 내가 명사 특강에 참여합니까? 명사란 명칭을 빼고 강의를 부탁하면 응하겠습니다."

나의 단호한 답변에 S과장은 그렇게 하겠다며 쑥스러운 듯 돌아갔다.

명사란 글자 그대로 이름이 널리 알려진 출세한 사람이다. 진정한 명사는 자기가 종사하는 분야에서 식견과 지식이 앞서고 처신 또한 다른 사람의 모범이 되는 사람이다. 그럼에도 불구하고 요즘엔 자칭 타칭 사이비 명사가 득실거린다. 주례 한 번 서도 명사로 행세한다.

자신의 사람됨이나 평소의 처신은 생각하지 않고 어떻게 했든 돈만 좀 벌면 명예를 탐한다. 그래서 그 흔해빠진 관변단체의 장 자리라도 하나 얻어, 유별나게 명사 행세를 한다. 낙선이 뻔한데도 명사라는 타이틀을 얻기 위해 선거에 출마한다. 누구보다 우선해서 정화대상이 되어야 할 사람이 정화위원이란 명예를 쓰고 이리의 꼬리를 감추는가 하면 낙선해도 이름이 나고 당선되면 출세한다는 계산이다.

"억울하면 출세하라"는 노래가 유행한 시절이 있었다. 노래를 통하여 출세하지 못한 한과 울분을 토하고 출세했다고 뻐기고 으스대는 사람을 향해 출세가 별 것 아니라는 야유와 함께 누구나 출세할 수 있다는 가능성을 자연스럽게 표현한 노래였기에 인기를 얻을 수 있었을 것이다.

출세란 말은 유명해지거나 성공이란 뜻도 있지만 세간(世間)을 떠난다는 뜻도 있다. 세간을 떠난다는 것 출세간(出世間)은 속세와의 관계를 끊거나 속세의 생사번뇌에서 해탈하여 깨달음의 세계에 이르는 일을 말하는 불교용어인데 조선시대 유교사회의 입신양명(立身揚名) 제일주의를 거치면서 본래의 뜻이 왜곡된 것이다. 유교의 수신(修身) 제가(齊家) 치국평천하(治國平天下) 단계는 온전한 인격을 닦아야 다스리는 위치에 나아갈 수 있는 자질을 갖춘다고 가르치고 있음에도 사람의 출세욕은 보다 나은 위치로 오를 수 있다면 동물원의 원숭이가 된들 어떻고, 재물로 바쳐진 돼지가 된들 어떠냐는 무분별한 욕심에서 이름을 팔고 마음마저 팔아가며 명예는 곧 출세의 선물이라 생각하고 명예의 노예가 되어 이름(명예)을 훔치는 가증스러운 인간이 날뛴다.

하긴 일하는 놈보다 일시키는 쪽이 높다고 믿고, 호령하는 사람이 보기도 좋다고 생각하고, 칼자루를 쥔 편이 훨씬 현명하다고 믿는 세상이니 조그마한 윗자리라도 누가 양보하거나 사양하겠는가.

나는 이 세상에 태어난 자체를 출세로 정의한다. 이 세상에 태어난 것보다 행복하고 숭고한 것은 없다. 세속적이고 비루한 출세의 대열에 끼지 못한 사람의 위로나 자위의 변은 결코 아니다.

"조상님 욕보이고 부모를 죄인으로 만드는 못나고 어리석은 사람은 되지 말라."시던 어머니의 애절한 당부를 늘 마음속에 깊이 간직하고 살아왔다. 내 이름이 비웃음과 부끄러움의 대상이 될까봐 두려워하며 살아왔다.

곡세아부(曲世阿附)하며 구차하게 살아서 더러운 냄새를 풍기기보다 떳떳하게 살려고 몸부림 친 결과 현실과의 엇박자 속에서 익사의 고비도 맛보았다.

우리들 각자의 이름 내면에는 빛나고 떳떳하고 행복하며 사람들의 흠모(欽慕)하는 대상이 되라는 부모님의 간절한 바람과 기원이 응축되어 있다. 그렇기 때문에 저마다 이름을 욕되거나 부끄럽지 않게 온전하게 지키는 것을 효(孝)의 마지막이라 했다.

쥐의 능력과 소양밖에 없는 사람이 고양이가 앉아야 할 우두머리 자리에 앉기 위해 광분하면 파멸의 무덤을 스스로 파는 꼴이 되고 만다.

'나는 나의 이름을 온전하게 보전 했는가.'를 생각하면 송구하고 부끄러워 등줄기에 식은땀이 흐른다. 그러나 역사에 꽃다운 이름을 남기거나 인류에 공헌하는 업적을 남긴다는 것은 나의 인간됨의 그릇과 재능으로서는 언감생심(焉敢生心)인 줄 알고 있다. 그렇기에 그저 큰 흠결 없이 지탄과 경멸의 대상이 되지 않고 살아야겠다는 마음으로, 그것이라도 지키려고 줄타기 하듯 살아 왔으며, 또한 최소한의 것을 지켰다고 생각하기에 그 사실에 감사하며 안도한다.

사람의 이름은 사람 앞에 사람답게 남음으로서 인간 세상에서 그 만큼 가치가 있는 것이다. 명산계곡의 바위에 자신의 이름을 새긴다고 명예가 빛나는 것이 아니다.

세상에 알려지고 후세까지 잊혀지지 않는 이름에는 이름과 행적이 일치하는 좋은 이름도 있지만 악명도 있다.

고양이가 호랑이로 행세하고 구렁이가 용으로 처신하며 날뛰고, 거대한 용으로 군림했던 전직 대통령이 초라한 미꾸라지가 되어 교도소를 가고, 높은 자리에 앉아 입신출세의 본보기인양 선망의 대상이던 사람이 수사관에게 이끌려가는 모습을 TV를 통해 보면 안타깝고 측은하다. 어쩌면 출세하지 못한 내 위치가 옹골차고 떳떳하다는 자위도 해보지만 그래도 왠지 뒤꿈치가 저려오는 아픔은 떨칠 수 없다.

(2004. 3)

공수래 공수거(拱手來 拱手去)

나는 공수래 공수거(空手來空手去)를, 태어남에 감사하고 경건하게 두 손을 맞잡고 왔다가(拱手來) 사는 동안 보람을 느낄 만큼 내 사명을 다함에 소홀함이 없었는지 두렵고 아쉬운 마음으로 두 손을 맞잡고 돌아가는 것(拱手去)이라 이해하며 이것이 인생의 참 모습이 아닐까 생각한다.

살다보면 더러 채워지지 않는 허기증이나 해소되지 않는 갈증으로 괴로운 때가 있다. 오늘이 바로 그런 날인 모양이다. 허기증, 갈증(渴症)과 함께 어쩐지 남루한 나의 내면이 밖으로 드러나는 듯 불안한 하루였다.

제대로 아물지 못한 삶의 생채기나 마음의 때를 씻는 데는 청정불성(淸淨佛性)의 자연 속에 빠져 보는 것이 제일 좋은 방법이란 생각으로 퇴근길에 앞산 산책로를 따라 걸어보기로 했다.

계곡 입구에 서있는 물 오른 연둣빛 버드나무 한 그루가 봄날의 정취로 가득하다. 한참을 걷다보니 숲속에 함초롬히 피어있는 들꽃들의 모습이 눈에 들어온다. 그 자태가 매우 영롱하고 옹골차다. 평소엔 눈에 잘 보이지 않던 사소하고 작은 것들이 눈에 들어온다. 작은 풀꽃들이 삶에는 크고 거창한 것만이 존재하는 게 아니란 걸 슬쩍 귀띔해 주는 것 같다. 얼마 걸었을까. 소나무를 스쳐 지나가는 바람 소리가 잠시 때 묻은 심신을 씻어준다. 메말라 갈라 터져 있던 내 가슴에 촉촉한 물기가 돈다. 자연은 원초적인 것이며 인간의 궁극적인 의지처다.

몸과 마음을 소세(梳洗)한 기분에 취하여 아파트 입구에 들어서니 난장판 같이 사람들이 법석인다. 부부인 듯한 50대의 남녀가 갖가지 의류를 진열해 놓고 본전으로 살 수 있는 마지막 기회라며 외쳐대고 많은 사람들의 걸신 든 듯 모여 있다. 순간 소세한 심신에 흙탕물을 뒤집어 쓴 불쾌감이 치솟았다.

내 경험상 이익을 포기하고 본전으로 팔 수밖에 없는 상인의 딱한 형편도 도와주고 나도 필요한 물건을 싸게 살 수 있다는 기분에 취하여 구입하고 보면 영락없이 못 쓰는 저질품이거나 값이 오히려 비쌌다.

처음 한두 번 속임을 당했을 때는 허탈하게 웃어 넘겨 버렸다. 그러나 속임을 당하는 횟수가 거듭됨에 따라 '본전'이란 말에 대한 불신이 깊어져 불안과 혼돈과 두려움으로 바뀌었고 결국은 본전으로 판다는 물건을 아예 구입하지 않기로 작심한 지 오래다.

그러나 나의 작심(作心)은 노름꾼이 화툿장을 쥐지 않겠다고 손가락까지 자르고도, 투전판에 끼어드는 꼴이다. 굳게 마음먹고도 본전으로 판다는 유혹에 걸려들어 낭패를 당한 것이 한두 번이 아니다. 그래서 본전이란 말만 들어도 불안하고 두렵다. 그것은 상인을 향한 것이라기보다 나 자신을 향한 것인데, 본전이란 덫에 걸리기 일쑤인 내 자신의 욕심이 더욱 딱하고 원망스럽기 때문이다. 어느 때는 분노가 치밀기도 한다.

밝고 투명한 세상에 뭇사람들을 모아 놓고 스스럼없이 본전이라며 무슨 은혜라도 베푸는 양 외쳐대는 상인의 말을, 상술이나 속임수로 속단하거나 의심하는 것은 마음속으로 은밀하게 죄를 짓는 것 같은 두려움이 앞선다.

그래서 반신반의(半信半疑)하면서 구입하고 보면 영락없이 당하기 일쑤다. 상인과 나의 본전에 대한 계산 방법의 차이려니 자위해 보지만, 언제나 풀리지 않는 수수께끼일 뿐이다.

옛말에 '논 팔아 장사하는 사람 없다'는 표현대로 적정한 이윤을 부과함으로써 정당한 상행위가 이루어진다는 것은 초보적인 상식이다. 따라서 본전이라고 엄살을 떠는 상인도 결코 사는 사람이 전적으로 그 말을 믿고 산다고 생각지 않을 것이며, 사는 사람도 본전이란 말을 액면 그대로 믿기보다는 다소 싸게 살 수 있다는 것에 생각이 미치자 새삼 본전이란 말에서 사람의 생채기와 시름을 어루만져 주는 따스함 같은 것을 느끼게도 되었다. 그러면서 문득 "사람 한 평생 본전만 되어도 훌륭하게 산 것이다."라고 하시던 어른 분들의 말씀이 떠올랐다.

물건을 본전으로 판다는 것은 이윤을 포기하고 당초의 목적을 이루지 못한 실패의 본보기인데 사람은 본전만 되어도 훌륭한 삶이라니, 사람의 본전에 대한 원가 구성요소가 무엇일까?

한 사람의 생명은 우주보다 귀하며 인격은 최고 최후의 가치인데 상품과 같이 '밑천으로 들인 돈'이란 개념으로 인간의 본전을 생각한다는 것은 어불성설의 계산법이다.

생각이 미로를 헤맨다. 잡힐 듯 잡히지 않는다. '본전'에 대한 개념을 명확히 이해하기 위하여 국어사전을 찾아보니 '밑천으로 들인 돈'이며 '본전도 못 찾았다'는 "일한 보람은 고사하고 오히려 하지 않는 것만도 못하다."라는 뜻으로 풀이되어 있다.

나도 한때는 인생을 계산으로 착각하여 외형적인 수지계산에 현혹되어 저 상인과 같이 두 눈을 부릅뜨고, 염치없이 버둥거리던 때가 있었다. 바라는 명예와 물질적인 이익을 취하고 다른 사람에게 뒤지지 않는 것이 손해 보지 않는 삶이라는 이기적인 계산에 집착한 결과, 소중한 삶의 시간을 불안과 초조와 착종(錯綜)된 감정의 수렁 속에서 허덕였다.

황혼을 맞이하면서 비로소 순백의 화폭 위에 그림을 그리는 것이 인생이라 깨닫고 창작의 여유를 누리리라 다짐 하지만, 아직까지 내 인생의 화폭엔 완성된 그림이 없다.

주변에서 좌절하거나 실패한 경우 "빈손으로 왔다(空手來)가 빈손으로 가는 것(空手去)이 인생."이라는 말로 자위하거나 변명의 구실로 삼는 사람을 많이 본다.

며칠 전 사업에 실패하고 친구들을 찾아다니며 동정으로 몇 푼씩 얻어서 지내는 B라는 친구가 찾아 왔다. 나와는 초등학교 시절 이웃에 살면서 가깝게 지냈던 친구라 금방 눈물이 쏟아질 것 같았다. 마음 같아선 그 친구에게 정말 보탬이 될 수 있는 것이 무엇인지 그것을 도와주고 싶었으나 월급쟁이 처지라 서무과에서 20만 원을 차용하여 봉투에 넣어 재기의 의욕을 잃지 말라는 당부와 함께 건넸다.

그랬더니 그 친구는 마치 달관(達觀)한 듯한 표정을 지으며 '빈손으로 왔다가 빈손으로 가는 것이(空手來空手去) 인생'이라는 말을 독백처럼 중얼거리며 일어섰다. 나는 그 말에 전했던 돈봉투를 도로 빼앗고 싶은 충동과 함께 그 친구의 암담한 앞날에 두려움을 느꼈다.

공(空)이란 불교경전인 반야심경의 중심 내용이다. 이 세상의 모든 존재는 허망해서 집착할 게 못되므로 텅 비어 있어서 실체가 없다는 뜻이다.

그러나 지혜로 아는 불성(佛性)과 깨달음이나 부처의 세계는 허망하지 않는 참된 것이지만 중생들은 허망한 것에 욕심을 내어서 너무나 집착하고 있기 때문 이 세상이 허망함을 먼저 가르쳐서 진실한 진리에 눈 뜨게 하려는 것이 공(空)사상이다.

일반적인 지혜나 생각으로는 도저히 알 수 없는 심심묘묘한 진리의 세계가 생각과 언어를 초월해서 존재한다는 가르침을 우리 인간들이 이해 못하고 태어남과 죽음의 외형을 보고 빈손이라거나 고귀한 인간의 삶을 밑져야 본전이라 생각하는 어리석음을 범하고 있는 게 아닐까.

시간과 공간의 흐름과 변화 가운데 무엇 하나 제대로 지녀 가질 수 없는 인생의 무상함을 깨달을 때 사람은 더욱 사람답고 생명답게 사는 것이리라. 이승에서 말똥밭에 굴러도 저승 보다는 낫다는 말이 있다. 태어난 것에 무한한 감사와 영광과 희열을 느낀다. 우리는 인간답게 살아야 할 책임과 사명이 있는 것이다.

그래서 나는 공수래 공수거(空手來空手去)를, '태어남에 감사하며 경건하게 두 손을 맞잡고 왔다가(拱手來), 이승에서의 삶에 감사하며 내 사명을 다함에 소홀함이 없었는지 두렵고 아쉬운 마음으로 두 손을 맞잡고 돌아가는 것(拱手去)'이라 이해하며 이것이 인생의 참 모습이 아닐까 생각한다.

허물투성이인 내 삶의 궤적을 더듬다 인생 본전의 실체를 생각해 본다.

무구(无咎)란 더럽지 않고 청정하다는 뜻과 함께 본전이란 말이다. 본전은 천성 즉 순백의 마음을 뜻한다. 어릴 적 버릇없이 말썽부리면 “사람 좀 돼라.”고 간곡하게 당부 하시던 어머니의 말씀이 떠오른다. 그렇다 천성을 잃지 않고 사람 노릇 하는 것이 인생의 본전이 아닐까.

저 상인이 외쳐대는 ‘본전’이란 말은 얄팍한 계산속에 불과 하지만, 나는 부와 명예를 차지하고 명령하고 부리는 위치에 서야만 손해 보지 않는 삶이란 착각에 사로잡혀 ‘본전’은커녕 욕심과 불안과 갈등에 찌들고 병들어 진정 슬플 때 울어 보지 못했고 기쁠 때 거리낌 없이 웃어 보지 못했다.

우리의 바람은 행복한 삶이다. 행복은 자기만족이다. 부자도 아니고 고관대작(高官大爵)도 아니다. 작은 것을 가지고 만족 할 줄 아는 것, 지나가다 조그만 들풀을 보고도 행복해 할 수 있는 것이며 극히 작은 것에서도 만족할 줄 알면 그것이 행복이 아닌가. 나는 이웃의 불행을 진심으로 위로해 주지 못했고 타인의 행복을 진심으로 축복해 주지 못했다.

서로 믿고 의지하고 돕고 사랑하는 일이 인간의 길이다. 올바른 사람 구실을 하기 위해선 자기를 희생할 줄 아는 용기와 인내를 가지고 욕망과 갖가지 유혹을 물리쳐야 한다. 그래서 공자는 자신과 싸워서 예로 돌아오는 것을 인이라 했다.(克己復禮曰仁)

인생의 본전은 상업적 본전과는 애당초 차원을 달리하는 것이다. 뺌도 보탬도 없는 순수 그것이며, 넘치지도 않고 모자라지도 않는 균형 잡힌 모습이며 봉사와 희생과 사랑의 뜻이 담겨있다.

"본전만 되어도 훌륭하게 살았다."는 옛 어른들의 말씀에 옷깃을 여미며 본전은커녕 적자투성이인 내 삶이 오늘은 부끄럽기만 하다.

(1994. 4)

담배

호기심과 친구의 유혹도 있었지만 이무영의 'B녀의 소묘(素描)'란 단편에서 내뿜는 담배연기 속으로 세상을 관조(觀照)하는 멋과 여유를 묘사한 구절에 현혹된 것이 결정적인 동기가 되었다.

동그랗게 담배연기를 내뿜어놓고 그 동그라미 속으로 세상을 바라보거나 희뿌연 담배연기 속에 투시되는 세상을 바라보는 멋에 취하고 기대에 들떠서 담배를 피운 지 벌써 햇수로 40여 년…….

요사이 금연을 재촉하는 아내의 성화가 부쩍 심하다. 어린 손녀를 배려한 아내의 간청이라는 것을 모르는 바 아니지만 못들은 척 거실에 앉아 심술궂게 담배 연기를 뿜어댄다. 멋모르는 세 살배기 손녀는 할애비가 내뿜는 담배 연기를 잡으려고 함성을 지르며 뛰어 다닌다.

문득 내가 어릴 적 사랑방에서 할아버지가 장죽(長竹)에서 뿜어내는 담배 연기를 쫓던 기억이 아련히 떠오른다. 옛날 담뱃대는 담배를 담아 불태우는 담배통(대꼬바리)과 입에 물고 빠는 물뿌리, 물뿌리와 담배통 사이를 연결하는 설대로 구성되어 있다. 설대가 긴 것을 장죽(長竹), 짧은 것은 곰방대(短竹)라 불렀으며, 담뱃대의 길이는 연령과 계급에 따라 달랐다.

할아버지의 담뱃대 길이는 앉은 자세에서 멀리 위치한 재떨이에 담배통을 올려놓으면 당신의 고개를 약간 뒤로 젖혀야 빨 수 있는 길이로 짐작된다. 어릴 적 사랑방에서 장죽을 물고 조시는 듯 눈을 감고 담배연기를 뿜어내시는 할아버지의 모습은 속세(俗世)의 시름을 떨쳐 버리려는 구도자(求道者)의 모습과 같았다. 할아버지의 심기(心氣)가 좋으신지 불편하신지는 재떨이 소리로 가늠할 수 있었다. 재떨이 소리가 불규칙하고 요란할 때에는 할아버지의 심기가 불편하다고 생각하면 틀림없었다.

옥으로 된 장죽의 물뿌리가 하도 신기하여 할아버지가 자리를 뜬 사이에 빨아보다 쓰디쓴 맛에 진종일 혼이 난 일이 있다. 고소하거나 단맛이 아닌 쓰디쓴 맛을 보기 위하여 장죽을 물고 계시는 할아버지를 이해할 수 없었지만, 담배는 누구나 어른이 되면 당연히 피워야하는 통과의례인 줄로 알았다.

내가 담배를 처음 피운 것은 고등학교 졸업 무렵이었다. 호기심과 친구의 유혹도 있었지만 이무영의 'B녀의 소묘(素描)'란 단편에서 내뿜는 담배연기 속으로 세상을 관조(觀照)하는 멋과 여유를 묘사한 구절에 현혹된 것이 결정적인 동기가 되었다.

동그랗게 담배연기를 내뿜어놓고 그 동그라미 속으로 세상을 바라보거나 희뿌연 담배연기 속에 투시되는 세상을 바라보는 멋에 취하고 기대에 들떠서 담배를 피운 지 벌써 햇수로 40여 년. 하지만 절실하게 금연을 다짐한 적은 없다. 그러나 이따금 귀찮고 불편한 관습의 굴레와 떳떳하고 당당하게 담배를 피울 수 없는 사회적인 분위기가 고까워서 오기(傲氣)로 금연을 생각해 본 적은 있다.

흡연도 부전자전인지 아이들도 어지간히 담배를 피우는 모양이다. 타관에 있는 아이들이 집에 오면 그간에 소원(疏遠)했던 부자간의 정을 메우기 위해 한방에 거처하는데 담배 때문에 들락거리는 아이들의 행동에 거리감을 느끼게 되고 여간 불편하지 않다. 망령된 생각이라고 나무라겠지만 부자간에 한자리에서 담배를 피우는 것이 부자유친(父子有親)의 진솔한 면이 아닐까하고 생각해 본다.

80년대 초반의 일이다. 미국에서 저명한 과학자로 활동하고 있는 아들을 방문한 아버지가 아들이 운전하는 차로 관광을 하면서 "기사 양반, 담배 한대 피우시지."하면서 담배에 불을 붙여 주어서 통죽(通竹)했다는 이야기를 당사자에게서 듣고 부자간의 진솔한 정과 서로의 마음 씀씀이가 부러웠으며 삼팔선이 허물어진 것 같은 후련한 소통(疏通)을 느꼈다.

지나치면 실수를 할 수 있는 술은 어른과 대작(對酌)하면서 담배는 피우지 못하게 하는 관습에 이해가 닿지 않는다. 어른 앞에 긴 담뱃대를 마주 한다는 것이 당돌하고 방자한 행동이라 유교의 가부장적인 권위에 어긋난다면 지금은 담뱃대가 필요 없는 시대임을 생각해 본다.

고등학교 시절 우리 동네에서 있었던 일이다. 고등학생인 형제가 박하향이 나는 쿨(Cool)이란 미국 담배를 피우다 할아버지께 발각이 되었다. 머리에 쇠똥도 마르지 않은 놈이 담배를 피운다는 할아버지의 호통에 순간적으로 기지를 발동한 형이 담배가 아니라 배 아플 때 피우는 약이라고 변명을 했다. 손자가 피우던 쿨(Cool) 담배를 빼앗아 확인해 보니 분명 담배 맛은 아니었으므로 할아버지는 약으로 인정하지 않을 수 없었다. 그들 형제는 할아버지와 통죽한 사실을 자랑했고, 우리들에게 그들 형제는 선망의 대상이 되었던 기억이 생생하다.

요사이는 금연(禁煙)을 단행하는 친구들이 많다. 건강을 위한다는 것이 금연의 변이다. 이 세상에 건강보다 더 소중한 것은 없기에 당연한 말씀이다. 알면서 행하지 못하는 어리석고 미련한 자신을 생각해 보지만 금연을 해야겠다는 마음은 다져지지 않는다.

객대초인사(客對初人事)로서 손님을 만나 담배 한 개비 권하던 인사도 이제는 무안을 당하고 실례가 될까봐 망설이며 눈치를 살핀다. "아직도 담배를 피우십니까?" 하며 어리석고 무지한 사람 취급당하기 일쑤이다. 흡연자는 봉이다. 부족한 세원(稅源)은 담배 값을 인상하여 메우면서 온갖 규제를 남발하는 국가의 이율배반적인 정책에 아연(啞然)할 뿐이다.

담배가 마약과 같은 규제의 대상이 아니라면 흡연자의 권리도 인정해야 된다. 흡연의 공간이 없다. 당당하고 떳떳하게 담배를 피울 수 없는 현실에 대한 오기와 자존심에서 이따금 금연을 생각해 보지만 담배로 인해서 느끼고, 맛보고, 즐길 수 있는 멋과 여유 그리고 고독을 삭이고 불안과 초조에서 벗어나게 해주는 마력(魔力)을 포기할 수 없어 금연을 결단하지 못한다.

텔레비전에서 금연 캠페인이 대단하다. 영상에 비춰진 흡연자의 기관지와 폐의 상태는 내가 보아도 아찔할 만큼 현기증을 유발시킨다. 담배가 인체에 해롭다는 것도 수긍이 가고 이해가 된다. 이해가 닿지 않는 규제보다 스스로 판단해서 결정하도록 금연에 대한 홍보(弘報)는 필요하다고 생각한다.

애연가이셨던 할아버지, 아버지와 어머니는 80의 수(壽)를 누리셨다는 사실만으로 굳이 흡연을 고집하고 싶지는 않다. 아내가 금연을 독촉하는 속 깊은 배려와 보살핌에 감사하지만 금연의 결심은 다져지지 않는다. 담배는 나의 삶에서 꿈도 일구어 주었고, 멋을 가르쳐 주었고, 한 발자국 물러서는 여유를 깨우쳐주기도 하면서 정신 위생적으로 많은 도움이 되었음을 인정하지 않을 수 없기 때문이기도 하다.

나이가 들면 주량(酒量)이 줄 듯이 두 갑을 넘게 피우던 담배도 이제는 한 갑 정도 피우고 있다. 무절제한 흡연으로 자신을 학대한 듯 한 어리석음에 한 가닥 부끄러운 마음이 있어 금연(禁煙) 아닌 절연(節煙)을 고집하며 살아간다. 절연이 금연보다 어려운 것임을 알고 있다. 아무 장소에서나 흡연을 삼가야 되는 것은 흡연자의 도리요, 예의다. 하지만 담배를 피우는 사람들에게 최소한의 권리는 보장되어야 한다. 흡연을 만끽할 수 있는 별도의 공간을 마련해 주는데 인색해서는 안 된다.

떳떳하고 당당하게 담배를 피우고 싶다. 아무도 간섭하지 않고 규제하지 않는 나만의 공간에서 끽연(喫煙)의 멋과 여유를 즐기며 살아가겠다.

(2002. 10)

화투(花鬪)

화투는 1818년 경 포르투칼의 상인들에 의하여 일본에 전래된 서양카드놀이를 일본풍으로 만든 것으로, 우리나라에는 대마도 상인들에 의하여 전래(傳來)되었으나 한일합방(韓日合邦) 이후 일본인들이 우리나라에 거주하면서 성행되었다고 짐작이 된다. 일제(日帝)는 도박성이 강하여 명치유신(明治維新) 이후 판매를 금하였으나 우리나라에는 살짝 퍼뜨린 것이다.

몇 달 전부터 어깨의 통증이 심해지고 병명도 알지 못하지만 화투만 쥐면 통증이 가신다며, 닷새 전에 화투놀이를 함께 했던 L사장의 뜻밖의 부음(訃音)을 듣고 K과장과 문상을 갔다.

3일 전에 서울대학병원에 진찰을 받으러 갔다가 폐암이라는 진단을 받고 내려오는 도중에 운명을 했다고 한다. 화투놀이를 무척 즐기는 것을 알고 있는 주변 친구들의 권유로 관 속에 화투 한 모를 넣었다고 귀띔을 한다. K과장은 몇 년 전에 불의의 사고로 죽은 동료 두 사람을 이야기하면서 패꾼은 안성맞춤이라며 웃는다. 나도 화투놀이를 즐기는 편이지만, 이승에서 화투 한 모를 마지막 선물로 받아 가는 L사장의 삶이 몹시 아쉽다는 생각과 함께 나도 공범자인 것 같은 죄책감에 마음이 무거웠다.

내가 화투를 처음 만진 것은 중학교 3학년 때로 기억된다. 우리 마을은 동성(同姓) 일가들이 모여 사는 집성촌이라, 한두 살 차이의 또래들끼리 동네 주변에 위치한 재사(齋舍)를 본거지(本據地)로 어울려 놀았다. 딸네들이 동참하는 때에는 이야기나 노래하는 놀이였지만, 남자아이들끼리 어울리면 서리나 참 값을 부담 지우는 화투놀이가 성행했다.

한 해 겨울의 농한기가 지나면 누구는 나락 몇 섬, 누구는 논 몇 마지기를 날렸고, 어느 집은 화투판을 붙여서 개평 덕에 살게 되었다는 등의 소문이 나돌기 일쑤였다. 도박판의 광경을 직접 목격한 적이 없는 어린 우리들 사이에도 아무개가 10년 만에 '장땡'을 잡았다가 바람 때문에 호롱불이 꺼져서 못 먹었다며 비유(比喩)와 익살로 껄껄거리던 기억이 생생하다.

우리 집 사랑방에서도 아버지를 비롯한 집안 아저씨들이 화투놀이 하는 광경을 자주 볼 수 있었다. 그러나 어머니께서는 화투짝만 봐도 패가망신(敗家亡身)하는 물건이라며 놀라서 버리시며,

"너는 이런 것 만지면 안 된다."고 하시며 경계와 당부를 하셨다. 그러나 나는 성인이 된 이후 화투놀이에 열성적으로 참석하여 어머니의 애간장을 무척 태웠으며, 시간을 낭비하고 건강을 해치며 금전적인 손실을 자청(自請)하는 어리석음을 되풀이하기도 했다.

"자네는 돈을 따는 것보다 잃는 재미로 화투를 친다."는 어느 친구의 표현과 같이 악착스러워야 하는 화투판에 그렇지 못하다.

화툿장을 쥐고 두들기는데 따라 펼쳐지는 변화와 기대가 적중할 때의 짜릿한 맛, 돈을 잃었을 때 본전을 노리는 안간힘과 인내, 본전을 챙겼을 때의 보람과 안도, 유전(流轉)하고 반전(反轉)하며, 성공과 실패에 따른 실망과 희열(喜悅)이 교차하는 상황은 마치 인생의 연습장(鍊習場) 같다는 착각에 빠져 화툿장을 쥔다.

"돈을 잃어도 사람을 잃어서는 안 된다."는 것이 화투판에서의 나의 신조이다. 그러나 유감스럽게도 대다수의 노름꾼들은 사람은 잃어도 돈은 따야겠다고 덤비는 부류다.

돈이 오가는 극한상황에서 체면, 도리, 수속, 절차 때문에 숨겨진 각자의 발가벗은 내면의 모습이 드러난다. 나의 신조는 화투판과는 거리가 먼 허상(虛像)이라는 사실에 화투판이 끝나고 나면 승패에 관계없이 짜증스럽고 애증(愛憎)의 응어리와 자책의 회한(悔恨)만 남는다.

화툿장을 두들기는 데에 따라 전개되는 반전과 유전, 실망과 짜릿한 쾌감에 매료된 어느 친구가 화투를 발명한 사람은 노벨상 수상감이라며 찬탄을 아끼지 않는다. 노벨 자신이 발명한 화약이 인류를 대량으로 학살하는 살상의 무기로 사용되고 있지만, 지하의 노벨이 들으면 까무러칠 소리다.

화투는 1818년 경 포르투칼의 상인들에 의하여 일본에 전래된 서양카드놀이를 일본풍으로 만든 것으로, 우리나라에는 대마도 상인들에 의하여 전래(傳來)되었으나 한일합방(韓日合邦) 이후 일본인들이 우리나라에 거주하면서 성행되었다고 짐작이 된다. 일제(日帝)는 도박성이 강하여 명치유신(明治維新) 이후 판매를 금하였으나 우리나라에는 살짝 퍼뜨린 것이다.

나는 자위(自慰)와 변명(辨明)의 구실로 놀음과 오락을 혼동하면서 화투놀이를 즐겼다. 아무리 건전한 오락도 지나치면 우의를 해치는 독소(毒素)가 된다는 사실을 번연히 알면서 어리석음을 되풀이했다.

"노름은 누구든지 최고의 카드를 잡을 수 있다는 가능성이 언제나 있기 때문에 되풀이하는 어리석음을 저지르게 된다."는 영국의 수필가 찰스 램의 말과 같이 '장땡'의 허상 속에서 따면 공돈이 생기는 재미에, 잃으면 본전 생각이 나서 선뜻 일어나지 못하고 먼동이 틀 때까지 눌러 앉았다가 빈손으로 파김치가 되어 집으로 돌아오는 못난 짓을 수 없이 되풀이했다.

인생에는 잃는 것이 있으면 꼭 얻는 것이 있게 마련이다. 곰곰이 생각해보면 화투놀이를 즐기면서 나름대로 느끼고 얻는 것도 있지만 비교할 수 없는 소중하고 고귀한 것을 너무나 많이 잃었다는 사실에 아픔을 느낀다.

승패에 악을 쓰는 아귀다툼의 화투놀이가 아니라 삶의 활력소를 축적(蓄積)하기 위해 즐기는 오락으로서 여유롭게 여가를 선용(善用)하는 화투놀이를 즐기겠다.

화투놀이 때문에 적자(赤字) 인생을 살았다면 이보다 더 부끄럽고 초라하고 덧없는 인생은 없다고 생각하면서, L사장과 같이 관(棺) 속에 화툿장을 넣고 가는 수모(受侮)는 당하지 않아야겠다고 다짐한다.

(1987. 10)

인생타율(人生打率)

직장에서 가정에서 사회에서 자신의 위치와 역할에 따른 소임과 책무에 최선을 다하는 성실한 삶이 높은 타율을 자랑하는 안타를 친 성공한(?) 사람보다 값지고 보람된 충만한 삶을 누렸다고 생각한다.

요즈음은 프로야구 정규시즌, 경기 마감을 앞두고 각 매스컴에서는 부문별 수위자(首位者) 예측에 법석이라 시끄럽다.

마감 몇 경기를 남겨두고 있어 각 구단에서는 자기 소속 선수를 MVP로 만들기 위해 정정당당한 스포츠 정신을 저버리는 작전까지 동원해 관중들의 야유와 빈축을 사기도 하는 모양이다. 그러나 어떤 부문이든 수위의 자리를 차지하는 것은 다소 운(運)이란 것이 따르겠지만, 저마다 피나는 노력의 결과임에 틀림없다.

복잡하고 분주한 삶을 살면서, 한갓 야구경기에서 누가 어느 부문의 MVP가 되든 별로 관심 밖의 일이지만 타율(打率) 부문 수위 예상자들의 기록을 보면서 성공과 실패가 숫자상으로는 큰 의미가 없다는 사실에 짐짓 놀라지 않을 수 없었다. 프로 세계의 일류급 타자들이 4할 대에 턱걸이하는 성적으로 타율부문에서 최고의 영예를 차지하고 있으니 60점 이하는 낙제점수로 알고 살아온 나로서는 낙제생들의 축제 같은 묘한 기분을 느낄 수밖에 없었다. 내가 삶의 채점판에 점수 계산을 잘못한 것 같은 착각과 혼돈, 60점 이하는 낙제라는 관념의 틀 속에서 살아오면서, 낙제란 인생의 낙오자가 된다는 위기의식으로 낙제만은 면해야겠다고 버둥거리고 허덕이며 살아 온 지난 나의 삶이 억울하기도 하다. 비록 계산적으로는 낙제점이지만 정상을 차지할 수 있다는 사실을 진작 알았더라면 여유롭고 끈기 있게 포기하지 않고 노력했을 것이라는 지난 날 나의 삶에 아쉬움이 남는다.

정신을 가다듬고 다시 곰곰이 생각해 보니 상대팀의 투수가 타자의 장단점을 헤아려 그때그때 상황을 예리하게 판단하면서 속도와 기교를 구사해서 던지는 공이니 그런 성적으로도 영예를 차지할 수 있겠다는 이해가 되면서 문득 '인간의 삶의 과정에 야구의 타율이 적용될 수 있을까' 하는 장난 같은 생각을 해본다.

인간의 삶을 점수로 환산한다는 것은 오만무도(傲慢無道)하고 어리석은 짓이라는 것을 모르는 바 아니지만, 워낙 숫자와 계산으로 따지고 평가하는 세태라 억지로 한번 꿰어 맞추고 싶은 호기심이 발동했다.

프로의 최고 일류타자가 낙제점으로 영예를 차지하듯이 우리 삶의 과정에서도 마음먹은 대로 이루어지고 성취되어 만족하고 기뻐하는 경우보다, 좌절하고 실망하고 고통과 분노를 삭이면서 살아가는 경우가 훨씬 많다. 상대 투수가 변화구를 던질 것이라 예상하고 준비하고 있는데 강속구인 직구를 던질 때 어이없이 빗나가는 타자의 방망이같이 우리는 항상 아쉬움과 모자람 속에서 살아가고 있다. 모든 것이 생각대로 이루어지고 쉽게 만족할 수 있다면 인생은 오히려 정신적으로 삭막하기 그지없을 것이며 낙제점 이하의 타율로 영예를 차지했다고 법석을 떨고 흥분할 값어치가 없다고 생각한다.

'역사는 도전과 응전(應戰)의 기록'이라고 한 토인비의 말을 이해할 수 있겠다. 야구에서 출루하는 것을 안타로 계산하듯, 인생에서 성공과 만족, 기쁨과 희열을 가져오는 것을 안타로 인생살이에 적용함이 가능할까? 아무리 생각해 보아도 무리이며 발상자체가 잘못된 것 같다. 인간의 얼굴은 하나이지만 마음과 생각은 수십 개씩 가지고 산다. 객관적인 명확한 규정에 의한 야구의 안타도 간혹 심판이 내린 판정의 오류와 규정 해석이 엇갈려 시비(是非)의 대상이 되는데 하물며 우리는 행복에 대해 다분히 추상적으로

인지하고 주관적 판단에 대한 의존도가 높아 얽히고설킨 인간관계에서 야구식 안타 계산을 하게 되면 삶은 온통 아수라장으로 변할 수 있을 것이다. 이 얼마나 아찔하고 현기증 나는 일인가.

공인된 인간사의 기록이요, 채점표라 할 수 있는 족보(族譜)에서도 과장과 허위, 분칠한 위선(僞善)을 기록하기 위하여 음모와 거래가 오고 가기도 한다는 사실로 미루어 볼 때 약점 투성이인 인간이 인간을 평가한다는 것은 스스로 불행을 자초함이 너무나 자명한 일이다. 허공을 가르는 경쾌한 홈런같이 인생의 승패도 명쾌하게 구분할 수 있다면 인생 타율도 몇할 몇푼 몇리로 계산 할 수 있으련만, 결코 그렇게 계산될 수 없는 인생살이란 사실이 못내 아쉬운 반면 엄벙덤벙 살아 온 나 같은 사람에겐 여간 다행스럽지 않다는 생각도 해본다.

우리는 행복은 많을수록 좋고, 불행은 적을수록 좋다고 생각한다. 높은 지위에 앉은 사람은 성공했다고 생각하고 한자리 차지하지 못한 사람은 인생의 낙오자로 치부한다. 돈이 많은 부자를 동경하고 가난한 사람을 경멸한다. 궁(窮)하면 실패한 것으로 낙담하고 통(通)하면 성공한 것으로 만족하는 것보다 어리석고 치졸한 생각은 없다. 모든 세상사는 궁할 수도 있고 통할 수도 있으며 궁하면 통하고, 통하면 궁해질 수 있는 것이 세상사의 이치요 섭리다.

성공과 실패의 확률은 1/2이다. 따라서 모든 사람이 5할 대 이상의 안타를 기록할 수 있는 자질과 능력을 가지고 있다는 결론이 선다. 인간의 삶을 야구의 타율에 비교하여 적용하고 평가한다는 것은 무의미하며 애당초 잘못된 발상이었다는 생각과 함께 문득 '최고의 수비가 최대의 공격'이라는 말이 떠오른다. 결국 인생은 자기와의 싸움일진데 타자로서 낙제점 이하의 타율로 수위의 영예를 차지하는 것보다 수비수로서 실책을 범하지 않고 착실히 자신의 몫과 역할을 다하는 삶이 더욱 값지고 훌륭하다고 생각해 본다.

직장에서 가정에서 사회에서 자신의 위치와 역할에 따른 소임과 책무에 최선을 다하는 성실한 삶이 높은 타율을 자랑하는 안타를 친 성공한(?) 사람보다 값지고 보람된 충만한 삶을 누렸다고 생각한다.

(1996. 11. 20)

꿈속의 여인

수줍고 당차며, 자신을 가꾸고 여미는 데에 사려가 깊었던 그 여인들을 이제는 꿈속에서나 만날 수 있을까.

사춘기(思春期) 처녀는 '꽃잎 떨어지는 것만 봐도 얼굴 붉힌다'는 말이 있다. 이는 한국여성의 특징인 수줍음과 자기감정을 가슴속에 묻어 둘 줄 아는 은근함을 이르는 말일 게다.

점심시간을 이용하여 인근 치과에 가는 길이었다. 병원 가까운 큰길 옆에 중학교 3학년쯤 되어 보이는 여학생 5~6명이 둘러앉아 열심히 무언가 구경하고 있는 광경에 호기심이 발동하여 넘겨다보았다. 스피츠 종류의 암수 개 두 마리가 사랑놀이에 한창이었다. 성행위(性行爲)를 동물의 배설(排泄) 본능의 충족 정도로 생각하는지, 진지하게 관찰하고 있는 소녀들을 보니 나 자신이 무안(無顔)

하여 급히 걸음을 재촉했다.

그 나이에는 수치심과 감상성(感傷性)을 통하여 이성을 느끼기 시작한다는데……. 수치심과 수줍음을 상실해 가는 탈 여성화의 한 면을 보면서 마치 고향의 산천이 개발이란 미명(美名) 아래 허물어지고 오염되는 것을 보는 것과 비슷한 아픔을 느꼈다. 여성의 변천사는 곧 인류의 모든 영광(榮光)과 오욕(汚辱)을 상징하는 역사의 거울이기도 하다. "야, 타!" 한 마디에 자신을 함부로 던지고 불사를 수 있다는 것은 스스로 인간됨을 포기하는 행동이다.

여성은 여성으로서 소중하고 사랑 받아야 할 존재가 되도록 스스로 가꾸고 다듬어 가야 하지 않을까?

수줍고 당차며, 자신을 가꾸고 여미는 데에 사려가 깊었던 그 여인들을 이제는 꿈속에서나 만날 수 있을까?

여성다움의 내용은 시대에 따라 변하겠지만 수줍음과 수치심은 여성이기 이전에 인간으로서 가져야 하는 조건이라고 생각한다.

(1989. 6. 10. 매일춘추)

작은 행복

요사이 같으면 아파트 쓰레기장에서 뒹굴고 있을 작은 찬장과 투박하고 볼품없는 철제 농 하나 들여놓고 행복 운운한다면 행복을 비하(卑下)하고 너무 싼값으로 매도한다고 생각할지 모르지만, 작은 것으로 행복에 취했으며 우리들의 삶에서 그때보다 감격하고 희열을 느낀 적이 없다. 너무나 소박한 행복이었지만 우리 내외는 그때의 기쁨과 희열과 행복감을 되새김질하며 좌절하거나 실의에 빠질 때 극복의 원천이 되었다.

아침 TV에서 의과 대학생이 지참금(持參金)을 기대한 만큼 가져오지 않았다고 신부를 구타한 사실을 보도하고 있었다. 며칠 전 주점에서 '결혼은 투자'라며 기고만장하며 떠들던 젊은이들의 모습이 떠오른다.

"아내를 맞아들이는 일에는 집안의 성쇠가 달려있다. 구차하게 한때의 부귀를 탐해서 장가를 들면, 아내는 그 부귀를 끼고 있기 때문에 남편을 경멸하고 시부모를 소홀히 하지 않는 이가 드물다. 이리하여 교만과 질투의 성품이 길러지게 되면 뒷날 근심거리가 이보다 큰 것이 있으랴."는 소학(小學)의 가르침을 생각해 보면서, 모든 것을 금전으로 따지고 계산하는 현실의 추한 모습에 추연(惆然)한 아픔을 느꼈다.

혼인에 있어서 거래의 악습은 옛날에도 못나고 비루(鄙陋)한 양반이 생계와 치부(致富)의 수단으로 지체가 낮은 집과 혼인하면서 재물로 보상을 받았으며, 혼인 후 사전에 약속한대로 이행되지 않아 시부모에게 미움을 받고 남편에게 구박받고 소박 당하는 등 양가의 갈등과 불화가 있었다. 그래서 혼인에 거래되는 재물은 사전(事前)에 챙겨야 병폐가 없다는 말이 있을 정도이다.

문벌(門閥)을 중시하던 지난 세월에는 한 맺힌 신분상승을 위한 방편으로 재물을 덤으로 붙인 것은 그래도 이해의 여지가 있지만, 오늘의 민주화된 산업사회에서 지참금을 붙여서까지 딸을 출가시키는 부모의 심정을 도무지 이해할 수 없어 신부가 얼마나 모자라고 못났는지, 불구인지 등등 야릇한 호기심이 발동했다.

떠도는 소문에 의하면 법관, 의사 사윗감은 지참금 1억 원 정도에 열쇠가 3개 딸려야 한단다. 돈을 주체하지 못하는 졸부(猝富)들이 자기 과시의 방편으로 자녀를 매매하는 작태에 측은한 연민의 정이 앞선다.

의사나 법관 같은 사회에서 인정받는 직업을 가진 사윗감만 딸의 행복을 보장한다고 생각했다면 이는 엄청난 오산이며 인생에 대한 모독이다. 상대방의 직업이나, 많은 수입과 명예가 행복의 척도가 아니란 것은 너무나 자명(自明)한 사실이다. 앞의 의과대학생과 같이 지참금이 모자란다고 신부를 구타하는 비루하고 천박한 마음을 가진 사람에게 딸의 행복을 기대할 수 없다고 확신한다.

내가 아는 여성 중에 행복은 멀리 있는 것이 아니라 가까이 있으며, 스스로 창조한다는 지혜를 꿰뚫은 40대 초반의 초등학교 선생님이 있다. 그녀는 미모와 재능을 겸비했으며, 행실이 반듯하고 성실하여 나무랄 데 없는 여자였다. 처녀시절 때 놓은 당상(堂上)격인 좋은 혼처를 마다하고 평범한 초등학교 교사인 지금의 남편을 배우자로 결정하자 주위의 동료와 선배들이 '아깝다', '복을 차버렸다'는 등의 질책과 아쉬움을 표시했다. 그러자 일류대학을 졸업하고 일류직장에서 장래가 촉망되는 소위 엘리트와 결혼하여, 바쁜 남편을 밤늦게까지 기다리며 고독과 외로움에 빠져야 하고, 가족이 오순도순 즐기는 낙도 모르고 긴장 속에서 사는 것과 동료교사와 결혼해서 두 사람의 봉급으로 자족하며, 여가도 함께 즐기고 동료와 부부로서 서로 아끼고 격려하며 오붓이 살아가는 것 중 어느 쪽이 행복하겠냐고 차분히 반문했다. 그 물음은 일류와 엘리트에 집착하여 행복의 실상을 잘못 생각하고 있는 많은 사람들을 당황하고 곤혹스럽게 했다.

나는 그 선생님의 이야기를 듣고 코페르니쿠스의 전환 같은 그 지혜와 예지에 감탄하며 갈채를 아끼지 않았던 기억이 생생하다. 지금 그 부부교사는 아들 둘, 딸 하나를 두고 다복하게 오순도순 동지로서 반려자로서 오붓하고 행복하게 삶을 보내고 있다.

우리는 지금 청맹과니로 살고 있으면서도 자신이 불구란 사실을 모르는 불행에 빠져있다.

가까운 사람들이 딸을 시집보내거나 아들을 장가들이는 광경을 보면 신부 집은 가져갈 가구와 전자제품으로 온 집안을 가득 메워 놓고 있었으며, 신혼부부의 보금자리는 가구와 전자제품이 점령하여 겨우 두 사람이 기거(起居)할 수 있는 공간만 빠끔히 남아 있었다. 신혼부부를 위한 보금자리인지 가구와 전자제품의 전시장인지 구별할 수 없는 지경이다. 준비성 있는 인생 출발이라는 생각보다 주객(主客)이 전도되어 성취와 보람이란 오붓한 행복을 포기한 듯한 정경 앞에서 씁쓸한 느낌만 더 강하게 받았다.

Speed 시대에 살고 있는 오늘의 젊은이들이라 해도 행복까지도 단숨에 쟁취할 수 있는 것이라고 생각한다면 이것보다 더한 불행은 없다. 행복을 물질적인 풍요에서 찾으려 한다면 이것보다 어리석은 환상은 없다. 물질적으로 풍요하지 못할지라도 마음가짐에 행복이 있을 수 있으며, 이는 사유(思惟)하는 인간만이 가질 수 있는 특권이라 생각한다.

나는 첫 직장을 따라 영천읍(지금은 시로 승격) 야사동 산마루에 위치한 담장도 없는 을씨년스럽도록 스산한 6칸 기와집 대문채 단칸방을 얻어 신접살림을 시작했다. 방안에는 옥양목 천에 아내가 손수 Sweet Home이라 수놓은 횃댓보가 아랫목 벽을 가리어 장롱구실도 겸했다. 가구는 엄두도 못 내던 어려운 시절이라 횃댓보는 신부의 필수품이었다.

가구는 혼수함으로 사용했던 알루미늄 트렁크 하나, 굳이 장식품이라고 말한다면 화장대 하나가 윗목에 덩그렇게 자리 잡고 있었을 뿐이다.

그 당시는 식생활만 해결되면 풍족함을 느끼던 곤궁한 시절이라 새 가구를 장만하는 것은 엄두도 못 냈다. 철제로 만든 케비넷 농이 유행하기 시작했으나 얼핏 엄두도 못 내다가, 몇 번을 벼르고 벼른 끝에 야사동 언덕 밑에 초가 한 채를 전세로 얻어 이사하면서 하늘색 무늬의 케비넷 농을 들여놓으면서 느낀 그 기쁨, 그 희열은 지금 생각해도 전신이 마비되는 듯한 황홀감에 취한다. 아내는 행복에 취하여 며칠 밤을 잠까지 설쳤다. 자다가 일어나서 만져보고 넋을 잃은 듯 바라보던 아내의 모습은 나의 망막에 각인되어 영원히 잊혀지지 않을 것이다.

그 후 대구로 전근(轉勤)하면서 부엌 달린 두 칸 방에 이사하고, 가구를 마련한다고 대구약전골목 중고 가구점에서 아내가 사온 헌 찬장을 부엌에 앉히면서 누린 기쁨과 행복감, 이것이 살아가는 재미요 행복이라 생각했다.

하지만 그 후 살기가 좋아진 탓인지 TV를 구입하고 값비싼 가구를 들여놓으면서도 헌 찬장과 철제 캐비넷을 들여놓았을 때와 같이 벅찬 행복감에 취하여 우리 내외가 잠까지 설친 사실은 없다. 나와 아내의 가슴을 설레게 하고 흐뭇한 행복감에 취하게 했던 하늘색 얼룩무늬의 철제 캐비넷은 새로운 가구들에게 자리를 빼앗기고 시골집 창고에 허드레 물건을 넣기 위해 보내졌다. 사실은 보내진 것이 아니라 고물장수에게 주어 버리자는 나의 제의를 일축하고 아내가 시골집으로 피난시킨 것이다.

지금도 나는 시골집에 들를 때마다 광문을 열고 그 캐비넷을 어루만져 본다. 잠시나마 버리자고 했던 나 자신을 돌아보며, 무언가가 지난날 나를 황홀하게 했던 행복감을 앗아갈 것 같은 두려움에 짐짓 옷깃을 여민다.

요사이 같으면 아파트 쓰레기장에서 뒹굴고 있을 작은 찬장과 투박하고 볼품없는 철제 농 하나 들여놓고 행복을 운운한다면 비하(卑下)하고 너무 싼값으로 매도한다고 생각할지 모르지만, 작은 것으로 행복에 취했으며 우리들의 삶에서 그때보다 감격하고 희열을 느낀 적이 없다. 너무나 소박한 행복이었지만 우리 내외는 그 때의 기쁨과 희열과 행복감을 되새김질하며 좌절하거나 실의에 빠질 때 극복의 원천이 되었다.

행복은 마음가짐에 있다. 산 넘어 행복이 있다는 말에 먼 곳을 방황하며 기웃거리는 미친 짓거리는 그만 두자. 작은 것이라도 하나하나 이루어가는 성취의 기쁨이 행복을 창조하는 것이라 생각한다.

행복의 느낌도 세월 따라 변해야 되는 것일까? '행운 사냥꾼만큼 천박한 삶은 없다'라는 글귀가 문득 나의 뇌리를 스친다.

(1994. 4. 15)

참된 유산(遺産)

부모는 자식에게, 사람이 살아가면서 분명히 지켜야 할 삶의 철학과 살아가는 지혜를 일깨워 주어야 한다. 어느 때고 자기 목소리로 바른 말을 할 수 있어야 하며, 정당한 비판은 그 사회와 역사 발전에 필수불가결한 것이다. 신념을 가지고 불의와 부정과 모순에 항거할 수 있는 용기와 기백은 천금보옥과도 바꿀 수 없는 자산이다. 이것이 우리 부모와 기성세대들이 물려주어야 할 참된 유산이 아닐까.

사계(四季)가 뚜렷한 우리의 자연은 한겨울에도 얼핏얼핏 숨겨진 봄의 조짐을 느낄 수 있게 하여 겨울이 깊어갈수록 봄이 얼마 남지 않았다는 섭리를 일깨워 준다. 자연에서 얼어붙고 녹는 순리처럼 우리의 현실에서도 맺히는 일과 풀리는 일이 순리대로 진행되면 좋으련만 그렇지 못하고 70~80년대를 우리는 너무나 길고 긴 어둠과 혹한의 겨울을 지냈다.

아들 둘을 서울대학교에 입학시켰지만, 기쁨은 잠시 뿐이었다. 시위대에 휩쓸릴 걱정과 두려움에 하루도 마음을 놓지 못했다. 특히 서울에서 대학생들의 반정부시위가 있었다는 보도가 있는 날이면 아내는, 아이들이 각자의 하숙집에 돌아온 것을 확인하기 전까지는 아이들이 오랏줄에 묶여 잡혀가서 고문당하는 최악의 경우를 상상하며 공포에 떨곤 했다. 나도 최악의 경우를 대비한 각오는 해야겠다고 생각하면서, "젊은 아이들이 잘못된 것을 비판하고 바로잡기 위해서 행동할 수 있는 용기와 기백이 없다면, 그것은 이미 삶의 의미를 상실한 것."이라고 독백처럼 중얼거렸더니 아내는 경악을 한다. "그런 말하면 잡아가서 조사한다는데 말조심하라."는 당부와 함께 어디서 들었는지 공직자가 그런 말 하면 직장에서 쫓겨난다며 애원한다. 부부간에 말조차 마음대로 할 수 없는 세상, 잘못되어도 크게 잘못된 것이 틀림없다. 인권을 대본으로 삼는 법치국가에서 인신구속에 공권력이 남용되고, 법이 오용되고 고문이 자행된다면 비난과 증오의 대상이다. 공직사회에서 자녀가 반정부시위에 앞장서면 밥줄이 끊어진다는 것은 공공연한 사실이다. 자식도 품안에 있을 때 부모를 따르고 순종한다. 지성을 지닌 대학생이 되면 제 나름대로 판단에 따른 비판이 있게 마련이다. 자식에게 반정부시위에 앞장서라고 말하는 공직자 부모가 있을까?

자식의 판단에 맡기는 부모는 있을지 모르지만, 시위에 앞장서라고 책동하는 부모는 없을 것이다. 대학생 자녀를 둔 공직자들에게 시위에 앞장서지 못하게 하는 설득력 있는 호소가 “애비 직장에서 쫓겨나면 너 학비도 못 대고 동생들도 공부 못시키고 식구들은 굶주림에서 헤어나지 못 한다.”는 말이다. 현실적으로는 가장 호소력이 있을지 모르지만 인간의 의지와 꿈을 망각한 동물적인 표현이다. 부모로서도 이런 궁한 말로 자식의 생각을 함부로 바꾸려 들어서도 안 될 일이다.

4년 전 모 교육청 관리과장으로 근무할 때였다. K대학교 학생회장인 아들이 반정부시위를 주동했다는 죄목으로 지명수배된 아들을 둔 K교장에게 사직서 제출을 권유하는 지시를 전하러 갔었다. “어느 부모가 자식을 데모에 앞장서라고 하겠습니까? 애비 목 잘리면 너희 형제 공부도 못시키고 우리 식구 굶어 죽는다고 애원하고 협박까지 했습니다.”면서 자신이 크나큰 죄를 지은 듯 고개를 떨구며 눈시울을 적시던 K교장을 보면서 어처구니없는 현실이 원망스럽고 울분이 치솟았지만, 부모로서 자식에게 그런 말밖에 할 수 없었던 K교장에 대한 측은함과 안타까움이 오래도록 나를 괴롭혔다.

며칠 전, 그 K교장을 우연하게 동대구역 대합실에서 만났다. 그 순간 나는 죄의식이 느껴져 전신이 굳어 오는 듯 긴장할 수밖에 없었다. 내 손을 잡으며 반갑다고 웃음 짓는 K교장은 현실에 찌들어 지치고 피로한 모습이 역력했다. 마음 같아서는 술잔을 주고받으며 이야기라도 나누고 싶었지만, 서로가 기차 시간에 얽매어 있어 간단하게 안부만 주고받고 헤어졌다. K교장은 우유 판매 대리점을 운영한다고 했으며 지명수배 된 아들은 행방이 일정치 않다고 했다.

월급쟁이란 한 달 벌어서 한 달 먹고 사는 인생이다. 그렇다고 달리 뾰족한 기술이나 재간도 없다. 생명줄인 직장에서 하루아침에 갑자기 쫓겨났을 때의 그 암담함과 불안함은 표현할 길이 없다. 밥줄을 끊는 것 보다 더 한 맺게 하는 일은 없고, 한 맺힌 사람들이 생기면 생길수록 국가 안정에는 해가 된다는 것을 너무나 자명하다. 국가의 안보와 학원의 안정을 지키기 위한 조치라면 최선의 대책은 결코 아니다. 제발 밥통 끊는 일이 없어야겠다는 간절한 염원을 외치고 싶다. 더욱이 본인의 과오나 불법한 행위에 대한 제재(制裁)가 아니고 자식이 데모에 앞장서면 밥줄을 끊겠다는 조항은 형법에도 공무원법에도 없다. 시대가 바뀌면 그 변화의 소용돌이에 희생당하는 사람이 있기 마련이지만, 너무나 어처구니 없는 모순투성이의 현실에서 적자생존의 원리에 따라가며 살고 있는 자신에 대한 민망함과 부끄러움을 주체할 길이 없다.

우리들 세대는 격동과 고난의 시대를 살아왔다. 권력의 횡포와 가난에 시달리느라 자아를 주장하고 내세우는 데 익숙하지 못하다. 삼강오륜의 유교적 규범에서 살아온 우리는 체질적으로 웃어른의 말씀에 복종하는 것을 미덕으로 알고 살아왔다.

나는 4.19를 군대에서 맞이하여 진압군으로 출동했다. 복학한 지 얼마 되지 않아 5.16군사 쿠데타가 일어났다. 길거리에서 5.16 혁명공약을 암송하고 있는지 여부를 확인하느라 검문하던 웃기는 시대를 거쳐 졸업을 했고 공직에 몸담았다.

"불안과 혼란보다는 안정과 발전을 희구했고, 사대와 의타 보다는 진보와 전진을 추구했던 온 국민의 자각과 정열의 집약적 표현이 바로 5.16혁명이었다……."는 69년 5월16일 박정희 대통령의 5.16 민족상 시상식 치사를 들으면서 벅찬 감격과 함께 모든 것은 도약을 위한 고통의 수용으로 받아들였다. 82년 큰 아이가 대학에 진학한 후에서야 대다수 젊은 세대가 심증적으로 반정부시위에 동참하고 있다는 사실을 알았다. 뒤늦게 자각의 눈을 떴으며 부끄럽고 민망스럽기 짝이 없는 부모요 기성세대임을 알았다.

아이들에게 시위에 참여해서는 안 된다고, 준엄하게 꾸짖지 않는다고 아내는 불만과 불평이 많았다. 그러나 아무리 생각해 봐도 시위에 동참하지 말라는 명분과 대의가 없었다. 그렇다고 아이들의 하숙집에 전화질 하며 조바심에 할딱이고 불안에 떨고만 있을 수도 없었다. 현실과 야합하기 위한 계산 때문에 머뭇거리느라 부모의 구실과 책임을 더 이상 지체할 수 없음을 알았다.

부모는 자식에게, 사람이 살아가면서 분명히 지켜야 할 삶의 철학과 살아가는 지혜를 일깨워 주어야 한다. 어느 때고 자기 목소리로 바른 말을 할 수 있어야 하며, 정당한 비판은 그 사회와 역사 발전에 필수불가결한 것이다. 신념을 가지고 불의와 부정과 모순에 항거할 수 있는 용기와 기백은 천금보옥과도 바꿀 수 없는 자산이다. 이것이 우리 부모와 기성세대들이 물려주어야 할 참된 유산이 아닐까.

나는 아이들에게 삶의 소중함과 그에 따른 막중한 책임을 이야기하고 한 번 뿐인 그 소중한 삶을 걸고서라도 투쟁해야 할 불의와 부정과 모순이 있다고 판단되거든 시위에 앞장서라고 선언했다. 그제야 방광 속에 가득 찬 오줌을 배설하지 못한 채 참아 오다가 소변을 본 듯한 후련함과 부모로서의 책임을 다한 듯 뿌듯한 기쁨을 느꼈다.

그날 이후 우리 내외는 더 이상 시위와 관련해서 아이들의 하숙집에 전화질하며 불안해하거나 두려움에 떨지 않았다. 행인지 불행인지, 아이들은 소중한 삶을 걸고 항거해야 할 불의와 부정과 모순을 느끼지 못했는지, 알량한 월급쟁이인 아버지가 직장에서 쫓겨나 받을 고통을 염려해서인지는 알 수 없으나 좌절하고 고민하여 방황하는 모습은 엿볼 수 있었으나 시위대 선두에서 사자후(獅子吼)하는 분연한 모습은 보이지 않았다.

만에 하나라도 아버지의 현실에 영합하며 살아가는 약은 모습이 불의와 부정과 모순에 분연히 항거할 수 있는 용기와 기백을 뽑아버렸다면 이보다 더 슬프고 애통한 일이 없다는 미련과 회한에 빠져 보기도 한다.

인생은 그 목적 자체로 가치 있는 것을 지녔을 때만 진짜 가치가 있는 것이다.

깨어있는 것이 살아 있는 것이다.

(1986. 11)

그것은 하나다

산업사회로 변모하면서 그때그때 상황에 따라 다양한 얼굴과 다양한 마음가짐으로 살아 갈 수 있는 인간만이 적자생존의 원리를 터득한 승자(勝者)가 된다. 지조나 기백이나 대의(大義)는 약자의 넋두리로 들린다.<중략>

민 선생의 막내아들이 공사판에서 터득한 현실과 요령도, 인간이 주어진 임무에 충실해야 하는 것이 성실이며 인생의 기본자세라는 것을 진리로 이해하고 받아들이는 바탕 위에서 상황에 적응할 때 올바른 요령이라고 생각한다.

관광지나 특정 음식을 취급하는 단지(團地)에 가면 간판에 너도나도 원조(元祖)라고 붙어있다. 원조란 뜻으로 보면 한 곳을 제외한 나머지 집들은 거짓임이 명백함에도 버젓이 간판에 너도 나도 원조임을 자랑하고 있다. 거짓도 여럿이 주장하면 참으로 착각하기 마련이다. 거짓인 줄 알면서도 묵인하고 있는 기막힌 현장이다. 맹자(孟子)가 양혜왕에게 설파했던 '하필이면 이(利)를 말씀하시느냐(何必曰利)'는 대목이 아쉽다.

대구 10.1 폭동사건을 교과서에서 항쟁(抗爭)으로 명칭을 바꾼다는 논의가 있다는 이야기를 듣고 진실과 거짓이 엇갈리는 혼란에 울분을 느꼈다. 당시 나는 국민학교 4학년으로 멋모르고 구경삼아 폭도들의 난동 현장을 목격했다. 경찰관의 눈을 빼서 죽이고, 가족들을 몽둥이로 개잡듯 두들겨 패고, 가재도구를 부수고 집을 불 지르는 만행이 항쟁이라면 세상에 잘못된 것은 아무 것도 없다. 법보다 주먹이 가깝다는 힘의 원리가 우선할 뿐이다.

우리는 조상들로부터 시비곡직(是非曲直)을 의(義)로써 분별하는 지혜와 믿음의 소중함을 배우고 익혀 왔음에도 이해(利害)를 좇아 의를 헌신짝 버리듯 내동댕이치고 있다. 우리를 떠받들고 있는 도덕이 무너질 때 인간은 동물로 추락한다.

여름 방학이 시작된 지 얼마 되지 않은 어느 날 민 선생 댁을 방문했다. 그날 나의 방문은 그 집 막내가 전화 도중 어머니께서 외로우신 것 같다면서 놀러 오시라는 간곡한 당부가 있었기 때문이다. 성장해서 어머니의 허전함까지 배려하는 착한 아이들이었다.

그 날은 그 집 막내 아이가 아르바이트로 아파트 공사 현장에서 벽돌을 나르고 일당 15,000원을 받는다는 이야기가 화제가 되었다. 나는 노동현장에서 인생을 배우는 것도 학업보다 못하지 않다고 칭찬했더니 오히려 곤혹스러워 하면서 머리를 긁적이며 무언가 주저하는 표정이다. 우리는 웃으며 평소의 너답지 않게 왜 그러냐고 반문했더니, 고해성사라도 하는 듯 진지한 표정으로 "어느 것이 옳은지 모르겠습니다."고 전제하면서 이야기를 했다.

일당 15,000원은 결코 적은 돈이 아니라는 생각에서 일에 대한 보람과 최선을 다한다는 기쁨을 만끽하면서 열심히 일을 했는데, 오전에 자기가 열심히 일하는 것을 이상한 눈초리로 보아 오던 십장(什長)이 오후 휴식 시간에 별도로 부르더란 것이다. "이 어리석은 놈아! 앞으로 10일간 일을 해야 하는데 너와 같이 죽기 살기로 하면 5일 정도면 끝나버리는데, 우리같이 공사판에서 일하는 사람 밥줄 끊을 작정이냐?"고 질책하더란 것이다. 자신이 맡은 일에 최선을 다하는 것이 성실한 삶이라 배워왔고 생각했기 때문에 십장의 꾸중을 듣고 어리둥절하고 울분이 치밀었으나 그 조직에 동참하고 동화(同和)되기 위해 십장의 충고를 받아들이지 않을 수 없었고 충고대로 작업을 하니 한결 편안하고 육체적인 부담이 없더란 것이다. 뿐만 아니라 현장에 오는 후배 아르바이트 학생들에게 요령을 전해주니 모두들 고마워한다며 득도(得道)한양 자랑까지 겹쳤다.

요령과 편법만이 통하는 현실에서 진실성을 상실한 인격파탄의 위기를 염려하지 않을 수 없지만 나는 아무런 대답도 할 수 없었다. 산업사회로 변모하면서 그때그때 상황에 따라 다양한 얼굴과 다양한 마음가짐으로 살아 갈 수 있는 인간만이 적자생존의 원리를 터득한 승자(勝者)가 된다. 지조나 기백이나, 대의(大義)는 약자의 넋두리로 들린다.

문득 10여 년 전 구미역에서 연착한 열차를 기다리며 역 광장을 서성거리다 무료함을 달래기 위해 놀이를 하는 고등학교 2학년 정도 된 남녀학생의 모습이 떠올랐다. 남학생이 엄지손가락을 세우고 나머지 네 손가락을 접은 채 몇이냐고 물었다. 여학생은 별 바보스러운 짓을 한다는 표정으로 "하나지 뭐."라고 하니까 남학생은 접은 네 손가락을 펴 보이면서 "바보 이게 넷이지 어찌 하나냐."면서 약을 올리고 있었다. 여학생은 이제는 알 수 있다며 한 번 더 물어보라고 떼를 썼다. 남학생은 전과 같이 엄지손가락은 세우고 나머지 손가락은 접은 채 몇이냐고 물었고 여학생은 서슴없이 넷이라고 대답했다. 그런데 남학생은 세운 엄지손가락을 가리키며 "하나지 어찌 넷이냐."했다. 그 때 여학생의 당혹해하는 모습을 보면서 남학생의 교활함과 여학생의 아둔함에 울분을 느꼈다.

나는 그런 경우 하나라고 배워왔으며, 절대 진리라고 명심하고 살아왔다. 지나친 고정관념에 고착되어 살아온 것일까? 잔재주를 모르고 무디고 아둔하게 살아가는 것은 지조나 신의(信義)라고 착각하며 살아온 것이 아닐까? 스스로 반문하면서도 결코 그것은 하나이며 하나가 되지 않으면 삶의 기반과 질서가 무너진다는 생각을 떨쳐버릴 수 없다. 누가 뭐라 하든 그것은 하나라고 외치며 살고 싶다. 놀이현장에서 느낀 울분은 미꾸라지 같이 교활한 남학생보다 그것이 하나라고 주장 못하는 여학생의 나약함과 비루함에서 치밀어 온 것이라 생각한다.

상황의 가변성을 인정치 않는 폐쇄된 생각이란 것을 모르는 바 아니지만 나에겐 하나로 단정하고 살아가는 것이 지도리 같이 중심을 잃지 않고 살아가는 편안함과 안정을 느낀다.

젊은 세대들이 살아가면서 저 나름대로 요령과 편법을 터득하는 것은 삶의 당연한 과정이다. 그러나 하나라는 신념과 확신을 토대로 하여 터득할 때, 우리의 삶을 유익하고 편리하게 한다고 확신한다.

민 선생의 막내아들이 공사판에서 터득한 현실과 요령도 인간이 주어진 임무에 충실해야 하는 것이 성실이며 인생의 기본자세라는 것을 진리로 이해하고 받아들이는 바탕 위에서 상황에 적응할 때 올바른 요령이라고 생각한다.

(1986. 5)

아버지 처가(妻家)

풍성한 수확을 얻으려면 우선 좋은 씨앗을 뿌려야 할 것이다.

바른 생각 속에서만 바르고 좋은 말의 씨앗이 생기고, 좋은 말의 씨앗을 뿌려야 좋은 인간관계를 형성할 수 있다는 사실을 늘 명심해야겠다.

친구 집에 전화를 했다. 목소리로 보아 아들인 듯한 젊은이가 전화를 받아 "아버지 처가에 갔습니다."하고 부재(不在)를 알려 주었다.

자식의 입장에서는 외가라는 말이 올바른 표현임에도 굳이 '아버지 처가'라고 표현하는 것에 어리둥절해 하며 황급히 전화를 끊었지만, 왠지 그 집 아들의 심보가 괘씸했다. 자신의 어머니에게 '아버지의 부인'하고 부르는 것과 뭐가 다른가.

우리말을 바로 알고 바로 쓰려면 우리말에 대한 애정을 가지고 공부를 해야 한다. 용어선택도 마찬가지다. 함부로 변형되고 파괴되어가는 우리말과 신중하지 못한 용어선택 때문에 세대마다 쓰는 용어나 언어가 달라 서로 이해하지 못하는 경우가 많다.

백 번 양보하여 '아버지 처가'란 말은 명확하게 뜻을 전달하기 위한 고육지책(苦肉之策)이 아니었을까? 하고 두둔해 보지만 여전히 마음이 씁쓸할 뿐이다. 적어도 '우리' 가족, '우리' 식구란 생각만 바탕에 깔렸어도 아버지 처가란 말은 함부로 쓰지 않을 것이다.

언어는 사상과 감정의 표현이다. '우리'라는 공동운명체의식이 없어진 가정은 상상만 해도 현기증이 일어난다.

우리 기성세대들은 급변하는 현대산업사회를 살아가자니 분망(奔忙)하게 움직이지 않을 수 없었다는 구실로 가정을 '물 없는 연못'으로 만들어 놓았다. 그러고도 물을 채워야 한다는 엄연한 사실은 망각(忘却)한 채 그 규모의 확장이나 외적인 치장(治粧)에만 급급한 나머지 참 행복의 의미를 상실하고 있지 않은지 되돌아봐야 할 때다. 가정은 사람답게 되기 위한 가장 기초적인 배움의 장(場)이 되어야 함에도 가정교육을 팽개치거나 아예 포기하고 그 결과에 대한 책임은 공교육에 전가해 왔다. 사랑과 모범으로 가정교육의 근본을 삼을 때 자신과 부모를 단절시키는 '아버지 처가'라는 표현은 없을 것이라고 확신한다. '아버지 처가'라는 그 말은 나에게도 올바르게 행동하고 올바른 사랑으로 자식 교육을 시키라는 충고로 들렸다.

풍성한 수확을 얻으려면 우선 좋은 씨앗을 뿌려야 할 것이다.

바른 생각 속에서만 바르고 좋은 말의 씨앗이 생기고, 좋은 말의 씨앗을 뿌려야 좋은 인간관계를 형성할 수 있다는 사실을 늘 명심해야겠다.

(1994. 9. 15 매일춘추)

아파트 유감

색다른 음식 한 가지만 장만해도 넌지시 소리하며 담 너머로 나누어 먹던 지난날의 인정에 그리워 목이 멘다.

지친 몸을 길게 눕혀 쉬게 해주는 따스한 아랫목 같은 정이 아쉽다.

하루빨리 돌무덤 같은 이 아파트를 벗어나야겠다는 다짐을 오늘도 해 본다.

이른 새벽부터 수세식 화장실 물이 배수관을 타고 쏟아져 내리는 소리가 요란하다. 옛 말에 지독히 밉거나 저주의 대상이 있으면 '똥물에 타서 죽일 놈'이라 했는데 15층 아파트 맨 아래층에 살고 있는 내가 속절없이 그 욕설과 저주의 대상이 된 것 같아 억울하다. 배설보다 솔직하고 진실한 것은 없다. 용량이 보다 많으면 넘치고 먹으면 배설하는 것은 생리적 현상이며 천지의 이치이지만, 아침잠을 똥물 쏟아져 내리는 소리 때문에 설치고 보니 욕이라도 해주고 싶은 마음에 이불을 뒤집어쓰고 자업자득이란 말을 곱씹어 본다.

애당초 20년 가까이 살던 2층 양옥집을 버리고 아파트 그것도 1층으로 이사 온 것이 잘못이었다. 어릴 적 우리 집 건너편에 위치해 있던 일본 아이 보꾸네의 우람한 목조 2층집은 우리들의 선망과 동경의 대상이었다. 그래서 수성들이 택지로 개발되면서 맨 처음 지어진 어설픈 2층 양옥집을 들뜬 마음에 서둘러 구입했던 것이다. 미완성인 2층 양옥을, 어릴 적 내 꿈을 가꾸기 위해 조그마한 연못을 곁들인 정원도 가꾸고 이층의 미완성인 공간에다가 서재를 꾸미고 풍금과 조립한 전축도 들여 놓았다. 꽃이 있고, 아름답고 감미로운 선율이 함께하는 보금자리로 가꾸는데 정성을 쏟았다. 그곳에서 내 생을 다하고 자식에게 물려주리라 생각했기 때문에 양계장의 닭장 같은 아파트는 사람이 사는 곳이 아니라고 생각했다. 그래서 모두가 열을 올리는 아파트부금에 가입한 일도 없고, 남들이 아파트 추첨되면 반밑천 잡는다고 새벽부터 줄지어 설 때 합류해 본 적 없는 그야말로 아파트 구입에는 관심조차 가져본 적이 없는 팔불출이었다.

그러나 정말 뜻하지 않게 아파트 구입에 동참하게 되었다. 부도가 나서 은행에서 관리하는 아파트에 미분양 된 몇 채가 있어서 사두라는 집안 동생의 권유와 아내의 애원에 못 이겨 꿈에도 생각 못한 62평짜리 고급 아파트를 5년 이전의, 그러니까 당초 분양가로 차지할 수 있었다. 그러나 살고 있던 2층 양옥집에 켜켜이 배어 있는 추억과 애환과 이웃과의 녹진녹진하고 살뜰한 정을 잊지 못해 4년을 더 머뭇거리다가 아파트로 이사를 했다.

아내와 아이들이 로얄층인 3~4층으로 하자는 것을 굳이 1층으로 고집한 것은 나름대로 이야기 못할 이유가 있었다. 고향에 보존하고 있던 선대의 유물을 세 번이나 도둑맞은 후 집으로 옮겨 보존하고 있던 터라 화재 같은 불의의 사고를 당했을 때 다소 온전할 수 있다는 안도감과 나의 고공공포증 때문이었다.

아파트로 이사 온 후 가장 두드러진 변화는 우리 집의 택호(宅號)가 1동 103호로 바뀌었다는 사실이다. 숫자 놀음으로 삶을 대변하는 세상에서 1동 103호란 택호는 마치 죄 짓고 콘크리트 벽으로 위리안치된 감방의 호수 같아 두렵고 싫었다.

신참 입주자로서 인사를 나누는 기회를 얻기 위해 출근시간보다 20여 분 빠르게 현관문을 나서서 수위실 앞에서 서성거려 보았지만 허사였다. 자가용 승용차를 대기해 놓고 기다리던 기사들이 분주하게 골프가방을 싣는 광경은 볼 수 있었으나 나와 같이 시간 맞추어 출근하는 사람은 거의 없었다. 그렇게 서성거린 일주일쯤 후에 너무나 신기하고 귀신에 홀린 것 같아 경비실 아저씨에게 여기는 아침에 출근하는 분이 없느냐고 물어보니 사장님들이라 일정한 출근시간이 없다며 웃어넘긴다. 나 같은 봉급생활자는 62평 아파트 단지에서는 어울리지 않는 소외자임을 깨달았다. 세상 살아가는 이치가 얻는 것이 있으면 잃는 것이 있게 마련이다.

아파트로 이사 온 지 2년째 되던 해에 신부전증(腎不全症)으로 고생 하시던 장모님께서 돌아가셨다. 무남독녀인 아내에게 당신의 온 생을 바치신 분이다. 평소에 말없고 조용한 분이라 6년간 병마와 싸우랴 병원을 드나들면서 사위 눈치 보랴 마음고생이 많았으리라 짐작한다.

3일 거상 기간에 같은 출입구에 사는 사람 중 직접 문상 온 사람은 건너 집 교수댁뿐이었다. 10층 변호사댁에서는 조의금 봉투만을 전해 왔다. 서운함에 앞서 자신을 돌이켜 보았지만, 그들이 문상을 기피할 정도로 좋지 않은 관계를 맺어온 기억이 없었다. 나는 그들과 인사를 나눌 기회가 없었지만, 아내는 매달 1회 개최하는 반상회에 빠지지 않고 참석했으며 억지로 반장이란 감투까지 맡은 적이 있다.

하찮은 미물도 동료가 죽으면 저들의 방법대로 애도의 정을 표시할 줄 안다는데, 가진 것을 뽐내고, 아는 것을 자랑하고, 사회의 지도층으로 자부하는 우리와 한 출입구에 사는 사람들이 사람으로 둔갑한 짐승 같은 환각에 빠졌다. 우리 아파트가 짐승들이 사는 토굴 같다는 착각에 빠졌다.

나는 한동안 이러한 착각과 환상에서 벗어나지 못하고 아파트 출입문을 들어설 때마다 머리카락이 곤두서는 듯한 공포와 두려움을 느꼈다.

어쩌면 나도 훔친 촛불 밑에서 성경이나 불경을 읽는 시늉을 하며 살아가고 있는지 두려움을 떨쳐버릴 수 없었다.

색다른 음식 한 가지만 장만해도 넌지시 소리하며 담 너머로 나누어 먹던 지난날의 인정이 그리워 목이 멘다. 지친 몸을 길게 눕혀 쉬게 해주는 따스한 아랫목 같은 정이 아쉽다.

하루빨리 돌무덤 같은 이 아파트를 벗어나야겠다는 다짐을 오늘도 해 본다.

(1995. 10. 4)

교단(敎壇)을 바라보며

교사도 현실을 살아내야 하는 생활인이기 때문에 꿈을 먹으며 꿈 속에서만 살 수는 없을 것이다.

그러나 국가나 우리 모두가 선생님들이 꿈을 일구며 꿈을 먹고 살 수 있는 환경을 북돋워줄 때 교단은 비로소 성역(聖域)이 될 수 있을 것이다. 교사가 교단을 지키는 자부심과 책임의식과 사명감을 가지고 자신의 직업과 자신을 소중하게 생각하고 사랑하는 마음을 잃지 않을 때 교직(敎職)은 비로소 성직이 될 수 있다고 확신한다.

초등학교에서 대학까지 16년이라는 기간을 교단(敎壇)을 바라보며 선생님의 가르침과 보살핌을 받았으며, 학교를 졸업한 후에는 교육행정에 몸을 담아 교육계의 한 모퉁이에서 교단을 바라보며 살아가고 있다. 내 인생에 뜻하지 않는 변화가 없는 한 정년(停年)까지 마냥 교단을 바라보면서 자부심과 긍지로 만족하며 살아

갈 것이다.

바라본다는 것에는 동경(憧憬)의 뜻과 함께 지극한 사랑과 간절한 바람의 뜻이 함축되어 있다. 20여 평의 교실 앞면에 위치한 초라하기 그지없는 교단에 서서 학생들과 대화하는 자신을 상상하면, 왠지 가슴의 고동이 뛰기 시작하고 이 세상에서 가장 행복할 듯한 기대감이 부푸는 것은, 한 발 비켜서서 교단을 바라보고 살아가는 나의 향수(鄕愁) 탓만은 아니리라. 언제부터인지 저 착하고 아름답고 순수한 젊은 세대들에게 가슴을 열어놓고 진지하게 들려주고 싶은 삶의 지혜와, 가슴속에 응축된 수많은 이야기들을 나 혼자 생각하며 정리해 보는 버릇이 생겼다.

교단에 선다는 것이 이젠 꿈이 되어버렸기 때문에 상상 속에서 꿈을 엮어보는 방법밖엔 없다. 자신의 모든 정열을 바쳐 젊은이들을 가르치고 교육시키는 것보다 보람 있는 삶은 없을 것이다. 조국에 바칠 수 있는 선물 또한 이보다 더 좋은 것은 없다고 생각한다.

그러나 도 단위, 시군 단위의 교육 행정기관에서 교육행정직에 종사하면서 내가 동경하고 그리던 교단과는 엄청난 현실적 괴리(乖離)와 병리(病理)현상을 목격하고 안타까운 마음을 금(禁)할 수 없었다.

인류의 모든 사업 중에서 가장 귀중하고 숭고한 사업이며 모든 문제의 궁극적인 해결의 열쇠를 교육에서 구하고 있으면서도 정작 우리의 교육은 방향을 잃고 있다. 그리고 교권(敎權)은 교육자 스스로 버리고 포기하거나 교육을 오도(誤導)하는 소수의 교사들에게 농락(籠絡) 당하는 듯한 현실에 통한(痛恨)을 금치 못한다.

권리는 책임을 수반한다. 또한 권리는 다른 사람이 그냥 가져다주는 것이 아니라 스스로 지키고 찾아야 된다. 교권이 확립되지 않으면 제대로 된 교육이 불가능함은 물론 교단을 지키는 교사와 함께 국가의 장래도 흔들거릴 수밖에 없다는 것은 자명(自明)한 사실이다. 그렇기 때문에 교권은 기필코 확립되어야 한다.

교사는 교권이 유린당하고 허물어지는 현실에 대해 누구를 탓하고 원망하기에 앞서 교사들 자신의 확고한 직업 윤리관과 자신을 사랑하는 마음가짐에 대하여 진솔하고도 겸허한 자각이 선행되어야 한다. 그랬을 때 교권은 더 이상 허물어지거나 짓밟히지 않을 것이며, 이미 땅에 떨어진 교권도 회복할 수 있을 것이다.

나는 늘 이러한 바람을 가지고 교단을 바라보았다. 교육은 '사람을 사람답게 만드는 것' 이라고 생각한다. 따라서 사람을 사람답게 되도록 가꾸고 다듬고 일깨우는 일보다 소중하고 어려운 일은 없으며, 교단을 지키는 것보다 숭고하고 책임이 막중한 직업은 없다고 생각한다. 내가 교단을 바라보며 가슴 설레게 동경하는 것도 교직을 성직(聖職)이라 생각하기 때문이다.

자신과 자신의 직업을 소중하게 생각하며 사랑할 줄 모르는 선생님을 대할 때마다 돼지에게 진주를 맡긴 듯한 불안을 느꼈다. 이런 선생님 때문에 교권은 상실되고 박탈(剝奪) 당하고 있으며 교단은 더욱 초라하고 쓸쓸해지기 마련이다.

교사 자신이 먼저 올바른 인간이 되어야 하는 것은 교사로서의 기본적인 자질이라고 생각한다.

그러나 올바른 인간으로서의 자질을 구비(具備)한다는 것은 어쩌면 불가능한 일이다. 다만 자신의 부족함을 반성하고, 모자라는 부분을 채우려는 순수한 열정과 인격을 갖추기 위해 부단한 자기 성찰(省察)의 자세만이라도 가져 주었으면 한다. 이러한 나의 생각이 결코 지나친 욕심만은 아니리라.

정열과 자기긍정의 겸허한 태도와 인격을 닦는 것보다 인내와 자제가 요구되는 형극(荊棘)의 길은 없다. 바로 여기에 교직의 어려움과 현실을 살아가는 교사들의 갈등과 고민이 있다고 생각한다.

교단이 성역(聖域)으로 보호받고 교사가 존경과 선망의 대상이 되고 교권이 확립되는 교육의 본 위치 정립(定立)을 위해선 선생님은 일차적으로 그 아픔과 고뇌를 박차고 일어서야 된다. 그러나 일부 몰지각한 교사들은 그 아픔과 고민을 피하거나 외면하려고 하며, 심지어 현실에 팽배해 있는 상황과 끊임없이 영합(迎合)하려는 생각 때문에 성역의 교단을 지키는 선생님들까지 뭉뚱그려 지탄과 비난의 대상이 되곤 한다. 그러다보니 세상에서 일어나는 극히 작은 한부분을 보고 전체가 매도(罵倒)당하는 아픔을 겪게 되기도 한다.

오늘을 살아가는 사람들은 인간적이란 말을 지나치게 남용(濫用)하고 있다. 이를 되짚어 보면 인간적인 면을 상실하면서 살아간다는 스스로의 고백이다.

겸손(謙遜)과 겸양(謙讓)은 미덕(美德)이라 하지만 지나치면 비굴(卑屈)하고 천박(淺薄)한 모습으로 변하게 된다. 또한 자존(自尊)과 자애(自愛)를 모르고 자신을 망가뜨리고 부수는 행동과 사고를 오히려 적극적이란 표현으로 위장(僞裝)하기도 한다.

교사도 현실 속에서 살아가는 생활인이기 때문에 꿈을 먹으며 꿈속에서만 살 수는 없는 것이다. 그러나 국가나 우리 모두가 선생님들이 꿈을 일구며 꿈을 먹고 살 수 있는 환경을 북돋워줄 때 교단은 비로소 성역(聖域)이 될 수 있을 것이며, 교사가 교단을 지키는 자부심과 투철한 책임의식과 사명감을 가지고 자신의 직업과 자신을 소중하게 생각하고 사랑하는 마음을 잃지 않을 때 교직(教職)은 성직이 될 수 있다고 확신한다.

친구는 벌써 중앙 관서의 과장인데 자신의 처지가 한심하다든가, 어느 친구는 굴지(屈指)의 기업가가 되어 재력(財力)이 막강한

데 교단을 지키면서 전셋집을 전전하는 자신의 신세가 부끄럽다든가, 심지어 대수롭지 않은 생활과 하찮은 권력까지도 자신이 누리지 못했다는 사실만으로 동경하고 갈망하여 푸념과 넋두리를 늘어놓는 것을 볼 때면 분노와 함께 허탈감에 빠진다. 저 신성하고 거룩한 교단을 지키는 명예(名譽)와 긍지(矜持)를 하찮은 관직의 권력과 재력에 비유한단 말인가?

'천직궁행(天職躬行)'이라는 말이 있다. 교사라는 위치는 이 세상의 어느 직종과도 비교할 수 없는 자리이며, 애당초 비교란 어림도 없는 '인간을 만드는 창조주와 같은 절대 신성의 위치'라고 생각한다. 이 절대 신성의 위치를 하찮은 권력과 재력에 연연하여 갈증을 느끼고 군침을 삼키는 '콩밭에 정신을 빼앗긴 비둘기'같은 마음가짐이 선생님 스스로를 비극과 아픔으로 빠져들게 하고 자신을 비하(卑下)시킨다고 생각한다.

특히 교육계의 지도적 위치에 있으며, 스스로도 지도적 위치에 있다고 자부하고 있는 사람이 직업에 대한 자조적(自嘲的)인 이야기를 할 때면, 교육을 엉뚱한 자기 출세나 영달(榮達)의 길로 생각하는 듯하여 위기감마저 느끼게 된다. 교단을 지키는 자신들의 생각이 그러하여 스스로 망가지려고 하는데 누가 교단을 지켜 줄 것인가 도리어 묻고 싶다.

자신을 아끼고 사랑하며 소중하게 생각하지 않을 때 다른 사람들에게 비춰지는 자신의 몰골은 어떨까 생각만 해도 아찔함을 느낀다.

교육은 지식이나 기술과 기능을 전수하고 지도하는 것에 앞선 인간적인 만남이다. 교사가 학생들을 사랑과 열정으로 대하지 않을 때 학생들의 존경을 기대할 수 없으며, 학생이 스승을 우습게 여기는 풍토, 나아가 교권(敎權)을 상실한 학교에서 진정한 교육은 이루어질 수 없다고 생각한다.

자율학습 지도(指導)에도 대가(代價)를 바라고 해당과목이 부진한 학생지도에도 보충 지도에 상응하는 반대급부를 요구하는 교사가 있다면 학교는 시장경제 시대의 한 상점에 불과할 뿐이다. 별도의 대가를 받는다는 생각에서 봉급으로 당연히 지불되는 정규수업은 정상적으로 운영하지 않으면서 보충수업은 충실하게 지도한다면, 학생들에게 비춰진 선생님의 모습은 거리의 약장수와 다를 바가 없을 것이다.

자주 찾아오고 감사의 뜻을 남다르게 물질로 표시할 줄 아는 학부형에게 비굴하리만큼 겸손하고 그 학생에게 특별한 배려와 관심을 가지는 교사가 있다면, 학생들에게 어떻게 비쳐질까? '주인이 먹던 갈비를 꼬리까지 흔들어가며 맛있게 먹고 있는 개의 모습'이라 해도 꾸짖고 나무랄 수 없을 것이다. 권력이 있는 학부형 집을 방문하면서 이권을 청탁하는 교사를 그 집 학생이 자기 집 비서 정도로 생각한다면 오히려 고마운 일이다.

교직의 막중한 책임과 사명감을 망각한 일부 몰지각한 교사의 처신 때문에 교육이란 몸체의 팔다리가 절단되는 고통을 안고 있는 것 같아 가슴이 아프다. 오직 교직만을 천직(天職)으로 생각하며 교단을 지키고 있는 대다수의 선생들에게 미치는 인격적 불이익과 혼돈을 생각하면 안타까운 마음을 금할 수 없다.

가정방문이 금지된다. 사은회(謝恩會)가 없어졌다. 농(膿)만 짜내면 될 작은 종기를 가지고 팔을 자르는 우(愚)를 범하는 것 같은 염려가 앞선다. 학생의 성장과정과 가정의 환경을 파악하는 것이 학생의 인간적인 바탕을 이해하는데 필요 불가결한 일이라고 본다. 대화를 통하여 부모가 가지고 있는 자녀에 대한 기대와 바람을 파악하여 학생의 희망, 소질과 조화시키는 교량적 역할을 할 수 있음에도 불구하고 '가정방문 금지'라는 극단적이고 비합리적인 방향으로 학교 교육이 표류(漂流)하고 있다.

감사하는 마음은 마음가짐의 으뜸이다. 그러나 학교에서는 감사의 정과 뜻을 표현할 수 있는 계기의 장(場)을 차단하고 있다. 스승의 날이나 졸업식 날, 풍성하고 요란한 모임이 아닌 학생들의 하루 군것질 몫 정도로 조촐하게 음식을 장만하여 선생님을 모셔놓고 감사하며, 사랑하고 염려하는 정과 뜻을 나눌 수 있다면 보기에도 얼마나 흐뭇한 정경이겠는가. 이것이 바로 산교육이다.

졸업식 날 교정을 꽉 메운 학부형들 중 단 한 사람만이 교장 선생님께 인사하러 왔더라는 이야기를 듣고 각박한 세정(世情)을 탓하기에 앞서 정녕 자기 자녀를 사랑한다면 선생님께 드리는 감사의 인사 한 마디까지도 인색(吝嗇)해서는 안 된다고 생각했다.

문득 동양 고전인 고문진보(古文眞寶)에 실린 한유(韓愈)의 글이 떠오른다.

"세상 사람들은 아들을 사랑하여 스승을 가려 가르치게 하면서도 자신이 스승 모시는 것은 부끄럽게 생각한다. 그러나 이는 어리석은 짓이다.(愛其子擇師而敎之 於其身也則恥師焉 惑矣)"

이제는 학교 교육의 한계와 입지를 정립해야 된다고 생각한다. 교육문제는 전적으로 학교가 책임져야 한다는 잘못된 인식을 바꾸어야 한다는 말이다. 정상적인 가정에서 올바른 가정교육을 받은 학생이 바람직한 인간으로 성장 할 수 있다고 확신한다. 교과서를 통한 지식 전달만을 교육이라 생각하는 것에 크나큰 잘못이 있다. 교육은 가정과 학교와 사회가 삼위일체가 되어야 한다. 그 중에서도 가정에서의 일상생활 속에서 이루어지는 가정교육이 인격형성에 가장 중요한 영향을 끼친다는 것은 자명(自明)한 사실이다. 그런데도 학부모나 사회에서는 자신들의 책임과 역할은 망각한 채

학생들의 조그마한 실수나 잘못을 보아도 학교와 선생님들을 질책하고 책임을 전가시키며, 교육에 대한 여론을 오도(誤導)함으로써 우리의 교육은 해를 거듭할수록 기형적으로 변해가고 있다.

외롭게 교단을 지키는 선생님들도 이제는 떳떳하게 항변(抗辯)하고 반박(反駁)할 수 있는 용기와 신념을 가졌으면 한다. 힘이 없는 교사라 감수할 수밖에 없는 것이라고 자조(自嘲)하고 만다면 교단은 더욱 황폐하고 초라해질 것이며 병은 깊어 고질화될 뿐이다.

(1986.4)

만주는 우리 땅

백두영봉(白頭靈峰)과 천지(天池)가 우리와의 만남을 갑자기 거부하는 몸짓을 한 깊은 뜻은 무엇일까?

엄연한 우리의 강토인 만주를 빼앗기고 수복(收復)해야겠다는 강하고 끈질긴 의지와 집념은 흐르는 세월 속에 묻어 놓고 나약하고 부끄럽게 살아 온 것을 뉘우치고 자각하기는커녕 반도(半島)마저 남북으로 두 동강을 내놓고 남의 땅을 돌고 돌아 구차스럽게 찾아 온 우리들을 향한 분노와 통한(痛恨)의 눈물이었을까. 제 몫과 책임을 다한 후에 떳떳하고 당당하게 내 나라 내 땅을 밟고 오라는 준엄한 꾸짖음 같았다.

지난 6월 연변대학교 동방문화연구소 창설기념학술발표회에 참석하면서 옛 만주 땅인 길림성과 요녕성 일대와 백두산을 답사(踏査)할 기회가 생겼다.

역사적으로 고찰해보면, 그 곳은 상고시대(上古時代)부터 우리 민족의 터전으로 안태(安胎)고향 같은 곳이다. 고구려와 발해가 이곳에서 대 제국을 건설하여 찬란한 문화의 꽃을 피우고 우리 민족의 기상을 더 높이고 떨쳤으나 당(唐)나라에 멸망된 후 고토(古土)회복의 꿈은 우리의 가슴 속에 앙금으로 남아있다. 조선 숙종 때 간도지방의 옛 강토(疆土)회복 운동이 있었으나 무산되었으며, 1906년 일본이 남만주의 철도 부설권(敷設權)을 따내기 위해 우리 의지를 억제(抑制), 배제(排除)하고 외교권을 탈취하여 우리의 국경을 제멋대로 압록강과 두만강으로 정한 소위(所謂) 간도협약을 체결하여 우리의 북방 강역(疆域)인 두만강 북쪽의 길림지역이 잘려나가는 아픔을 겪었다. 그리고 중국 정부는 그곳을 '조선민족자치구'라는 엉거주춤한 행정구역 명칭을 내걸고 다스리고 있다.

우리는 내 땅을 밟고 내 하늘을 날면 지척인 거리를, 돌고 돌아 천진(天津)에서 북경을 거쳐 요녕 비행장에 내려 첫 도착지인 연길까지의 먼 여정을 택하지 않을 수 없었다.

낡은 전세 버스로 험한 비포장도로를 20시간 이상 달리는 연길까지의 여정은 피로하고 짜증스러울 수도 있겠건만, 이국(異國)땅에서 우리 동포를 만나고 우리말을 스스럼없이 나눌 수 있고 조상의 숨결을 느낄 수 있다는 생경(生硬)한 사실에 모두 마음이 들뜨고 흥분되어 고됨과 피로함을 잊었다.

발해의 옛 성터에서는 조국을 잃은 고구려 유민들의 한(恨)과 왕국을 건설한 환희(歡喜)가 쌍주곡(雙奏曲)이 되어 나의 심금을 울렸으며, 성터에서 한복 차림으로 가무(歌舞)를 즐기는 동포들의 모습에서 민족의 긍지와 함께 올곧게 전통을 지킴으로써 조국과 조상을 가슴에 품고 살아가고 있는 그들에게서 진한 아픔을 느꼈다. 특히 안내 표지판의 '고구려족이 아닌 말갈족이 건설했다'는 왜곡(歪曲)된 기록으로 인해 10일간의 중국 여행기간 내내 분노를 삭일 수 없었지만 처음 보는 산야(山野)임에도 낯익고 정들은 조국의 산하(山河) 같은 포근함과 따스한 정을 느낄 수 있었다. 가는 곳마다 우리의 풍속과 전통을 볼 수 있었으며 우리말 우리글을 사용하고 우리 민족임을 자랑과 긍지로 생각하며 살아가는 동포들의 모습에서 만주는 우리 땅이란 사실을 새삼 확인할 수 있었다.

끝을 짐작할 수 없는 광활한 농토에는 옥수수가 싱그럽게 자라고 있었다. 바람소리는 황량한 벌판을 달리는 독립군의 말발굽소리인양 환청(幻聽)이 되어 나의 귓전을 울리고, 저 산야 어느 곳에 부상당한 독립군 투사가 숨어 있을 것 같은 환상이 어른거렸다. 약소국의 한과 슬픔을 안고 사신(使臣) 행렬이 드나들던 길목은 어디쯤일까? 병자 정묘호란 때 청군의 포로가 되어 끌려간 우리 선조들과 환향녀(還鄕女)가 되어 돌아오던 아낙이 뿌린 사무친 한과 그 피눈물은 어느 곳에 스며있을까? 갖가지 상념(想念)이 역사의 물결 속에서 자맥질하며 나를 우울하게 했다. 중천의 밝은 달의 안내자에 따라 들판과 산길과 마을을 지나면서 휴식을 취하고 식사를 하면서 연길을 향하여 밤길을 달렸다.

이튿날 학술발표회를 마치고 연변대학교 총장 사택에서 베푸는 만찬회에 참석하여 그곳의 각계에서 활약하는 동포들과 대화를 나누었다. 이곳 동포들은 주로 깡마르고, 머리가 짧은 모습과 억양이 강한 이북 사투리를 사용하는 것이 마치 이북의 열렬한 공산당원을 만난 것 같은 착각에 두려운 마음이 들기도 했다. 거리상 북녘과 인접해 있기 때문에 북한 편이란 선입감(先入感)을 떨쳐 버릴 수 없었으나 접촉을 거듭하면서, 꾸미지 않은 큰 마음씨와 남북 두 개로 갈라진 조국을 편견 없이 직시하고 옳고 그릇됨을 거침없이 말하면서 양쪽을 함께 얼싸 안으려는 태도를 보며, 그동안 잘못된 반공교육으로 편견에 얽매여 있는 자신을 발견하고 편협하고 왜소함에 부끄러움을 느꼈다.

용정중학교 교정에 세워진 윤동주 시비(詩碑) 앞에 섰다.

> 죽는 날까지 하늘을 우러러
> 한 점 부끄러움이 없기를
> 잎새에 이는 바람에도 나는 괴로워했다
> 별을 노래하는 마음으로

모든 죽어 가는 것을 사랑해야지
그리고 나한테 주어진 길을 걸어가야겠다.
오늘밤에도 별이 바람에 스치운다.

죽는 날까지 하늘을 우러러 한 점 부끄러움 없이 살려는, 처절하리만치 순백(純白)한 올곧은 고운 마음씨가 바로 우리 민족의 심성이다. 올바른 인간으로서의 마음가짐과 자세를 갈구(渴求)하여 몸부림치는 떨림을 잃지 않으면 가까운 장래에 통일은 기필코 이루어진다고 외치고 싶었다.

도문에서 바라본 두만강은 생각했던 것보다 강폭이 좁고 수량(水量)도 적어서 뛰어 건널 수도 있을 것 같이 보였다. 뿐만 아니라 오염이 심하여 공장의 폐수(廢水)를 연상 시켰다. 두만강에서 바라 본 북녘 땅이 적막하고 음산하기 이를 데 없는 것을 보니 '두만강 푸른 물에 노 젓는 뱃사공' 이란 우리가 애창(愛唱)하는 향수(鄕愁)에 젖은 이 노래도 이제는 전설이 되어버린 듯하다.

4일째 되던 날, 옛 고구려의 도읍지인 국내성과 광개토대왕비와 장수왕릉을 돌아보았다. 유적과 유물의 보고(寶庫)임에도 우리 손으로 보존하고 발굴할 수 없는 현실에 진한 아픔을 느꼈다.

성곽에서 1마장 남짓한 거리에 압록강이 흐른다. 강폭도 넓고 수량(水量)도 많고 맑았으며, 건너편엔 만포진 강가를 거니는 아이들의 모습도 보였다. 하지만 적막하고 음산한 분위기는 두만강 쪽과 다를 바 없었다. 강물을 보고만 돌아서기엔 아쉽고 섭섭해 발을 담그고 돌멩이 한 개를 주머니에 챙겼다. 강 건너 만포진 쪽을 바라보며 '만포진 꾸불꾸불 육로 길을 걸어 갈 때' 추억의 노래를 흥얼거려 보았지만 왠지 음률이 바로 잡히지 않고 목만 메었다.

6일째 되던 날은 일정 중 흥분과 설렘으로 마음을 들뜨게 했던 민족의 영산(靈山) 백두산과 천지(天池)를 답사하는 날이었다. 군데군데 확장공사 흔적이 있는 비포장 황톳길을 달리면서 고향에 계신 할아버지를 뵈러 가는 듯한 설렘과 두려움에 가슴이 벅찼다. 이도백하를 지나 망망한 원시림을 지나고 나니 백두산은 비로소 진면목을 드러내기 시작했다.

침엽수와 활엽수의 혼성림(混成林)이 침엽수림으로 바뀌고 다시 사스레나무 숲으로, 그리고 땅에 붙은 이끼 순으로 바뀌었는데, 마치 인공적인 조림(造林)처럼 그 경계가 분명했다. 온대(溫帶)로부터 한대(寒帶)를 한몸에 거느린 백두가 마침내 머리를 세우고 마지막 비경(秘境)을 드러냈다. 하늘에서 선녀가 하강하기 위하여 줄을 내려뜨린 장백폭포, 태고의 신비를 머금은 이끼 낀 바위들, 모닥불 연기같이 뿌연 수증기가 피어오르는 온천수, 이 모든 비경이 내 기억 속의 설화와 어우러져 한동안 몽롱한 환상 속에 빠졌다. 가까스로 정신을 가다듬고 온천수에 손을 담그니 달걀이 익을 정도로 뜨겁다. 아마도 뜨거운 용암이 백두의 품속에서 잠시 쉬고 있는 모양이다.

천지에 오르기 전에 준비해 온 제물을 차려 놓고 천지신명(天地神明)께 통일을 기원하는 행사를 마치고 60년대 시발택시 같은 승용차로 천지로 가는 가파른 길에 올랐다.

일 년 중 천지를 볼 수 있는 맑은 날씨는 40일 정도라는데, 천지를 볼 수 있는 행운에 마냥 가슴이 뛰었다. 그러나 백두산의 날씨는 변덕꾸러기였다. 출발한 지 5분도 지나지 않아 바람이 일고 구름이 앞을 막기 시작했다. 가까스로 천지에 도착했을 땐 강풍과 눈보라로 지척을 분간할 수 없었다. 그러나 천지를 보지 않고는 돌아설 수 없다는 마음으로 승용차의 문을 여는 순간, 몸뚱이를 날려버릴 듯한 강풍이 몰아치고 추위가 엄습해왔다. 안간힘을 쓰며 버텨보았지만 이내 차안으로 몸을 피하지 않을 수 없었다.

하산을 재촉하는 기사를 달래며 기다려 보았으나 날씨가 개일 기미가 보이지 않아 눈앞에 천지를 두고 돌아서지 않을 수 없었다. 그런데 중간쯤 내려오니 언제 그랬느냐는 듯 맑고 푸른 하늘에 바람기도 없었다.

백두영봉(白頭靈峰)과 천지(天池)가 우리와의 만남을 갑자기 거부하는 몸짓을 한 깊은 뜻은 무엇일까?

엄연한 우리의 강토인 만주를 빼앗기고 수복(收復)해야겠다는 강하고 끈질긴 의지와 집념은 흐르는 세월 속에 묻어 놓고 나약하고 부끄럽게 살아 온 것을 뉘우치고 자각하기는커녕 반도(半島)마저 남북으로 두 동강을 내놓고 남의 땅을 돌고 돌아 구차스럽게 찾아 온 우리들을 향한 분노와 통한(痛恨)의 눈물이었을까. 제 몫과 책임을 다한 후에 떳떳하고 당당하게 내 나라 내 땅을 밟고 오라는 준엄한 꾸짖음 같았다.

무거운 마음으로 이도백하(二道白河)에서 심양(瀋陽)으로 가는 밤 열차에 몸을 실으면서 내 나라 땅을 밟아서 백두산을 오를 그 날에 대한 간절한 기원과 함께 '만주는 우리 땅'이라고 마음속으로 힘껏 외쳐 보았다.

(1992. 11)

시간의 갈림길에 서서

신사년(辛巳年)을 보내며

자신을 이기는 사람이 참다운 강자이며, 모든 사람에게 배우는 사람이 현명한 자이고, 마음이 편한 사람이 진정한 부자임을 일깨워주겠다. 그리고 납골묘(納骨墓)도 완성하여 죽음은 공포나 두려움의 대상이 아니라 인생의 과정이며, 죽음이 있기에 인생이 값지고 소중하다는 것을 일깨워 주겠다.

또 한 해가 간다. 세월도 빠르지만 유한(有限)한 인생이기에 초조한 마음을 떨쳐버릴 수 없다.

정년(停年)이란 딱지가 붙어 공직을 물러나면서 귀향한 것이 엊그제 같건만 벌써 4년의 세월이 흘렀다. 세월이 흘러가는 속도는 나이에 비례한다더니 실감이 간다.

매년 한 해를 보내면서 회한(悔恨)과 자책(自責) 속에서 새로운 각오로 다짐을 했지만 언제나 초라하고 나약한 나의 모습에서 아픔만 되새겨 왔다.

내가 태어나서 64번째 송년(送年)을 맞이하지만 글로써 나의 심정을 적어 보기는 처음이다.

남은 나의 삶을 뭉뚱그려서 죽음에 이르러 부끄러움 없는 떳떳하고 건강한 삶을 가꾸어야겠다는 결연한 다짐의 징표(徵表)다.

나는 소중한 세월을 헛되게 낭비했다. 다람쥐 쳇바퀴 돌듯이 먹고 자고 빈둥거리며 살아왔다면 지나친 자학(自虐)이요 위악적(僞惡的)인 표현인지 모르겠지만, 민족과 사회를 위하여 보람 있는 일도 하지 못했고, 불의와 부정에 항거해 보지도 못했으며, 학업에 충실하지도 못했고, 마냥 엄벙덤벙 비틀거리며 줄타기하느라 초조, 불안, 긴장과 두려움 속에서 늙었다.

이순(耳順)의 다섯째 구비를 맞이하는 지금 우리 부부는 '곱게, 깨끗하게 늙자'는 말로 격려하고 다짐하고 위로하며 살아간다. 늙음 속에 여유와 멋과 초탈과 영광이 있다는 진실을 깨달았다.

얼마 전 처가에 갔다가 처숙모로부터 "이 서방도 흰 머리를 보니 늙었다."는 말을 들은 아내의 성화에 못 이겨 평소 염색하지 않겠다던 고집을 꺾었다. 아내는 젊어졌다면서 좋아했지만 집에 온 아들과 며느리들은 염색한 내 모습을 보고 오히려 어리둥절해하며 권위와 여유와 원숙함을 잃은 아비의 변모(變貌)를 아쉬워했다. 나 자신도 한 번의 변절이 못내 서운했으며 아내도 괜한 주책에 미안해했다.

참된 의미의 인생은 몇 살부터 시작하는 것일까?

50년대 공초 오상순 선생의 '인생은 60부터'란 말이 장안의 화두(話頭)가 되었다.

나는 그 말의 깊은 뜻을 헤아리지 못하고 그 많은 세월을 허송하면서 곧잘 '인생은 60부터'라고 자위하면서 살아왔다.

이순(耳順)의 다섯째 구비를 맞이하는 지금 막다른 골목길에서 옷깃을 여미며 진솔하게 자신을 돌아본다.

'개똥밭에 굴러도 이승이 좋다'는 속담과 같이 인생은 어느 나이이든 소중하고 다 살만하다. 듣기만 하여도 가슴 설레는 청춘이요, 젊음보다 값진 것은 없다지만 기쁨과 슬픔을 많이 겪은 뒤에 침착한 안목으로 인생을 관조(觀照)할 수 있는 노년도 여유 있는 삶이다.

애욕(愛慾), 번뇌(煩惱), 실망(失望), 증오(憎惡)에서 해탈(解脫)되는 것도 축복임에 틀림없다. 한 해가 간다고 초조해하거나 아쉬워하며 허무감에 빠지지 않는다. 비록 지난 날 허송하느라 못다 한 일들이 많지만 앞으로 내가 할 일들도 많고 소중하기 때문이다.

이제는 허둥거리거나 불안해하지 않고 담담하게 나의 길을 갈 수 있다는 사실에 감사한다. 내가 이 세상에 태어난 최소한의 보답은 치러야 하고 이 세상에서 내가 감당해야 할 몫의 한 부분이라도 성취해야 하는 것이 인간된 도리요, 체면이라 생각한다. 하루하루 죽음을 준비하며 살아가겠다.

나의 인생을 떳떳하게 책임지는 결연한 자세로 살아가겠다.

새해에는 종택을 보수하고 가꾸는 일도 마무리된다. 정헌공(定憲公) 신도비(神道碑) 이전(移轉)과 둔재공(遯齋公) 신도비 비각(碑閣) 보수 공사도 계획대로 추진될 것이다. 곰곰이 생각해 보면 나에겐 벅차고 힘겨운 많은 일들을 용케 마무리 지었다는 일말의 안도감이 생긴다.

'당신 대단하다'는 아내의 격려와 위로의 말이 가슴을 울린다. 제비 새끼 마냥 제 어미 곁을 못 떠나는 손자 손녀들이지만 초등학교 1학년에 입학한 큰 손녀 연진이가 방학이 되면 할아버지 할머니 곁에 와 있겠다니 대견하고 고맙다. 방학 때가 되면 짧은 기간이라도 풍성한 자연 속에서 손자 소녀들과 뛰며 놀고 싶다.

자연보다 소중한 학습장(學習帳)은 없다. 하루살이 벌레 한 마리만 보아도 겁을 먹는 아이들에게 하루살이와 더불어 사는 것이 참된 환경이란 것을 깨우쳐 주고, 비가 오면 꽃이 피기도 하지만 꽃이 떨어지는 것을 재촉하기도 하는 자연의 섭리를 보게 하고, 지각을 뚫고 나오는 새싹을 보고 자연의 위대함과 생명의 소중함을 일깨워 주어야겠다.

넘치지도 모자라지도 않게 중용의 도를 지킨 종택(宗宅)의 규모와 이끼 낀 기왓장을 굳건히 버티고 있는 고색창연(古色蒼然)한 기둥의 모습에서 한 시대를 올곧게 버티신 조상의 행적(行蹟)을 살피고 새겨, 감사와 존모(尊慕)의 마음을 깊이 새기도록 하겠다.

자신을 이기는 사람이 참다운 강자이며, 모든 사람에게 배우는 사람이 현명한 자이고, 마음이 편한 사람이 진정한 부자임을 일깨워주겠다. 그리고 납골묘(納骨墓)도 완성하여 죽음은 공포나 두려움의 대상이 아니라 인생의 과정이며, 죽음이 있기에 인생이 값지고 소중하다는 것을 일깨워 주겠다.

지난 날 모자람 투성이로 얼룩진 나의 삶을 경건한 마음으로 소중하고 값지게 가꾸어가야겠다.

(2001. 12. 28)

그 때가 그립다

20대의 나는 발가벗은 채, 아무 것에도 메이지 않는 거리낌 없는 마음의 자유를 갈망했다. 살아가기 위한 일체의 수속과 절차가 혐오스러웠다. 그래서 자신을 마셔 보겠다는 오기와 반항심으로 주점에 기어들긴 했지만, '나를 마신다'는 것은 나와 같이 숨이 거칠고 생각의 갈피가 여러 갈래인 사람은 도달할 수 없는 경지였다. 나는 한 번도 자신을 삼켜 보지 못했다.

이제 내 나이도 저물녘이다. 언제 찾아올지 모르는 죽음을 담담하고 가뿐하게 맞이할 수 있는 마음가짐과 주변 정리에 신경이 쓰인다.

나중에 자식들에게 곤혹스러운 부담을 주지 않아야겠다는 생각에 사진첩 모아둔 서랍을 정리하다가 몇 년 전 불귀의 객이 된 P군의 빛바랜 서신을 발견했다.

50여 년 전 나의 모습을 되돌려 보는 듯한 설렘과 두려움이 교차하는 심정으로 펼쳐 보았다.

"학아! 이젠 군고구마 먹고 싶지 않니? 깜박이는 가스등을 켜 놓고 손님을 기다리는 군고구마 파는 소녀를 찾아 헤맸지만, 끝내 찾지 못하고 통금(通禁) 시간에 쫓겨 아쉬움과 미련을 안고 돌아선 추억이 그립구나.

그때 우리가 무슨 이야기를 나누었는지 기억나지 않지만, 조병화 시인의 '주점'을 낭송하면서 어두운 골목길을 누비던 광경은 지금도 나의 망막 속에 뚜렷이 각인되어 있단다……."

자원입대하여 논산훈련소에서 받은 P군의 처음이자 마지막 편지 서두이다. 나에게도 낭만과 감성이 꽃처럼 피어나던 시절이 있었다는 사실에 흥분과 격정으로 가슴이 막힌다. 그래도 가시밭길 걸으며 꽃을 찾아 헤매던 적이 있었노라고 자랑하고 싶었다. 죽음을 준비해야 할 이 나이에 주책없이 분수 모르는 흥분과 격정을 삭이느라 안간힘을 써보지만 이미 50여 년 전으로 회귀한 내 감성은 쉽사리 진정되지 않았다.

막걸리 한 잔만 마셔도 전신이 홍당무가 되어 가슴이 답답하고 구토를 참느라 고통스러워하는 나에게 P군은 '술만 먹을 줄 알면 멋있는 친구'라고 유혹하며 나에게 술을 가르치려고 무던히 애썼지만, 나의 주량은 P군의 노력에 따르지 못했다.

그날도 나의 하숙집에서 멀지 않는 왕십리 어느 뒷골목 목로주점이었다고 기억된다. 6.25전쟁의 상흔(傷痕)이 아물지 않은 때라 저주와 갈등과 좌절 속에서 방황하며 격정과 분노를 토하고 삭이던 어렵고 암울(暗鬱)하던 시절이었다.

나는 막걸리 한 잔으로 씨름하고, P군은 거나하게 취한 상태에서 우리는 어쭙잖은 지식으로 모순된 현실을 비판하며 소외당한 삶을 토로하다가 실존주의와 공자의 사상으로 얼버무리고 죽음과 삶을 넘나들다가 통금시간을 한 시간 정도 앞두고 누구의 제안인지 기억나지 않지만, 엉뚱하게도 군고구마 파는 소녀를 찾아 '주점'을 낭송하며 골목을 헤맸다.

일체의 수속이 싫어
그럴 때마다 가슴을 뚫고 드는
우울을 견디지 못해
주점에 기어들어 나를 마신다.

나는 아버지가 된 일을 후회해 본다
필요 이상의 예절을 지켜야 할
아무런 죄도 나에게 없는데
살아간다는 것이 지극히 우울해진다.

산다는 것이 권태스러운 일이 아니라
수속을 해야 할 내가 있어
그 많은 우울이 흐린 날처럼 고이면
글 한 자 끔찍하기 싫어
눈 내리는 주점에 기어들어 나를 마신다.

아버지가 된 그 일이
마침내 어쩔 수 없는 내 여생과 같이

20대 초반의 나를 상기하며, 빛바랜 편지 속에 담겨 있는 '주점'을 읊조리며, 자신을 마셔버리겠다던 오기와 반항과 좌절의 몸부림을 되살려 보려고 안간힘을 써보았다.

그러나 그때의 내 심장을 풀무질하고 감동시켰던 느낌은 일어나지 않고 몸에 맞지 않는 바지를 걸친 듯 어색하고 서먹하기만 하다.

어쨌든 20대의 나는 발가벗은 채, 아무것에도 메이지 않는 거리낌 없는 마음의 자유를 갈망했다. 살아가기 위한 일체의 수속과 절차가 혐오스러웠다. 그래서 '자신을 마셔 보겠다'는 오기와 반항심으로 주점에 기어들긴 했지만, '나를 마신다'는 것은 나와 같이 숨이 거칠고 생각의 갈피가 여러 갈래인 사람은 도달할 수 없는 경지였다. 나는 한 번도 자신을 삼켜 보지 못했다.

그러나 이제 새삼 지난날의 자신을 되돌아보니 주점에 기어들어 나를 마시겠다고 덤빈 그 기백과 순수함이 소중하고 가상하게 느껴진다.

그동안 삶을 꾸려오면서 근심, 걱정, 괘씸하고 고약한 일, 답답하고 울화통이 터지는 일들을 겪으면서 이해(利害)와 득실(得失)을 저울질하고 모순과 상극 속에서 줄타기 하느라 그때의 기백과 순수함을 잃어버린 내 모습이 슬프다.

남들의 주량을 따르지 못함을 원망했으며 자신이 감당하고 절제할 수 없도록 술을 마실 수 있는 용기가 젊은 날의 내 어쭙잖은 소망이었다. 술에 만취하여 갈지자 걸음으로 고성일갈(高聲一喝)하며 거리를 휩쓸거나 길바닥이 제 집인 양 누워 있는 사람의 용기가 가상하고 부러운 나머지 내 주량으로는 (최고 석 잔) 거나하게 마시고 취한 척 비틀거려도 보았지만 가장행렬에 낀 듯한 거북함과 간지러움만 느꼈다. 지금 생각하니 마치 얼룩진 내 인생의 역정을 닮은 듯도 하다.

유전적으로나 체질적으로 술은 나와 가까워질 수 없다고 생각하면서도 술자리에 드나든 지 20년을 넘어서니 이젠 접배(接盃)하며 대작할 정도의 음주 실력으로 향상 되었다.

이젠 나름대로 술맛을 알기에 첫눈이 내리는 날이나 마음이 울적하고 외로움이 엄습하면 나 혼자라도 주점을 찾는다.

하지만 현재의 나를 초탈하고 침잠하며 관조하는 넉넉함을 술과 함께 나눈다고 안간힘만 썼을 뿐 그 또한 나로선 도저히 이를 수 없는 경지임을 깨닫는다.

신은 사람을 만들고 인간은 술을 만들었다던가? 살아 있으되 비어있는 쓸쓸함을 채워주고 달래 줄 수 있는 술을 만든 것은 인간에겐 절대절명의 과제가 아니었을까.

인간세상 미쳐야만 미친다는데(不狂不及) 술로도 제대로 미쳐보지 못했다. 그래서 이즈음 나는 '주점에 기어들어 나를 마시겠다고 덤빈 그 때의 용기'가 가상하고 귀하게 느껴진다.

(2001. 5)

유감(遺憾) 없는 인생을 꿈꾸며

성실하고 진실하게 정성으로 최선을 다하며 살아온 사람에게는 비록 자신의 삶이 고통스러웠고 경제적으로 가난했고 그 숱한 명예를 누려보지 못했더라도 결코 자신의 삶에 여한이 있을 수 없으며, 안도의 기쁨과 함께 뿌듯하고 충만한 여유를 가질 수 있을 것이다. 마치 경기에 임한 운동선수가 최선을 다했을 때 승패를 초월하여 후련한 안도의 기쁨에 취하듯이…….

오늘이 며칠이며 무슨 요일인지 잊고 살아가다보면 어느덧 한 주일이 지나고 한 달이 지나간다. 우리 집 안방의 달력은 손자, 손녀들의 생일과 약속과 모임을 표시하는 메모판 역할을 하고 있으며, 다른 방의 달력들은 구색을 갖추기 위한 장식품으로 몇 달씩 늦장을 부리며 매달려 있다가 손자, 손녀들의 낙서나 그림용으로 한꺼번에 찢겨나가기 일쑤이다.

날짜나 요일을 의식하지 않고 살아가지만, 나이를 먹는 것은 어쩔 수 없이 무게로 다가오고 육체적 기능에서 느낀다. 꽃이 지고 잎이 지고 낯익은 얼굴이 사라지고 어린 손자, 손녀들이 자라는 만큼 우리는 늙어간다.

"아버지는 심장이 좋지 않으니 무리하시면 큰 일 납니다."하는 의사인 막내아들의 간곡한 당부를 어설픈 무당의 헛소리로 받아넘기고 연이은 외국 나들이에다 10월 묘사(墓祀)로 분주히 다녔더니 결국 몸에 이상이 오고 말았다.

복부가 뻐근하게 복받치고 두통이 심하여 몸을 가누고 앉아있기가 고통스러워 죽을병에 걸린 듯 누워 있다가 스스로 몸을 추슬러야겠다는 생각에 마당 안팎을 거닐고 있는데 방안에서 전화소리가 요란하다. 황급히 달려가 받아보니 "한 해가 다가기 전에 가까운 친구들과 송년의 자리를 마련하자."는 정다운 친구의 목소리였다. 새삼 또 한 해가 가는구나, 끝없는 감회와 함께 갈 길은 먼데 날이 저무는 것에 대한 불안과 초조한 마음을 떨칠 수 없었다.

나야말로 출세도 못했고 돈도 모으지 못했으며 무엇보다 덕(德)을 닦지도 못하고 학문을 통달(通達)하지도 못했다. 엄벙덤벙 살아온 것에 대해 회한(悔恨)과 자책을 안고 살아가고 있다. 이런 나같이 어리석고 못난 사람에게 한 해가 저무는 감회는 유감일 뿐이다. 게다가 추진 중인 몇 가지 일은 일흔 살까지 마무리한다고 마음속으로 계획하고 있으나 나의 게으름과 여러 가지 여건으로 보아 차질이 예상된다. 느긋하고 여유롭게 생각하려고 노력하고는 있지만 인간의 죽음이란 발밑에 도사리고 있다가 불쑥 덮친다는 숙명이 강박관념이 되어 죄어들기도 한다.

세월과 함께 배운 것이 있다면 세상만사 그러려니 생각하면서 불행에 허우적거리지 않도록 자신을 지키면서 작은 행복에 감사하며 겸손하게 살아가겠다는 일념이다. 불행할 때에도 이보다 더 큰 불행이 아닌 것을 다행으로 생각하는 너그러움과 나의 행복을 떠벌리고 과시하지 않고 벌이 꿀을 저장하듯 언제 닥칠지 모르는 불행에 대비하여 가슴 속에 묻어두는 슬기에도 눈을 뜨게 되었다.

인간사 얻는 것이 있으면 잃는 것이 있고, 잃는 것이 있으면 얻는 것도 있다는 오묘한 이치도 알게 되었다. 세월 따라 성숙해지고 익어가고 채워지고 윤택해 지는 것이 올바른 삶의 궤적(軌迹)이 아닐까.

나는 임종(臨終)을 우리 집 사랑방 아랫목에서 맞이하겠다고 아들과 며느리들에게 일러두었다. 나는 지금 그 사랑방 아랫목에 앉아 자신을 돌아보는 침묵의 시간을 만끽한다. 죽음을 뛰어넘기 위해 이따금 사랑방 아랫목에 누워 임종의 순간을 상상하면서 죽는 연습을 하기도 한다.

사랑방 입구에 숙사아실(肅事我室)이란 현판이 걸려 있다. 글자 그대로 풀이하면 '자신의 마음을 엄숙하게 섬기는 방'이란 뜻이지만 곧고 반듯하고 영예로운, 후회 없는 삶을 위해선 부단하게 자신의 마음에서 온갖 유혹과 욕심, 불의와 부정을 뿌리치고 반듯하게 가꾸고 다듬으라는 심오한 가르침이 담겨 있다. 인생이란 결국 자신과의 싸움이란 명명백백한 가르침 앞에 숙연해지지 않을 수 없다.

"조상님께 누(累)를 끼치는 자손이 되지 말라."시던 아버지의 간절하신 당부를 마음 속 깊이 간직하고 살아왔지만, 조상님께 부끄러움 없는 떳떳한 자손이 되지 못했음이 솔직한 고백이다.

자식 교육과 생계를 핑계로 도시의 소음에 뒤섞이고, 세속의 먼지를 따라 떠돌면서 세월을 백일몽(白日夢)처럼 탕진한 끝에 덕지덕지 붙어 떨어지지 않는 먼지만 묻어있는 허망한 자신을 돌아본다.

아버지께서 돌아가시기 일주일 전, 나를 불러놓고 "나는 아무런 여한(餘恨)이 없다."는 말씀을 하셨다. 죄송하고 미안한 표현이지만, 아버지의 그 말씀을 반신반의(半信半疑)하며 믿지 않았다. 모질고 험난하고 각박한 세상살이에 회한을 품지 않은 삶이 있을까 하는 의문을 지울 수 없었으며, 단지 못나고 어리석은 아들을 위로하고 안심시키기 위한 말씀으로 생각했다. 그러나 한편으로는 새는 죽을 때 울음이 슬프고 사람은 죽을 때 진실해진다는데, 아버지께서 마지막 떠나는 길에 자식 앞에서 거짓 말씀을 할 까닭이 없으며, 평생에 거짓말을 용서하지 않으시던 곧은 성품을 생각하면서도, 사람의 삶에 진정 여한이 없을 수 있을까 하는 의문의 화두를 품고 살아왔다.

이순(耳順)의 중턱에 들어선 지금에야 그 화두(話頭)가 풀렸다. 성실하고 진실하게 정성을 다하여 살아오셨던 아버지께서 '아무런 여한이 없다'는 그 말씀은 거짓 없는 진실이며 못나고 어리석은 나에게 삶의 방향을 바로 잡아 이끌어주기 위한 간절한 당부였던 것이다. 성실하고 진실하게 정성으로 최선을 다하며 살아온 사람에게는 비록 자신의 삶이 고통스러웠고 경제적으로 가난했고 그 숱한 명예를 누려보지 못했더라도 결코 자신의 삶에 여한이 있을 수 없으며, 안도의 기쁨과 함께 뿌듯하고 충만한 여유를 가질 수 있을 것이다. 마치 경기에 임한 운동선수가 최선을 다했을 때 승패를 초월하여 후련한 안도의 기쁨에 취하듯이…….

우리가 갈망하며 추구하는 행복은 어디에 있는가? 칼풋세의 시구(詩句)처럼 우리의 손에는 잡히지 않는 저 피안(彼岸)의 언덕 너머에 있을까?

개울물처럼 소박하고 단순한 마음만 가질 수 있다면 우리가 누리고자 하는 그 맑고 향기로운 삶은 어디에도 있다고 생각하면서 조상님의 원려(遠慮)와 숙사아실(肅事我室)의 깊은 뜻에 옷깃을 여민다.

이순(耳順)의 중턱에서 유감없는 일생을 소망하며 살아야겠다는 다짐을 해본다. 소망, 그것은 인간만이 가지는 찬연한 삶의 빛깔이다. 소망이 있음으로써 희망이 있고 창조적 노력이 수반된다. 소망이 있는 한 살아있는 한숨의 짙은 체취와 무지갯빛 꿈이 꿈틀거린다. 70에 능참봉(陵參奉)이라더니 백두(白頭)는 면했다는 그 기쁨과 만족은 오죽했을까.

영취산(靈鷲山) 감응사(感應寺)에서 울리는 범종(梵鐘)소리가 오늘따라 가슴을 파고든다. 밤하늘 속으로 흘러가는 시리도록 맑은 미리내가 가슴 속으로 흘러들어온다.

(2003. 6)

성찰(省察)을 통한 수감(隨感)으로 이성(理性)과 감성(感性)이 잘 배합된 글

이수학 수상집 「拱手來 拱手去」를 읽고

都 昌 會 수필가 · 문학평론가, 전 동국대학교 교수(문학박사)

1.

Essay의 원조(元祖)격인 프랑스의 몽떼뉴는 그의 '수상록(隨想錄)' 서두에 "이 수상록의 내용은 나 자신을 그린 것이다."라고 썼다. 다시 말해 그는 그 자신에 관한 사사로운 일만을 적겠다는 뜻이었다. 항용 수필(隨筆)을 1인칭의 글이라고 부르는데 몽떼뉴가 나(1인칭) 자신을 강조한 데서부터 비롯되었다고 보아도 될 것이다. 대개 같은 산문(散文)중에서 소설이 3인칭의 글이라면 수필은 1인칭의 글이라 칭하는데 가령 수필을 쓸 때 제3자의 체험을 글제로 삼았어도 수필은 그 3자의 체험을 반드시 자기의 입장(1인칭의 입장)에 가져다 놓고 편술(編述)하는 것으로 되어있다. 그래서 수필은 자조(自照)의 글 또는 자기고백(自己告白)의 글이라 부르는 소이가 여기에 있다. 문학적으로 수필의 장르적 특색을 들라면 제일 먼저 자아(ego)의 진솔성(眞率性)을 말하게 된다. 시, 소설, 희곡장르의 글과는 달리 수필은 진솔한 자아의 나성(裸性)이 진하게 표출되기에 수필 특유의 감동을 받게 되는 것이다.

자기의 체험이 되었든, 자기의 사고(思考)가 되었든, 자신의 사상(思想)이나 철학(哲學)이 되었든 모두 자기(1인칭)로 귀일하는 것을 볼 수 있다. 몽떼뉴의 수상록에 자기의 사사로운 일들 이외는 쓰지 않았다는 데에 주목할 필요가 있다.

필자가 괜스레 다 알고 있는 수필의 원론적인 이야기를 장황하게 늬까리는 까닭은 다름 아니라 이 저술의 작가인 이수학님의 글들이 전적으로 '자기'로 대변되는 글이기 때문이다.

자신이 한 시대를 살아오면서 자신이 보고 들은 것, 자신이 손수 체험한 것 그리고 자신이 스스로 생각하고 비판한 것의 글들로 이 한 권의 모든 내용이 자기 자신으로 귀일하고 있음을 목도할 수 있다.

2.

앞장에서 언급한 바, 이수학님의 수필은 대개 3부류로 나누어 볼 수 있다. 작가가 한 시대를 풍미해오면서 자신이 첫째로 보고 들은 것, 둘째는 체험한 것, 셋째는 사고한(사색하며 비판을 가한) 것으로 나눠 볼 텐데, 첫째 자기가 보고 들은 수필들은 주로 고향에 자라면서 대가댁(양반댁)의 종손으로서 자신이 처해있는 환경을 바라보고 쓴 글들이고, 둘째 자신이 체험한 수필들은 자신이 교육학을 전공하고 교육계 관리로 봉직하면서 체험한 것들을 수필로 써낸 글들이고, 셋째로 자신이 생각한 글들은 자기의 깊은 사고(思考)를 통해 자기 나름의 비판이 가해진 수필들로 이 부류의 수필이 제일 많다.

수필 한 편 한 편 작품 평을 하기 전에 이수학님의 글발(문장)이 어떠한가를 짚어보는 것도 의미가 있다고 본다. 이수학님의 글솜씨, 표현능력은 한 말로 대단하다.

필자가 처음 한 편의 수필을 대하는 첫인상은 글 내용도 내용이지만 우선 글줄이 수월하게 또는 맛깔나게 읽히우는 점이다. 수필은 특히 '문장문학'이기 때문에 문장에 대한 표현의 달관이 없이는 불가능한 장르의 문학이다.

한 말로 그의 글 솜씨는 대단하고 이성(理性 - reason)과 감성(感性 - emotion)이 잘 배합된 '수필다운' 문장이다.

예부터 이성과 감성, 이 둘의 속성은 극대극이어서 문학사조로서도 대별되었던 터다. 18세기의 고전주의(古典主義)문학으로 이성(理性)으로 대표되는 격언시, 또는 풍자시가 한 세기를 풍미했고, 19세기 낭만주의(浪漫主義)는 감성(感性)으로 대표되는 서정시가 풍미했다. 그 보다도 우리 개인에게도 이성과 감성 둘 다 없어서는 안 되겠지만 이성이 세(勢)한 생각, 즉 옳고 그름만 따지는 사고를 하다보면 옹졸하다는 소릴 듣게 마련이고, 또 감성에 지나치게 호소하다보면 주책없다는 말을 곧잘 듣게 된다. 그러나 이성이 없는 주장이라면 뭐가 될 것이며, 또 적당히는 따슨 감성이 무르녹아 있지 않으면 사람냄새가 나겠는가 반문하고 싶다.

이수학님은 겉으로 유교적 선비정신을 기리는 이성의 의복을 깍듯이 차려입고 있지만 그러나 그 내면은 언제나 인간미가 넘쳐나는 따슨 감성이 내재하는 것을 볼 수 있다.

이 수상록 '서문'에 작가는 이렇게 적었다.

> 나 자신의 삶을 진지하게 다독거리기보다 패자가 안아야 하는 비참함과 아픔 속에서 자신을 조련하려는 기상천외한

한 삶을 살았습니다.

달빛이 유난히 밝아도, 밤새도록 비가 내려도, 창가를 맴도는 이름 모를 풀벌레 소리만 들어도 감상에 젖어 눈물을 흘렸고, 삶과 죽음의 원류를 찾아 헤매며 밤을 지새우기도 하였습니다.

앞 문단(文段)의 글은 퍽 이성적인 표현이고 뒷 문단의 글은 퍽 감성적인 표현으로 인상에 비춰진다. 누구나에게 그러하듯 회한의 늪에 빠져 허덕이다 보면 미상불 자신 삶의 진면목(眞面目)이 고스란히 들여다보이기 마련이다. 어느 날 자성의 거울 속에서 그동안 감쪽같이 가리워졌던 모순의 내면을 재발견하고 놀라게 되는 것이다. 그는 "혀짜래기 훈장이 바로 자화상이란 기막힌 사실을 깨달았습니다."라고 자백하고 있다.

李 작가의 수필은 언제나 성찰(省察)이란 거울을 통해서 만들어지는 글로 성숙되어 있다. 몽떼뉴도 그렇지만 대개 수상(隨想) 및 수감(隨感)의 글은 자기 자신의 조신한 성찰로부터 시작되고, 그 성찰이 미적으로 형상화되어 문학작품으로 나타나는 글이다. 필자가 글을 통해 작가의 사람을 가만히 들여다보면 항상 작가는 투명한 거울을 들여다보듯 거기에 비쳐진 자기 자신의 현실의 모습을 '성찰'이라는 잣대로 자질해보는 그런 삶이라는 것을 엿볼 수

있다.

“내 사람됨을 비추는 거울은 멀쩡한데 종종 내가 보이지 않거나 일그러진 모습이었습니다.” 필자가 생각하기에 작가의 이성이 너무나 차갑고 매정스럽기까지 하다는 느낌을 떨어버릴 길 없다. 세상을 어떻게 이성으로 곁눈질만 하며, 누에처럼 의식의 고치를 만들어 죽은 척 살고 싶었다고 했는데 어찌 고치 속에 죽은 척 그렇게 살 수가 있겠는가. 이런 생각은 성찰의 도가 너무 지나쳐 그런 것이 아닐까요. 아무려나 그의 수필은 성찰을 통한 이성과 감성이 잘 배합된 글이라고 일단 규정지어 본다.

3.

그러면 예서 먼저 그의 수필 「拱手來 拱手去」를 감상해 보자.

> 살다보면 더러 채워지지 않는 허기증이나 해소되지 않는 갈증으로 괴로운 때가 있다. 오늘이 바로 그런 날인 모양이다. 허기증, 갈증(渴症)과 함께 어쩐지 남루한 나의 내면이 밖으로 드러나는 듯 불안한 하루였다.
>
> 제대로 아물지 못한 삶의 생채기나 마음의 때를 씻는 데는 청정불성(淸淨佛性)의 자연 속에 빠져 보는 것이 제일 좋

은 방법이란 생각으로 퇴근길에 앞산 산책로를 따라 걸어보기로 했다.

계곡 입구에 서있는 물 오른 연두빛 버드나무 한 그루가 봄날의 정취로 가득하다. 한참을 걷다보니 숲속에 함초롬히 피어있는 들꽃들의 모습이 눈에 들어온다. 그 자태가 매우 영롱하고 옹골차다. 평소엔 눈에 잘 보이지 않던 사소하고 작은 것들이 눈에 들어온다. 작은 풀꽃들이, 삶에는 크고 거창한 것만이 존재하는 게 아니란 걸 슬쩍 귀띔해 주는 것 같다. 얼마 걸었을까. 소나무를 스쳐 지나가는 바람 소리가 잠시 때 묻은 심신을 씻어준다. 메말라 갈라 터져 있던 내 가슴에 촉촉한 물기가 돈다. 자연은 원초적인 것이며 인간의 궁극적인 의지처다.

수필이 시작하는 초입(初入)부분인데, 얼른 읽어보아도 너무나 감성적인 문장으로 독자의 독파구미를 당기게 한다. 조금도 흐트러지지 않은 문맥 또한 깔끔하다. 수필 구성(構成)상 초입, 전개, 말미 중 초입에 해당되는 부분으로 무난한 양의 제시(提示)이다.

수필 전개(展開)부분은 흡사 논문의 본론(本論)에 해당하는 부분으로 본격적으로 자기의 주제(主題)를 향하여 차근차근 접근해가는 부분이 된다.

전개 부분은 길이가 길어져 원고분량이 많기 마련이다. 아파트

입구에서 "본전으로 의류를 판다."는 그 속임수를 믿고 구매충동을 느끼는 그 '본전'을 문제 삼아 많은 양의 원고지를 배려한다. 수필의 중반부에 그는 이렇게 적고 있다.

> 본전이라고 엄살을 떠는 상인도 결코 사는 사람이 전적으로 그 말을 믿고 산다고 생각지 않을 것이며, 사는 사람도 본전이란 말을 액면 그대로 믿기보다는 다소 싸게 살 수 있다는 정도로 짐작할 것이란 생각이 미치자 새삼 본전이란 말에서 사람의 생채기와 시름을 어루만져 주는 따스함 같은 것을 느끼게도 되었다.

"본전만 되어도 훌륭하게 산 것이다." 어른들 말의 '본전'은 '밑천으로 들인 돈'으로 본전도 못 찾는 인생을 탄하며 작가의 자탄의 장면을 이렇게 적고 있다.

> 나도 한때는 인생을 계산으로 착각하여 외형적인 수지계산에 현혹되어 저 상인과 같이 두 눈을 부릅뜨고, 염치없이 바동거렸던 때가 있었다. 바라는 명예와 물질적인 이익을 취하고 다른 사람에게 뒤지지 않는 것이 손해 보지 않는 삶이라는 이기적인 계산에 집착한 결과, 소중한 삶의 시간을 불안과 초조와 착종(錯綜)된 감정의 수렁 속에서 허덕였다.

황혼의 나이에도 인생을 깨닫고 창작의 여유를 누리기에 미흡함을 고백하고 '空手來 空手去'가 아닌 '拱手來 拱手去'로 빌 空자가 아닌 맞손잡을(공) 拱자로.

> 태어남에 감사하고 경건하게 두 손을 맞잡고 왔다가(拱手來) 사는 동안 보람을 느낄 만큼 내 사명을 다함에 소홀함이 없었는지 두렵고 아쉬운 마음으로 두 손을 맞잡고 돌아가는 것(拱手去)이라 이해하며 이것이 인생의 참 모습이 아닐까 생각한다.

뒤늦게나마 천성을 잃지 않고 사람노릇 하는 것이 인생의 본전이 아닐까. 지나다 조그마한 들풀을 보고도 행복해 할 수 있으며 지극히 작은 것에도 만족할 줄 알면 그것이 행복이 아닐까.

"본전만 되어도 훌륭하게 살았다는 어른들의 말씀에 옷깃을 여미며 본전은커녕 적자투성이인 내 삶에 오늘은 부끄럽기만 하다."고 작가는 수필의 마무리를 멋지게 짓는다.

먼저 맛보기로 한 편의 수필의 초입, 중반(전개), 마무리로 작가와 시종일관 수필의 주제(主題 - Theme)를 군더더기 없이 하나로 끌고나가는 모습을 탐색해 보았다.

이 수상집에 상제된 글을 3부류로 나누어 그 작품들을 살펴보면 먼저, 그가 보고 들은 것을 작품화한 수필들은 〈고향 · 1〉, 〈고향 · 2〉, 〈운의 속성〉, 〈전설의 삼년 탈상〉, 〈새 양반〉, 〈안동 예안 고운 처녀밭〉, 〈전통의 뒤안길〉, 〈소망하는 임종〉 등이며 둘째, 그가 손수 체험한 것을 수필화한 작품들은 〈쉰 네 살의 아내를 보며〉, 〈하늘이 내려다 본다〉, 〈작은 행복〉, 〈담배〉, 〈어머니 나의 어머니〉, 〈왜 나는 귀여워해요〉, 〈종손〉, 〈아버지 나의 아버지〉, 〈친구〉, 〈아파트 유감〉등 이며 셋째, 그가 생각하고 비판한 글로는 〈장묘문화에 대하여〉, 〈공자는 죽어야 되는가〉, 〈대도무문〉, 〈나는 조상교 신자다〉, 〈슬프고도 아름다운 이별〉, 〈참된 유산〉, 〈사람은 죽어서도 이름을 남긴다〉 등이다.

지면상 많은 작품을 해설할 수가 없어 세 부류 중 몇 작품만 골라서 평설해 보기로 하겠다. 평설하기 전 꼭 짚고 넘어가야 할 게 있다. 작가와 작품 사이는 유관한 관계이다.

물고기가 물을 떠나서 살 수 없듯이 작가는 그가 거(居)한 시대와 환경을 떠나서는 작품활동이 불가능하다. 작가에게는 그만큼 주어진 시대와 환경적 요소가 창작활동에 지대한 영향을 준다. 李 작가는 현대교육을 받으면서 한편 유교적 전통을 엄하게 몸에 익히며 살아온 세대의 인물이다. 특히 불천위(不遷位)의 조상을 모시는 대종가의 종손이다. 그는 유교 명문가의 엄격한 가문(家門)과 가도(家道)를 지키는 종손이다.

그 가운데서 그가 보고, 듣고, 느끼고, 때론 저항한 것들이 그의 글 소재(素材)가 되어 나왔다. 그의 작품 대부분이 환경적 요소를 진하게 띠고 있다는 점이 특징이라면 특징이다.

만약 작가가 소설가이라면, 자신을 주인공으로 한 큰 분량의 자전적(自傳的) 소설이 한 권 나올 법도 한, 조금은 특수한 환경에서 살아온 인물이다. 다만 그러한 조금은 특수한 환경적 요소가, 그가 수필가 이길래, 소설 아닌 수필로 녹아나온 것일 뿐이다.

어쩌면 그의 수필들이 그만큼 독자의 가슴이 아리도록 진액으로 다가서는 것은 작가가 살아온 시대와 작가가 처한 환경 그 사이에서 울분과 처절한 몸부림이 있었길래 가능했던 것이 아닌가 한다. <나는 조상교 신자다>의 수필과 <상고이유서>의 수필, 그 사이에 낀 작가의 심적 고통의 거리감을 필자는 너무나 절실하게 느낄 수 있다. 이렇게 조금은 특수한 환경적 요소가 자극제가 되어 쓴 글들이기에 독자들에게 인상적으로 각인이 되고 맛깔나게 글맛을 내는 게 아닌가 한다.

그러면 작품해설로 들어가서, 그가 보고 들은 것을 작품화한 대표적인 수필로 <운의 속성>과 <안동 예안 고운 처녀밭>이 있다. 이 두 작품은 수필로 문학성이 높은 글이다.

문학의 2대 효용이라면 교훈성(敎訓性)과 유희성(遊戱性)인데 유희성은 작품은 무조건 재미있게 써야 된다는 것이다. 재미를 주지 않는 작품은 정서순화에 도움이 못 되는 것은 사실이다.

<운(運)의 속성>은 정미소를 운영하는 K와 Y의 이니셜로 대표되는 두 사람의 이야기로 시작된다. K와 Y가 똑같은 시설에 같은 기술자로 방앗간을 운영하는데도 수입상 엄청나게 틀린 결과를 초래했다. K씨의 방앗간 발동기 소리는 "논 사라! 밭 사라!"라고 외치고, Y씨의 발동기 소리는 "논 팔아라! 밭 팔아라!"라고 외치는 소리로 들릴 만큼 수입에 큰 격차가 났다.

동리 어른들은 운이 따르는 사람과 따르지 않는 사람의 필연적인 결과로 단정했지만, 그러나 평소 가죽고리란 별명을 가진 K씨는 근검절약하며 빈틈없는 계산으로 치산(治産)이 훌륭했던 분이고, Y씨는 투자보다 과실만 챙겼거나, 이익을 얻기 위한 투자를 소홀히 했던 분으로, 사실은 격차의 결과도 알고 보면 경영방법의 차이에서 온 당연지사라 할 수 있는 것이다.

작가는 자신이 운의 속성을 모르고 살아온 것을 자탄하며 작품 말미에 이렇게 적었다.

> 운이란 글자 그대로 움직이며 돌아가는 것이다. 똑같은 조건이라면 누구에게도 공평하게 돌아가는 것이다.
>
> 마음의 수레바퀴가 행운의 수레바퀴와 동심원(同心圓)이 되어 잘 돌아가도록 하는 분별(分別)과 성심(誠心)과 노력을 아낌없이 쏟았을 때 비로소 운은 미소를 지으며 힘찬 발동기

소리를 내는 것이란 생각을 해 본다.

언필칭 운(運)이란 것도 따지고 보면 노력의 결과임에 틀림없다. 이 작품은 퍽 유머감각이 깃든 작품으로 독자에게 공감을 주는 수필이다.

<안동 예안 고운 처녀밭>

문득 '안동 예안(禮安) 고운 처녀 밭에 씨 할 고추'를 자랑하던 어린 시절의 내 모습과 함께 나의 이 대답에 무척 흐뭇해하시던 어머니의 함박웃음 머금은 얼굴이 떠오른다. 안동 예안이 어디에 있는지, 처녀 밭이 어떤 밭인지, 씨 한다는 말이 무엇을 의미하는지 전혀 알지 못했지만, 어머니께서 그 대답을 일러 주셨고 또 흡족해 하셨기 때문에, '안동 예안 고운 처녀 밭에 씨 할 고추'라고 뽐내고 자랑하며 다니기도 해서 집안 어른 분들께 웃음을 제공하기도 했다.

만인의 사표가 된 퇴계선생을 배출한 고장인 안동 예안 땅으로 실제 '고운 처녀밭'을 찾아갔던 일, 첩첩 산중 굽이굽이 돌아서 한두 집 자리한 고색창연한 고가를 방문하고 집에 돌아와서 어머니께 뱉은 말 "어디 씨 할 데가 없어서 그 골짜기 밭에 씨를 뿌립니까?"하며 장난끼 어린 투정을 하는 장면을 상상하여도 웃음이 난다. 이 작품 역시 유희성(재미)을 강하게 표출한 훌륭한 작품이다.

그러면 그가 체험한 것을 수필로 쓴 한 작품과 그가 직접 사고하고 비판을 가한 작품 한 편을 소개해 보자.

그의 체험의 글로 사부곡(思父曲)과 사모곡(思母曲)인 아버지와 어머니에 대한 애절한 사연의 글, 고생한 아내를 생각하며 쓴 글, 며느리와 손녀를 바라보고 쓴 글 등 모두 심금을 울리는 작품들로 감명 깊게 읽었으나 무엇보다 본인 자신이 명문가의 종손이길래 종손으로 그의 처신을 읊어낸 <종손>이란 작품을 감상해보자.

모임의 한 친구가 고향마을에 초청하여 그가 고향을 떠나 있는 까닭에 그의 종가에 부탁하여 접빈하는 것으로부터 이야기 시작된다. "종가에 폐가 많았다." 손님의 인사말에 "돈 20만원 줬다."며 지손이 종손을 마치 민박집 주인쯤으로 착각하는 마음가짐을 그는 맹렬히 질타한다. 작가 자신이 종손이길래 불천위(不遷位)를 모시며 4대봉제사를 지내는 종손의 고충이 어떤 것인가를 차곡차곡 되씹는다.

그리고 14살 어린 나이로 문중회의를 거쳐 종손으로 입양되어 우쭐대던 이야기며,

> 옛날엔 서울 양반이 "경상도 불천위 종손은 고을 원님 자리보다 낫다."로 표현할 정도로 위세와 권위가 당당하던 시

절도 있었으며 망나니 같은 종손이 살기가 어려우면 "조상 위패 모시고 떠나겠다."고 으름장을 놓으면 지손들이 보종(保宗)이란 명목으로 종손 뒷바라지 해주던 시절도 있었다. 지금은 조상도 계산에 맞지 않으면 멀리하는 세상이다.

다른 한편 종손은 봉제사와 접빈으로 논밭을 팔며 허덕이는 종손의 굴레를 벗어나기 위한 몸부림을 솔직하게 회술해 놓았다. 자기 집을 방문한 친구가 "전에는 종손인 자네가 무척 부러웠는데 이제는 오히려 측은한 생각이 든다."며 말하는 작별 인사에 왈칵 울음이 터질 것 같았다는 말은 필자도 충분히 공감이 간다.

우리 민족의 정신사에 선도적 역할을 한 자랑스러운 종가는 국가적 차원에서 보존 · 유지되어야 한다. 그러기 위해서 종손의 지위와 권한과 책임과 승계에 대한 새로운 정립이 절실하다. 짐꾼이나 민박집 주인 같은 존재가 아닌, 소중한 삶을 보람차고 충만하게 영위할 수 있는 능력과 열정을 가진 사람이 종가를 지키는 새로운 종손상을 그려본다.

이 글의 반은 감성어린 예시(例示)로 반은 설리(說理)로 쓰여진 수필로 뜨거운 느낌으로 감동을 받는다.

끝으로 작가 자신 깊숙한 사색과 비판으로 써낸 많은 글 중 한

편만 더 감상해 보기로 하자.

<대도무문>은 요새 장례절차를 두고 가정마다 기독교식, 불교식, 유교식 또는 혼합식 논란이 분분함에 초점을 맞춘 작품이다. 뿐만 아니라 종교를 가졌답시고 조상의 제사를 거부해 문중 또는 가정불화로 풍비박산이 된 가문을 필자도 여러 번 목격했다.

> 신앙과 양심의 자유가 보장되는 이 시대에 특정 종교를 비난하고 배척하는 태도와 우리의 전통과 정신적인 소중한 유산을 팽개치는 마음가짐이 안타깝기만 하다. 서로가 근본과 본질을 망각한 채 지엽적인 사실에 집착하고 있다는 생각에 공허한 아픔을 느꼈다.
>
> 종교도 전통도 인간이 만든 것이란 엄연한 사실을 직시해보면 이러한 갈등은 해소되고 융화될 수 있다는 생각을 하면서 '대도무문(大道無門)'이란 가르침을 새겨본다.
>
> 대도무문이란 사람으로서 행해야할 당연하고 마땅한 도리에는 거리낌이 없다는 뜻이다. 종교에서 말하는 사랑이나 자비는 이러한 갈등과 괴리를 메우고 다독거리고 융화시켜 올바르게 인도하여야 한다. 그러나 현실적으로는 우리의 전통과 소중한 정신적인 유산을 매도하고 파괴하고 팽개침으로써 가정과 사회에 불화와 갈등을 야기시키는 것은 참된 신앙

이 아닌, 미망(迷妄)과 이기심에 집착한 어리석음이라 생각한다. 제사는 조상에 대한 보은과 감사의 표시이다. 인성의 근본인 감사하는 마음을 져버리는 것은 신앙인은 물론 인간됨을 거부하는 태도이며, 불씨같이 소중한 정신적 유산을 팽개치는 것은 자신을 말살하는 어리석고 못난 행동이다.

작가는 종교와 전통의 그 사이에서 갈등하고 있는 우리 현실을 직시하고 '大道無門(큰 도에는 문이 따로 없다)' 큰 눈으로 갈등골을 메우고 치유하길 바라고 있다.

K총장은 유가의 전통을 숭상하고, 그의 아우는 유명한 과학자로 기독교인이다. 그러나 두 사람 간에 전혀 갈등이 없길래 넌지시 물었더니, "동생이 예수교를 믿으라고 전도하면, 우리 조상들은 예수를 믿지 않아서 천당에 못 가셨을 터이니, 나는 저승에서 조상을 뵙고 싶어 예수교를 믿을 수 없다." 농담어린 말로 받아 넘기면 형제는 웃고 만다고 했다. 반목과 아집 없이 살아가는 모습을 그려놓았다.

임제선사가 "부처를 죽여라."말한 것은 "부처를 뛰어넘어라."라는 말로, 본말(本末)을 전도하는 미망과 집착에서 벗어나 지엽적인 것을 초탈하는 대도무문의 뜻을 바로 새겨야겠다는 작가의 바람이 그대로 담겨있다.

작가는 수필의 말미에,

> 마음이 옹졸하면 바늘 하나 꽂을 자리 없지만, 마음이 넓어지면 온 우주가 들어가도 오히려 남음이 있다고 했다.
>
> 일회성(一回性)의 여행증명을 가지고 도착한 현실의 삶을 조화롭게 살다가 여유롭게 죽고 싶다. "만물이 어울려 자라되 서로 해치지 아니하고 도가 어울려 행해지되 서로 어긋나지 않는다."는 중용(中庸)의 가르침이 떠오른다.

이렇게 작가 나름의 깊은 관찰과 비판으로 종교와 전통간의 해결책을 깔끔하게 마무를 지었다.

4.

필자가 이 한 권의 수상집 속에 들어있는 모든 작품들을 통독하면서 짜릿한 감흥에 젖은 것은 무엇보다 수필 한 편의 논지(論旨)도 논지지만 작가의 뛰어난 문장력에 놀라움을 금치 못했다. 그리고 작가는 자서(自序)에서 짬짬이 써놓은 글을 한 데 모았다고 했지만 필자가 보기에는 정말 마음먹고 쓴 글들인 것 같이 보인다. 그의 깊은 사색과 비판의 글들은 마치 광부가 산 속에서 광맥을 찾아들어가는 것처럼 탐구정신과 비판정신이 투철하다.

인간은 원래 환경 의존적 동물이라서 자기가 처해있는 현실의 환경을 모면할 길이 없다. 李작가가 처해있는 현실과 환경은 어쩌면 너무나 가혹하리 만큼 특수하다고나 할까. 불천위의 조상을 모시고 사는 대가집(양반집)의 가통을 전수하면서 빛난 조상님들의 자랑스러움도 과시하고 싶겠지만 그러나 과거와 현실의 사정은 거리가 너무나 멀어 그가 <상고 이유서>를 쓸 만큼 내적인 자한(自恨)과 자책(自責)이 컸으리라 믿는다.

전통은 지키는데 의미가 있겠지만, 그러나 부질없이 전통에 매달리다 보면 자신이 설 자리가 보이지 않는다. 그는 과거와 현재를, 전통과 현실을 하루에도 몇 번씩 왕래하면서 그 간에서 느낀 바를 수필로 써낸 것이 바로 이 수상집이다.

그의 작품들이 매력을 가지는 것은 작가 자신만이 가질 수 있는 그러한 특수한 환경적 요소를 짙게 띠고 있다는 점이고, 이 점이 바로 작품의 특징이라면 특징이 될 것이다.

이수학님의 수필들은 자기 자신의 조신한 성찰(省察)을 통하여 그의 탄탄한 이성(理性)과 연민의 정이 가득 담긴, 감성(感性)이 잘 배합된 글로, 삶과 인생을 깊이 관조한 깊이 있는 글들이다. 이성으로 칼질을 하되 천착(舛錯)의 도(度)를 넘지 않고, 감성으로 포용을 하되 방만(放漫)의 치(治)를 거스르지 않는, 흡사 조선시대

선비의 올곧은 성품의 매무새를 연상하듯 그의 글이 깔끔하다.

요새 돈만 아는 염치없는 재벌들이나 지조라고는 눈곱만큼도 없는 속빈 정치인이 있다면, 그런 사람들에게 옛 선인들이 무엇을 중요시했는가를 깨닫도록 이 수상집의 일독을 진심으로 권하고 싶다.

초판 1쇄 2007년 8월 30일

초판 2쇄 2011년 7월 18일

지은이 이 수 학

펴낸이 손 희 경

펴낸곳 책 마 을

등록일자 2007. 8. 7

등록번호 제342-2007-00005호

주소 701-829 대구시 동구 신천4동 337-5 3층

전화 (053) 942-5345

팩스 (053) 942-5346

E-mail moonin01@naver.com / moonin02@hanmail.net

값 18,000원

ISBN 978-89-959997-0-7